田野撷英

龚莉 著

【上】

中华书局

图书在版编目(CIP)数据

田野撷英/龚莉著. —北京:中华书局,2020.12
(龚莉"四个一批"人才自主选题系列作品)
ISBN 978-7-101-14901-2

Ⅰ.田… Ⅱ.龚… Ⅲ.编辑工作-文集 Ⅳ.G232-53

中国版本图书馆 CIP 数据核字(2020)第 224723 号

书　　名	田野撷英(全二册)	
著　　者	龚　莉	
丛 书 名	龚莉"四个一批"人才自主选题系列作品	
责任编辑	吴爱兰	
版式设计	袁　欣	
出版发行	中华书局	
	(北京市丰台区太平桥西里 38 号　100073)	
	http://www.zhbc.com.cn	
	E-mail:zhbc@zhbc.com.cn	
印　　刷	北京瑞古冠中印刷厂	
版　　次	2020 年 12 月北京第 1 版	
	2020 年 12 月北京第 1 次印刷	
规　　格	开本/920×1250 毫米　1/32	
	印张 27　插页 5　字数 650 千字	
国际书号	ISBN 978-7-101-14901-2	
定　　价	136.00 元	

出版如農夫春種秋收。

選題、組稿、編輯、校對、發行，

就好比播種、澆灌、收割、打場、

曬秋。辛勤耕耘，給人間提供

豐富的文化食糧。

二〇二〇年初冬龔莉

　　龚莉，1955年生，湖南人。经济学博士。编审。中国大百科全书出版社原社长、原常务副总编辑。1993年入选国务院特殊津贴专家。2004年入选首届全国"四个一批"人才（后更名文化名家暨"四个一批"人才）。入选新中国60年百名有突出贡献的新闻出版专业技术人员。获韬奋出版奖、中国出版政府奖优秀出版人物奖等。

　　出版方面致力于研究百科全书编纂及百科全书文化、出版经营管理、编辑出版中的知识产权问题。已出版相关著作《没有围墙的大学》、《文明的递进》等；在《人民日报》、《光明日报》、《辞书研究》等报刊发表相关论文、文章近百篇，多篇论文获评全国出版研究优秀论文奖、中国编辑学会一等奖等。经济学方面发表专著《发达国家两大难题：就业和社会保障》等，在《世界经济》、《经济体制改革》等刊物发表经济学论文、译文数十篇，论文入选《中国改革发展文库》。

目录

芬芳满园谁不醉（序） ·························· 王德有1

上卷

第一编：穷究万物，开辟鸿蒙
——百科全书学论与百科全书编纂

百科全书性质、职能、方法新探 ··················5
百科全书与百科全书学 ·····················17
国家知识体系与《中国大百科全书》 ·········23
互联网思维与百科三版 ·····················33
百科全书与知识服务 ·······················40
辞书编辑的网络视界
　　——从维基百科将针灸列为"伪科学"谈起 ·········54
融媒体时代的百科全书编纂 ·················64
索引和百科全书 ···························73
中国辞书出版和辞书编纂标准化 ·············83
术语标准化与现代辞书编纂 ·················92
重大出版与长效机制 ······················100
《中国大百科全书》出版记 ··············105
合理的选择
　　——《中国大百科全书·经济学》问世 ·········113
百科类图书的出版 ·······················119

1

《中国儿童百科全书》为什么能成功 ··········126

中国故事+儿童本位 ··········140

百科版DK火了 ··········143

《中国中学生百科全书》为什么受欢迎 ··········152

提问是创新的开始 ··········156

百科名家文库 ··········162

中国地区百科全书编纂的成功范例 ··········173

百科全书有了民文版 ··········177

第一个中美文化出版交流合作项目 ··········182

我国百科类图书出版的国际合作及版权贸易 ··········187

国际奥委会总部邂逅惊喜 ··········193

和平发展，龙象共舞
  ——《中印文化交流百科全书》编纂出版记述 ··········196

第二编：编文校雠，叩问成学
  ——编辑问学及编辑实战

编辑研"学"正逢时 ··········209

"无冕之王"的消逝 ··········218

名编"两痴" ··········220

工匠精神与学者型编辑 ··········227

出版物质量的恒定性和时代性 ··········232

数字时代的选题创新——网络出版物 ··········241

网络环境下选题策划创新 ··········249

辞书如何有效地融入百科和文化的元素 ··········275

出版物"三审"及审读要素分析 ··········278

审读报告与精品力作 ··········315

出版物规范问题 ··········323

选题的八个意识 ································· 327

选题是出版企业的生命线 ················· 331

学术出版是出版人的理想 ················· 335

《中华文明史话》原创带来新生机 ····· 349

索象于图，索理于书 ······················· 352

辞书的文化自觉性 ·························· 357

好奇心和解放的思维是创新的源泉 ····· 360

《百科知识》那些时光 ····················· 363

第三编：知识无形，版权有价
　　——出版中的知识产权问题辨析

强化知识产权　促进知识经济 ··········· 369

知识产权是版权贸易的法权基础 ········· 379

版权保护
　　——解决出版商的后顾之忧 ··········· 382

知识产权的理念深入及其保护对策 ····· 394

网络出版物的版权保护 ··················· 400

新媒体节目策划与知识产权保护 ········· 408

版权保护与利用 ··························· 411

下卷

第四编：回归属性，面向绩效
　　——产业运营及企业经管

传媒业产品的商品性 ······················· 435

我说市场导向 ······ 444

中国出版业产业化初探 ······ 447

科技与出版 ······ 456

科技、资本、数字出版 ······ 461

内容、体制、技术创新，三项并举 ······ 468

中国出版经济之变化 ······ 472

中国出版业发展走势 ······ 482

无形资产的经营管理 ······ 499

聚财·理财·用财 ······ 512

新班子要正确处理几个关系 ······ 517

围绕导向和生产经营开展工作 ······ 521

一社两制，两翼并举 ······ 527

从记账型会计向管理型会计转型 ······ 530

选题是出版社的生命线

——从"4+1"到"5重3特" ······ 540

为功劳埋单 ······ 551

"导师制"助力成长 ······ 554

"首席专家"制度与出版品质 ······ 562

第五编：跨界重组，生机勃发
　　——融合发展与传统出版

电子出版浪潮中的传统出版社 ······ 573

数字化资产与出版业发展 ······ 578

大众图书创新盈利模式分析 ······ 588

出版数字化转型及所需准备 ······ 594

应对数字化传统出版如何定位？ ······ 602

融合发展与传统出版 ·························· 604

传统出版与互联网的融合 ··············628

数字资源建设提案 ···························633

内容资产数字化 ······························639

出版社数字编辑系统管见 ···············644

第六编：互通有无，博采众长
　　——版权贸易和对外合作

中国出版"走出去"实务中的"困" ··········653

"走出去"与"走进去"

　　——从《城市周报》谈起 ···········656

国际图书博览会经营谋略 ··············662

国际合作二十五载 ························681

合作源于认同和需要 ····················696

印度图书市场及中印出版合作 ··········700

数字化出版"走出去" ····················710

学术出版"走出去" ······················721

第七编：文化固本，定海神针
　　——企业文化及基业长青

致我们亲爱的出版社 ····················731

《百科铭》 ·······························733

社　徽 ·································738

社址变迁记 ······························744

镇馆之宝——《上下五千年》 ···········757

才华洒在百科全书的字里行间 ……………………765

一切为了生命！ ……………………………………767

早　餐 ……………………………………………………770

奖章编号2015022109 ………………………………773

"大百科精神"代代传 ……………………………775

浩瀚的太空有颗百科全书星 ……………………792

附　录

附录一

我的杂读 ………………………………………………801

看　稿 ………………………………………………806

教师节的鲜花 …………………………………………809

附录二

此生百科情　心有千千结 ……………夜雨　麻娜娜 813

龚莉的渴望 …………………………………何伯阳 820

麾军何须有须眉

　　——韬奋奖得主龚莉的编辑之路 ………王德有 826

后　记 …………………………………………………843

芬芳满园谁不醉（序）[*]

王德有

多年前，龚莉荣获中国出版韬奋奖，我写了一篇"赞"，题目是《麾军何须有须眉》。至今天，龚莉结集出版编辑文选，我来写这篇"序"，题目是《芬芳满园谁不醉》。前篇意在描绘人，这篇意在品味文。

龚莉，1955年出生于湖南双峰。受家庭熏陶，自幼喜欢读书。别看她是一个女孩子，却是什么书都看。三四岁时，父亲就给她零钱，供她到街边书摊去看连环画。八岁时，她便有了小朋友们艳羡不已的整套《十万个为什么》。十二三岁，正逢"文革"，课是没得上了，入眼之书却多了起来。《静静的顿河》、《安娜·卡列宁娜》、《青年近卫军》、《海鸥》、《卓亚与舒拉的故事》、《战争与和平》、《红楼梦》、《水浒传》、《西游记》、《封神演义》、《烈火金刚》……一部一部读下去，脑海逐渐扩张，从此再也离不开文字，一心向学。1978年恢复高考，硬是离开惬意的工作岗位，应试入校，进入四川大学经济系学习，获经济学学士学位。后又获中国人民大学经

---

* 写于2020年5月2日。

济学博士学位。

1982年，大学毕业后，进入中国大百科全书出版社。编辑，副编审，编审，编辑组成员，编辑组组长，编辑部副主任，《百科知识》杂志主编，中国大百科全书出版社副总编辑、常务副总编辑、社长，一路走来，一路耕耘。三十八年过去，惊回首，嗬！竟是满目锦绣，满园芬芳，令人陶醉。有人笑言：采摘一些，插个盆景，岂不是又好看，又好玩嘛！她接受了，于是便有了这部文选。

起个什么名字好呢？她来问我。我便给了她四个字：田野撷英。

"撷"者，采摘之谓也；"英"者，草木之华也。田野之中，拈指弄华，不亦妙乎！

《田野撷英》，由两个方队组成。

第一方队，谈编辑，涉及编辑思想和编辑实践。

第二方队，谈经营，涉及经营理念和经营之术。

都有什么高见？

那得你自己去看！有道是，仁者见仁智者见智，只有自己品出的味道才有真实感。

如果想听听我的感受，那倒可以告诉你：繁花之中，突现十六个大字——

创新，艺术，学术，追求；

策划，运才，激励，联手。

前八个字是"编辑"方面的。

"创新"，是说编辑是一种创造性的辑录活动，它的灵魂在于文化再度创新。虽说编的辑的都是他人作品，但经编辑之手，把它们辑录起来，就应该编出新意，就应该在人类文化的发展中绘出新的色彩。没有新意，编它做甚？

"艺术"，是说编辑是一种社会性的行为艺术。要想编出精品，要想编得顺利，要想让作者写得酣畅读者读得解渴，就得讲究一点艺术性。要勤于行，要精于思，要深于悟，要密于筹，要美于审，要妙于技。做到这种程度，编辑工作便会进入一种新的境界，编者也会编出乐趣。

"学术"，是说编辑归于文化范畴，深化学术，运用学术，与学术成阴阳两面，同存共泯。要做一个合格编辑，那得有点学术根基。偶入生疏领域，就得立马学习。一边做，一边学，做学相长，才能不辱使命。派一个商人去种地，别指望长出好庄稼来。

"追求"，是说进了编辑门，就要把编辑事业当成自己的人生追求。这个问题得看透：人总是要死的，年华可以逝去，头发可以稀疏，牙齿可以脱落，耳目可以昏花，最后，肉体也会消散，但是生命的价值却可长在。只要兢兢业业过一生，做个敬业的好编辑，献给社会几十种好书，消失的生命、消失的肉体就会物化在书中。这些书便是自己生命的价值。好书不朽，自己的生命价值就会永存。做到了这一点，当我们即将离开人世的时候，便可以心平神安；做到了这一点，当我们以土为家的时候，便可以含笑九泉。反之，如果庸庸碌碌过一生，做一个庸编辑，推向社会的书平平庸庸，立不住，传不下，那可就惨了！一旦人老珠黄，那可真是会两手空空，悲切切；一旦一命呜呼，那可真是会体消气散，全无有。这就是"追求"和"不追求"的分水岭。

后八个字是"经营"方面的。

"策划"，是为经营单位设计蓝图。企业还是事业？构建一个什么样的大厦？体现一种什么样的文化？提供一些什么样的产品？适应一些什么样的人群？经历一些什么样的程序？需要一些什么样的人才？采用一些什么样的机制？达到一种什么样的高度？等等等等。一个优秀的经营者，一上岗位就要做到心中有数。不是说实践之中不可调整，不是说需要之时不可变动，但那是在蓝图的基础

3

上有序地更新，不是在沼泽地里拔出左脚陷入右脚。有了一个协调的、符合客观环境的蓝图，经营者就能运筹帷幄。

"运才"，是把适当的人才放在适当的位置上，并随着事态的变化有序地调整，让每一个人最大限度地发挥他们的才能。蓝图设计好后，这便是最为重要的一招。经营者一个人的能力有多大，焉能独自玩得转？宋江一个人守不住水泊梁山，那得靠一百零八将，是不是？本书就选人、用人、育人和树人方面多有高见，比如"首席专家制"，比如"编辑导师制"，等等，都开辟了运用人才的新思路，有很大的借鉴价值。

"激励"，是要建立有效的激励机制。激励机制是一列火车的发动机，没有它，再豪华的列车也只能一动不动地停在那里。要人拼命，那是需要激励的。不给粮草，没有奔头，没人陪你玩！这个道理谁都清楚，不必多言。可是有一个问题不能不提及，那就是，你所推行的激励机制是否有效？有的经营单位长期使用一种无效的所谓"激励"机制，经济状况日益败落下去，硬是丈二和尚摸不着头脑。为什么？因为他们不知道经营活动有一个激活的杠杆。杠杆旁置，有目无视，还讲什么"激励"，真是笑话！有关于此，劝君细研一下本书中的《从记账型会计向管理型会计转型》。那里的"全流程经济核算"，真可谓是中国大百科全书出版社起死回生的一剂猛药，也可以说是作者对中国出版单位经营方略的一大贡献。

"联手"，是放眼全球，和世界一流出版单位、一流出版项目携手共舞。把中国文化传出去，把外国文化引进来，将中外文化融为一体，实现一加一大于二的战略目标。比如和美国宝库山出版公司的联手，和DK图书的联手，都显现了百尺竿头再上一步的功效。

除了上面十六个字，还有一个突出亮点，那就是多媒体融合出版的问题。这是一个新时代的新课题。研究它，探讨它，把它运用于编辑出版实践，难度很大，价值也很大。特别是运用于编辑出版百科全书，更具有特别的难度和特别的价值。本书专门辟有一编，论及于此，很有参考价值。

写到这里，忽然想起一件事。

1981年，我研究生毕业，进入中国大百科全书出版社；三十七岁，半路出家，当了编辑。为了让我们几十号门外汉找到门径，出版社组织过多次研习班，请编辑老人来讲课。我有点急于求成，欲觅捷径，对总编室主任说：课讲成这样，耗时不少，收获寥寥。不如发几本编辑书籍，那会立现成效。

回答只有两个字：没有！

嗷嗬！当时如有这《田野撷英》该多好！大家一定会欢呼雀跃，珍之如宝。

上　卷

第一编：穷究万物，开辟鸿蒙

——百科全书学论与百科全书编纂

百科全书存世已有 2000 多年，自问世以来，一直试图向一切人介绍一切事物。它是时代的缩影、历史的一面镜子、不断发展的知识记录器、人类观念之舟。在它庞大繁杂的条目数下，隐藏着认识论上的转变，以及世间万物的新景象。

亚历山大图书馆，位于埃及亚历山大。由托勒密一世在公元前3世纪建造，盛于托勒密二世、托勒密三世。曾是世界上最大的图书馆，拥有最丰富的手稿收藏，可以代表当时世界上所有的知识量。

　　现代百科全书，是现代知识量的代表。

■《亚历山大图书馆》　19世纪德国艺术家 O. 科文创作

百科全书性质、职能、方法新探 [*]

百科全书是近、现代科学发展的产物和重要标志之一。《中国大百科全书》第一版的编纂、出版和第二版的筹备，引发了我对百科全书性质、职能、方法等的思考，本文是这些思考的初步表述。

一、百科全书是一个相对独立的研究领域

自18世纪西欧出现现代通行含义的百科全书起，迄今200多年的时间内，已有多部百科全书问世。百科全书作为近现代科学的一个必要组成部分，其意义已日益明确。而对百科全书的专门研究也已成为现代科学中一个相对独立的领域。有人曾设想"百科全书学"，不无道理，但我认为目前有关研究尚处于初始阶段，形成有

* 原载《辞书研究》1998年第5期，选入中国人民大学书报资料中心《报刊资料》1999年第2期，入选第三届全国出版科学研究优秀论文奖，入选《辞书研究三十年论文精选》。

完整体系的"学"尚须大量的实践和艰辛的探索。

百科全书不同于类书,虽然它们之间有一些相同点。百科全书的特点是"全"。看似仅将各学科的成果汇合起来就是"百科全"了,但恰恰是这个汇合过程本身,提出了许多新的课题:为什么要汇?汇哪些?怎么去汇?条条江河汇大海,是因为海的地势低,"水往低处流",大海不必为此劳神;而百科全书的汇,却是概括所有知识门类之精华,百科全书要为此做出大量的努力。百科全书的形成,是一个主动的、进一步研究的过程,而不是"等现成"。这里需要大量的创造性思维,不论是内容,还是形式,都应反复探索,才能形成自己的特殊性和风格。

近现代人编写的百科全书,几乎每出版一部,都要集合大量的人力,其中包括各学科的带头人,来反复研究其分类体系、整体框架、编写体例等,这已经使百科全书的编写成为一个专门的研究领域。作为所有科学知识的总汇,它需要各门学科的专家来共同探讨,但这种探讨不仅是要说明本学科的知识,更重要的是设计出百科全书的总体构成。以总体构成为出发点和原则,从总体上来分析、对待各学科的知识。不论是百科全书的编者,还是作者,都要服从总体构成这个原则,来审视各学科已有的知识,进行新的排列组合。

中国是从本世纪70年代末着手编写百科全书的。《中国大百科全书》第一版的设计、写作、编辑、出版,历经15年。这个过程,几乎集合了国内各学科主要的带头人,集思广益,从而形成了中国人的第一部百科全书,也形成了中国人的百科全书研究和相应的观点。而紧接着的第二版的筹备,不仅对第一版的经验、教训进行了深入总结、检讨和反思,同时对国外关于百科全书的研究成果进行了系统分析。从已发表的关于百科全书的研究成果看,可以说,百科全书作为一个专门研究领域,在中国已经明确,而且形成了一个相对稳定的专业研究队伍。

百科全书研究已成为现代科学中一个相当重要的领域，它不仅汇集着各门学科的成果，而且作为现代科学总体存在的一种形式，有着不可替代的特殊性。因此，加强对百科全书这个新领域的研究，对百科全书事业，对科学和社会的发展，都是非常必要的。

二、主体综合性

经过200多年的努力，百科全书应在确定其相对独立领域的同时，进一步明确其自身性质。这里，我提出一个观点，即"主体综合性"。

百科全书作为一个特定的科学领域，具有自己的主体性，它既不是各学科的从属物，又与各学科密切联系着；它不仅是人类知识总汇，而且又有自己的相对独立体系。百科全书的主体性是人类在宇宙中的主体地位的体现。虽说没有人授权，但百科全书的性质却要求它成为人类这个主体对人生、社会、世界总体认识的代表。这是其他各学科所不能承担的。只有哲学才自觉地有这个性质，但它又太抽象，只能从原则上对人生、社会、世界的总体有所认识。相比之下，百科全书是最具体、最全面地对人生、社会、世界的总体反映。当然，它并不是在哲学和各门科学之外进行研究，而是将它们的成果在一个新层面做汇总的研究。

百科全书的汇总，并不是收编，不是像户籍管理那样将各家人口汇合到一起，这是一个研究过程，是在总体意义上的综合。恩格斯（1820～1895）早在上个世纪就指出，近代形成的以分门别类为特征的实验科学，"把自然界分解为各个部分，把自然界的各种过程和事物分成一定的门类，对有机体的内部按其多种多样的解剖形态进行研究，这是最近400年来在认识自然界方面获得巨大进展的基本条件。但是，这种做法也给我们留下了一种习惯：把自然界的事物和过程孤立起来，撇开广泛的总的联系去进行考察，因此就不是把它们看作运动的东西，而是看作静止的东西；不是看作本质上变化着的东西，而是看作永恒不变的东西；不是看作活的东西，而是看作死的东西"①。这种"只分不合"的方法，迄今仍是自然科学和社会科学研究的基础，其局限和缺陷相当明显。本世纪以来，尤其是六七十年代以来，已有许多科学家和哲学家反复指出，必须以整体的综合来克服这种缺陷。但任何一门具体学科都很难做到这一点，而哲学也只是从方法论原则上做出结论。百科全书恰恰是能承担这一任务的一个合适的领域。综合作为辩证思维的一个环节，与汇合、收集等有很大区别，它不是将已有的成果归到一起，而是站在特定的主体地位，对总体认识的概括性规定。在综合中，对原有的认识不仅要"去粗取精"，而且要进一步升华，达到高一层次的认识。

百科全书的主体性和综合性是统一的，综合性是主体性的要求，只有综合性才能明确和实现主体性，从而使百科全书作为一个专门的研究领域，呈现出其生命力，并更为充分地发挥其职能。

三、时代性和国度性

百科全书作为科学发展的总体表现形式，与社会和科学的发展

---

① 恩格斯.马克思恩格斯全集:第3卷[M].中共中央编译局,译.北京:人民出版社,1972,60.

相对应，具有明确的时代性；同时，在国家存在的情况下，国度的特殊性也必然对百科全书起到制约，从而使百科全书具有国度性。

时代性和国度性是主体性和综合性的具体化。百科全书的研究和设计，应处理好时代性和国度性的关系。

百科全书的时代性，是从人类总体上说的。这里的时代，就是人类在历史发展中总体的阶段，也是科学发展的阶段。主体性和综合性要求百科全书必须从人类科学发展的全局出发，全面地汇集、综合时代性的成果，具有明显的时代特征。这一点，几乎所有的百科全书都是遵循了的，如D.狄德罗（1713～1784）主编的《百科全书，或科学、艺术与手工艺大词典》（通称法国《百科全书》），就明确地贯穿着时代性，体现着鲜明的时代精神。后来各国出版的百科全书，虽然对时代精神的表现程度不同，但都是努力把时代性作为必要的依托。不过，人们对时代性的理解，也有一定的差异。在狄德罗那里，所谓时代性，不仅包括对他那个时代的科学成果的总结、概括，还包括一个重要的内容，即以时代精神引导人类及其科学的发展。这一点，在《不列颠百科全书》及其他版本的百科全书中，就不明显，其设计者更多地注重已有成果的概括，而忽略对未来发展的引导。

百科全书的国度性，是由特定国度的经济、政治、文化及科学发展的状况决定的，而且与百科全书编写者的水平有直接关系。百科全书虽力求以公正的形式出现，但不可能摆脱国家科学、文化政策的控制，特别是在社会科学方面，所受一国的意识形态的制约就更明显。从各国的百科全书看，国度性都是明确的。《中国大百科全书》第一版，从开始设计到编写、出版，也是力求突出国度性，并为中国社会主义建设服务。

时代性和国度性，作为百科全书的属性，是不成问题的，问题在于如何处理这二者的关系。我认为，时代性和国度性是统一的，

9

但也有矛盾,矛盾的主要方面,应是时代性,国度性应从属于时代性。只有这样,百科全书才能实现其主体性和综合性,才能保证质量,才能尽到其应尽的职能。保证对时代性的规定是以人类总体的发展规律为依据,而不是某一国家、某一政治或学术派别的偏见,这确实是很难处理的。为此,需要广泛、深入地展开对时代性的研究和讨论,并尽可能地吸收、借鉴别国百科全书相应的观点。这里,自然科学和技术的时代性还比较容易达成共识,困难的主要是哲学、社会科学。

中国是以马克思主义为指导的社会主义国家,但经济、科学技术、文化相对发达国家来说比较落后。怎样处理时代性和国度性的关系,我认为可采取这样的方针:1.对自然科学和技术的成果,应根据国际学术界的共识,尽可能地全面采用世界先进成果,同时可相对突出我国科学家和技术人员的成果。2.对哲学、社会科学成果,应以马克思主义原则和方法进行系统研究,对外国学者的成果进行分析,凡能确定其时代先进性者,应采纳,对虽不能确定其先进性,但却是有代表性的,也应编入,同时做相应评价。而国内成果,应以时代性为标准,加以取舍,不能让虽在国内有一定影响,但达不到时代标准的成果也列于《中国大百科全书》之中。第一版中,个别学者及其成果明显达不到时代先进水平,却因某种关系被编入,第二版应尽量避免这种情况发生。

四、概括与引导

职能是性质的引申和发挥,明确百科全书的职能,是进行百科全书研究、设计的关键环节。

对百科全书的职能，现在通常的提法是：汇集一切知识门类和实践活动，并加以概括和归纳。这是百科全书的职能，但百科全书的职能中还应有一个重要方面，即引导科学发展及人类社会进步。

实际上，在百科全书的悠久历史中曾有一个被反复吟唱的主题：百科全书应启迪人类进步。法国中世纪学者博韦的樊尚（约1190～1264）将一部重要的百科全书命名为《大宝鉴》（1244年完成），是要说明世界的现状和未来；他坚持认为人们不仅应精读此书，而且应遵循效法书中所载的思想观念。加泰隆经院哲学家R.卢尔（1235～1316）认为，13世纪的百科全书和语言、文法一起，同是用以追求真理的工具。西班牙人文主义者J.L.比韦斯（1492～1540）在其著作中也强调了百科全书在探索真理方面的重要作用。英国思想家S.T.科尔律治（1772～1834）在《方法序论》（1817）中称他打算编纂的《大都会百科全书》有一个"伟大的目标"，即"在哲学的和谐中展示艺术和科学；结合伦理讲述哲学；通过启示宗教来维护道德"。对百科全书职能有着深刻理解的是18世纪法国唯物主义哲学家、百科全书派的主要代表狄德罗。他在法国《百科全书》的"百科全书"条目中写道："我们深知编写这样一部百科全书，这样的事业只能产生于一个富有哲学精神的时代"，"它需要一种巨大的思想武器"，"我们感到自己心理正酝酿一种行为的愿望，它使我们为达到目的而不惜作出牺牲"①。狄德罗是从明确的时代性来认识百科全书的职能的，而正是这样理解其职能，才使法国《百科全书》真正体现了时代精神，在概括已有的科学成果的基础上，为科学、为社会的进一步发展，提供了明确

---

① 梁丛诚.丹妮·狄德罗和百科全书［M］.沈阳:辽宁人民出版社,1992,160.

的指导和强大的思想武器。

但随着资产阶级统治地位的确立，后来出版的英、德、美等国的百科全书，则明显地淡化，以至消除了百科全书这方面的引导职能。如《大美百科全书》的编者，强调"我的愿望不是强加观点，而是提供事实"。突出所谓公正地概括学术成果，不对社会和科学的发展方向起引导作用，这在《不列颠百科全书》中，表现得尤为明显。

这样规定百科全书的职能，看似不要引导职能，实则也是一种引导，是统治阶级要求其地位稳定，社会发展不发生大变化的意志的体现。如此界定了的百科全书，不仅职能是片面的，而且性质也是片面的，即忽视了其主体性和综合性。《不列颠百科全书》的所谓"本体论"体系，实则就是一个稳定的世界和社会秩序的总框架。

我们说的百科全书的概括职能，不仅仅是归纳，而且包括分析和综合。在人的思维形式中，归纳是从特殊向一般规定的转化过程，这只是概括或抽象的第一步，归纳并不规定本质，对本质的规定，是在归纳的基础上，由分析和综合完成的。分析是从归纳所达到的一般性认识中，找到本质性因素，进而由综合将这些本质因素有机结合，形成本质性规定。本来，在英美两国的"主流派哲学"，即经验主义、实证主义、实用主义那里，就是把归纳作为基本方法的，这一点不仅体现于各门科学中，也进一步体现于百科全书的设计和编写中。我们对百科全书的研究、设计和编写，是以马克思的总体辩证法为指导的；我们所理解的概括，是由归纳、分析、综合构成的辩证过程，是以本质性规定为目的的。这个职能，不仅体现于百科全书的总体上，而且体现于它的各个部分、各个条目上。

也正是由于将概括职能与本质规定统一起来，才能谈到和实现引导科学和社会发展的职能。科学的目的，是提示矛盾，社会发展的主要内容，则是解决矛盾。这是一个连续不断的、辩证统一的运动过程。百科全书通过概括，对科学已达到的成果做出总体把握。在这种概括中，一方面要达到科学已有的前沿成果的质的规定，另一方面也要对科学所遇到的矛盾，以及可能解决矛盾的途径予以提示。这样，就可以对科学的进一步发展起到必要的引导作用。而对科学的引导，同时也就是对社会发展的引导，社会生活中各方面问题的解决，实则都是要由科学的发展加以引导而解决的。

概括和引导作为百科全书职能的两个方面，是内在统一的，这是由百科全书的主体性和综合性，以及时代性和国度性所决定并要求的，只有充分发挥概括和引导职能，百科全书的性质才能充分体现。

五、系统与层次

在关于百科全书的研究和设计中，人们注意最多的，是体系和体例等具体问题，这确实很重要，但体系和体例的前提是对性质和职能的规定。关于百科全书的体系和体例，如果是在对其性质和职能没有明确规定的情况下提出，往往会出许多问题。

在百科全书中，体系、体例是性质和职能的体现。在性质、职能和体系、体例之间，有一个关键环节，就是方法。方法是性质和职能的展开，也是体系、体例设计的原则。正是由于方法的不同，才形成不同的百科全书。

目前有两种观点的讨论引人注目，一为"本体论"，一为"学科论"，一些著名的百科全书，也大体上分别以这两种观点为依据。应当说，"本体论"和"学科论"都有其道理，但也有其缺陷。

所谓"本体论"，亦称"本原论"，是根据这样的哲学观点：世界是按照一定的顺序构成的，知识就是对世界本体的如实反映。

《不列颠百科全书》的设计者就是按"本体论"来安排其体系的，以实物本体为纲。《不列颠百科全书》15版的《百科类目》由物质和能、地球、地球上的生命、人类生命、人类社会、艺术、技术、宗教、人类历史、知识的分类等10个部类构成，这是"本体论"在百科全书中的体现。它以人类既有的知识为依据，打破了学科分类的界限，它似乎要给读者以一种宇宙和人生"生成"的描述。但由于是大型的百科全书，几乎没有一个人能够从头至尾阅读，而且《不列颠百科全书》又是按英文字母排列的，这个分类在书中反映不出来。

"本体论"作为一个哲学范畴，有多种观点，《不列颠百科全书》依据的只是其中一种，即英美实验主义、实证主义的观点，这种观点本身就受到多种哲学派别的挑战，其所说的自然生成、发展过程，也仅是一家之言。当然，《不列颠百科全书》以此为据，是突出了其国度性的。

所谓"学科论"，主要依据是现代科学的分类，特别是中国学位委员会、国家教委的有关分类方法，以及个别学者对学科分类的意见，再就是图书分类法。《中国大百科全书》第一版实际上主要是依据此法。它的长处是基本上与我国现行高等教育的学科分类相当，便于组织作者，读者对象也明确，实用性较强。但从一版中暴露出来的问题，也可以看出，"学科论"基本上是将百科全书看成是依附性的、从属性的，有多少学科，收编多少学科，各学科的条目由各学科去定，重点不突出，条目亦多重复。而且，现代各学科变化很快，诸多新学科不断涌现，迫使百科全书很难应付，更体现不出自己的特殊性。

"本体论"和"学科论"，在百科全书事业处于一定阶段时，其可行性明显，因而易被采用。但随着百科全书事业的发展，尤其是其相对独立性日益突出的时候，"本体论"和"学科论"的局限性也暴露出来。

　　《中国大百科全书》的设计和编写，应充分体现马克思主义辩证法在方法上的指导，这既是其时代性和国度性所要求的，也是实现其概括和引导职能所必须的。马克思主义辩证法，是以总体和系统为特征的，是马克思（1818～1883）、恩格斯（1820～1895）批判继承G.W.F.黑格尔（1770～1831）的唯心主义辩证法，并在他们本人的科学研究中确立的，后经列宁（1870～1924）、G.卢卡奇（1885～1971）、毛泽东（1893～1976）等人的充实发展，成为迄今人类所形成的最为高超和科学的哲学方法论。这是我们进行科学研究的总的方法的原则，而其总体和系统的特征，对于百科全书的研究、设计，更有直接的指导意义。在以马克思主义辩证法为指导的同时，我们还应吸收现代系统论、信息论、控制论等关于方法的科学成果。

　　百科全书毕竟不是哲学著作，因而马克思主义的辩证法也只是百科全书方法的指导原则，这些原则应具体化为"百科全书法"。这里根据上述百科全书性质和职能的规定，对在这里提出的"百科全书法"的要点做一说明。

　　系统的构成，必有核心和主体，百科全书的核心和主体是什么？《不列颠百科全书》的"本体论"，是以物质作为核心，似乎是以宇宙生成为出发点和主体；而"学科论"方法中，又很难确定众多平列学科的核心和主体。我认为，由于百科全书的主体综合性质，所以它的核心是人，其主体就是人生。不论在人类出现以前，物质和宇宙存在了多少年，对其认识和改造，都是以人为主体的，百科全书也是为人而编写的。而在确定人及人生为核心和主体的同时，又要进一步明确，应以现代人为主，这是百科全书的时代性所要求的。

　　围绕人和人生，才有了社会和对自然界的认识与改造。这样，就构成了人的认识系统，而这恰是百科全书的系统和层次的依据。对于百科全书的系统来说，它的第一个层次，即核心和主体，就是人和人生，包括人学（人的本质、人性、人道主义），以及生理、心理、思维、行为；第二个层次，是人生的展开，包括社会、自然界、人认识社会和自然的方法、人改造自然界的技术、艺术；第三个层次，是第二层次的展开，其中，社会包括：经济、政治、军事、文化、教育、民族、历史，等等；自然界包括：物理、化学、生物、地学、天体，等等；方法包括：认识论、辩证法、数学，等等；技术包括：能源、农业、工业、水利、交通运输、航空航天、电子信息，等等；艺术包括：音乐、舞蹈、戏剧、曲艺、影视、美术、文学、建筑，等等。

　　这三大层次，是内在统一的，它构成一个大的系统。

　　在这个大系统中，人和人生作为核心和主体，贯彻于系统的各个部分。其中自然界是人生的对象和条件，社会是人生的形式，方法、技术、艺术都是人生的体现。它们下属的第三层次的各部分，则是更具体的表现。

　　根据这个系统的层次划分，对百科全书的总体设计是否可以多开辟一个思路，即以第一层次、第二层次为门，下属若干类，各门类既可统一编排，亦可分门别类，独立成卷。

　　系统和层次的规定，只是百科全书总体设计的基础，至于框架的制订，条目的选择、编写，还有许多具体问题，应具体研究。

百科全书与百科全书学 *

作为有意识的主体，人类一开始就有将取得的知识加以汇总、概括的愿望与努力，这既是为了交流，也为了给后代以教育和传承。自文字形成，这种努力就得以在更广大的范围进行。辞书、类书、教科书，是出版物中重要内容。近现代百科全书的出现，使人类这种愿望和努力上升到一个新层面。诸多国家编写了各有特色的百科全书，编者和学者对百科全书的性质及其编写方法、体例也发表了很多意见。

百科全书已成为现代人类文化知识中一个重要内容和事业，如何规定其性质，探讨其方法和体系，是现代百科全书事业发展的基本点。这种探讨，不仅要在技术层面展开，更要在理论层面进行。"百科全书学"应此需要而产生。

"百科全书"之"百"，是"多"，就像"百货公司"的货绝非百件，"百科全书"也不以百科计，而是对人类已有知识按学科的全面汇总。百科全书不同于百货公司，它的编写，不是采购，而是生产，"全书"是新产品，而非把别人的产品"全"在一起当商

---

*　写于2000年10月15日。

品出卖。

"多"与"全"是百科全书的外延，并不等于其内涵。百科全书的内涵，是在其外延的范围里，进行创造性研究。研究什么，如何研究，求得什么样的研究结果，又如何表述这结果，都是百科全书的作者所要思考和解决的问题。也正是由于不同的思考，才有了不同的观点、方法与体系。现在我们能看到的各国的百科全书，其特点都是明显的，但它们又都是百科全书，就是由内涵与外延的统一而形成的研究成果。

百科全书是在"百科"之上的又一学科，因此，应有专门的"百科全书学"来对百科全书进行研究。这首先是对近、现代百科全书编写经验的总结。但只有总结还不够，还要从一个新的总体角度，对百科全书的性质、理念、方法、体系等进行规定。为此，就要从已有百科全书的观点、方法、体系的分析综合，做出概括。这不仅是一个"跟踪"式的"汇总"研究，更是一个"导引"式研究。跟踪的目的，是从已走过的路发现其规律，以为导引的根据；而导引又不是任意所为，导引是在对规律的认知中发现前进趋势，以趋势来导引以后要走的路。

已出版的百科全书中，法国狄德罗主编的《百科全书》是体现导引与汇总统一的典范。这是在历史上发挥了最突出作用的伟大著作之一。它的导引意义，不仅在于导引了二百余年的百科全书的编写，更在于它以新的思想和知识，导引了一场变革人类命运的大革命。其后二百多年，诸国编写的百科全书在规模上、装帧上、印刷上越来越"大"。从知识量及编写的技术上，后来的大百科全书大都远超过狄德罗的《百科全书》，但大都是跟踪式的汇总，甚至是"大辞典"。

对百科全书学的研究，要从已有百科全书的经验中，处理好导引与汇总的关系。而这也正是百科全书学所要解决的三个基本问题,其一是百科全书的性质,其二是理念,其三是方法。

从性质看,百科全书是各个知识体系的总体概括。概括不同于汇总,是将各学科中达到的知识经分析而抽象,做出总体的规定,由此而得出对总体性知识的系统论述。在概括这一环节,汇总与导引的关系已显现出来。概括当然包括汇总,是对已有知识的概括,但以什么来概括,又概括出什么样的结果,却又大有差别。如果为汇总而概括,那这样的概括仅仅是把已有的知识做一总结,是统计的加总,得出的结果只是前人已达到知识的要点,可供读者查阅并继承前人,但对以后的发展却不一定富有启示、导引作用。百科全书是一个特定的科学领域,它与各学科密切联系着,但它不是各学科的从属物。百科全书是最具体、最全面地对人生、社会、世界的总体反映,因而成为人类对人生、社会、世界认识的代表。百科全书通过概括,对科学已达到的成果做出总体把握。在这种概括中,一方面要达到科学已有成果的质的规定,另一方面也要对科学所遇到的矛盾,以及可以解决矛盾的途径予以提示,以此,对科学的进一步发展起到必要的引导作用。而对科学的引导,同时也是对社会发展的引导。正是在这一点上,"启后"的性质得以表现。而能否认知这一点,又怎样对待各学科存在的问题,发现其趋势,就集中体现于理念和方法。

百科全书编写的理念,是从对性质的规定所展开的,它包括编写主持者的哲学观念及对科学、时代、发展的认识,也包括社会对百科全书的需求,主持者对这种需求的理解,进而对百科全书的目的、职能的规定。

百科全书理念的形成,是一个不断探讨的过程,也是一个思想矛盾与冲突的过程,社会的矛盾、意识形态及科学观念等都要集中体现于此。纵观各国百科全书,它们在理念上有的体现官方的意识,在学术自由和政治民主的环境中,它们的理念还反映科学家及各种社会势力的意向。从百科全书学的角度，对百科全书理念的探讨，是相当重要的，这里既要考虑百科全书的一般性，还要考虑各国的具体情况。而能否体现百科全书的导引性、导引的方向及如何导引，是其理念规定的主要内容。

理念的展开与贯彻，就是方法。百科全书的方法，是二百多年所有的编写者都感到困惑的问题，大家尽其所能，或议论或实践，在方法上做了反复探讨。然而，由于主持者大都或按学科来划分卷、编，或以学科划分工作单元，各卷、编或各科的主编大都是一个学科的专家，编写者主要是从各自学科的角度探讨方法的，这样，所编出的百科全书，不仅在知识上，在方法上也明显带有各自学科的特点，甚至呈现其独立性。而从百科全书学的角度对方法的探讨，就要形成百科全书这一学科的方法论。这是百科全书学的关键，也是百科全书发展的必要环节。

百科全书的方法论，不同于任何学科的方法论，但又是以各学科方法为基础，并根据其理念进行的探讨与规定。从层次上看，它与哲学方法论有相似处，但又不同于哲学方法论。哲学方法论是探讨人存在与意识基本矛盾的方法论，它带有明显的抽象性，而百科全书的方法论是对各学科总体概括的方法论，它受哲学方法论的指导，同时又包括哲学方法论（哲学也是百科中的一科）。百科全书方法论的形成，要在明确其性质和理念的前提下，不断探索，并非百科中的各科方法论的汇合，但同时又要归纳、分析各学科方法论，从中概括一般性，由此形成百科全书学的方法论。这样，在百科全书学方法论的统一指导下，而不是在各学科方法论的分别指导下，进行百科全书的编写，虽然也同样涵盖各学科，但角度和程序，以及概括的知识层次，都有不同于各学科辞典的方法，更为重要的，是使百科全书能够形成统一的体系，而非各学科的拼合。

要形成百科全书学的方法论，不是一件容易的事，不仅有国度的限制，也有各学科之间如何贯通的问题，但这不等于说是不能解决的。起码把这个课题提出来，并认真探讨，听取各方面的意见，是可以逐步形成并丰富、充实的。

方法论的改进，体现于研究上，也体现于论述体系上。从已有的百科全书看，主编者要耗费大量精力设计编写体例，而各国百科全书的差异，也明显地体现在体例上。编写体例上的问题，不能只在体例这个层面解决，它取决于论述体系，而论述体系又取决于方法论。论述体系与编写体例看起来似乎是同一个层面，其实还是有差别的。论述体系是内在的设计，是编写体例的纲、原则，编写体例是论述体系的实施和具体化。许多百科全书虽采取各种体例，但没有摆脱各具体学科的体系，或是把各学科体系原样搬来，或用字母或用笔划重新排列组合，不仅没有形成百科全书特有的体例，而且相当杂乱。在百科全书方法论的指导下确立的论述体系，则可以从一个原则出发，将各门学科所达到的知识成果集合成一系列范畴，按从抽象到具体的顺序，既照顾各学科已有的知识结构，又能体现百科全书的特色。

百科全书的论述体系所涉及的，是人存在与意识的总体矛盾，这既包括哲学、人文社会科学，也包括自然科学和技术科学，以及艺术、语言等，如此浩大的范围，要以一个论述体系进行概括，并按一个原则展开论证，必须确定各学科的核心和主干范畴，而这些范畴的确定，既要考虑各学科的性质，更要依从百科全书性质、理念、方法的要求。确立了论述体系，编写体例也就容易处理了，即按从抽象到具体的顺序，对论述体系所涉及的各范畴进行论证。

对百科全书在现代社会的意义学术界已达成共识，但百科全书的编写却问题多多，百科全书学的提出与探讨，正是应百科全书事业发展的需要而生。这里，只是就某些要点谈些看法，以就正于诸位专家。在我国二十多年现代百科全书编纂实践中，造就了一批百科全书专家，产生了大量极富理论价值和实践价值的研究成果，是百科全书基业的宝贵财富和事业发展的基本保证。愿有志于百科事业以及关注百科事业者继续努力，不断拓展和完善百科全书编研的有关思路。

国家知识体系与《中国大百科全书》*

一、国家知识体系既是知识总汇，又是思想标高

1. 知识和知识体系

知识，是人类在实践中认识客观世界（包括人类自身）的成果，它包括事实、信息的描述或在教育和实践中获得的技能。它可以是关于理论的，也可以是关于实践的。有一个经典的定义来自于柏拉图：一条陈述能称得上是知识必须满足三个条件，它一定是被验证过的，正确的，而且是被人们相信的，这也是科学与非科学的区分标准。

知识体系，无数个关联的标准知识的集合。知识关联、知识体系是客观存在的，不同领域的专家将之总结出来。人类没有发现验证的"知识"尚且不叫知识。知识、知识体系都需要人们发现并验证，知识、知识体系是基于人而存在的。知识体系的构建反映了人全面系统认识事物、把握事物发展规律的能力。

---

* 写于2016年6月24日。

23

知识、知识体系属于文化,文化是相对于政治、经济而言的人类全部精神活动及其活动产品,文化是感性与知识的升华。

2. 国家知识体系

从广义的角度,国家是指拥有共同的语言、文化、种族、血统、领土、政府或者历史的社会群体。中国是社会主义国家,当前国家的基本职能是,对内保持社会和谐,推进现代化进程,提高人民物质文化生活水平;对外,开放、交流,同时,还有重要的一个方面,即保家卫国,防御外侵。

毫无疑问,国家知识体系应该与国家的职能、国家的发展目标相匹配。其构建应该考虑三个基本要素:

(1)全球视野。集纳古今中外人类优秀文明成果,对他国他人发现的新知识、新事物、新成果,保持与世界同水准的了解、认识、掌握,为我所用。它是全面的、系统的、集大成的,覆盖了当今的科学研究领域。

(2)本土意识。彰显本民族文明、文化、成果、价值观,也就是文化自觉、自信。首先,世界各国交流,建立在相互了解、理解基础上,将自已讲清楚,才能赢得别人的理解和尊重;其次,各个国家和民族的发展都离不开自身的文化土壤,离不开国情、民情;第三,当今国际格局,需要主体意识,而非人云亦云,掌握文化(知识)话语权,才能真正形成有效的对话机制,有利于解决面临的问题。

(3)文化标杆。坚持科学规范,严循学术标准。

总之,国家知识体系不仅代表了一个国家、一个民族在这个时代的知识水平,而且还体现了一个国家、一个民族在这个时代理解自身、理解世界,把握自身、把握世界的认识水平。也就是说,国家知识体系既是知识总汇,又是思想标高。知识体系建设,对于国家繁荣发展、在世界文明进程中的地位确立,重要性都是不言而喻的。国家知识体系完备，知识广泛传播，是提升国民素养、凝聚力量、维护安全、掌握国际话语权的基础性工作。

二、百科全书是知识体系完备的书

百科，包括的学科之多；全书，汇集的知识之广。百科全书是概要记述人类一切门类知识或某一门类知识的完备的工具书 。百科全书在规模、内容、功能上均超过其他类型的工具书。"百科全书自问世以来，一直试图向一切人介绍一切事物"[①]。

西方有记载的科技、文学、艺术基本是从古希腊学者开始的。亚里士多德为讲学而编写了全面讲述当时已有一切学问的讲义，百科全书自此起步。2300多年来，人类社会跨越古代、近代，进入现代，渐进地产生、积累了大量科学发现，以及思想文化艺术成果，尤其是以蒸汽机发明和应用为主要标志的第一次科技革命、产业革命，以新式炼钢法和电力的应用为主要标志的第二次科技革命、产业革命，以核能、电子计算机和自动化技术为主要标志的第三次科技革命、产业革命，人类的科学发现、知识创造和应用进入快车道。而与之如影随形的是百科全书的编纂，从《学科要义九书》、《博物志》、《词源》、《百科全书，或神与世俗学科知识》、《钱伯斯百科全书》到《不列颠百科全书》、D. 狄德罗（1713～1784）的法国《百科全书》，以及《美国百科全书》、《布鲁克豪斯百科全书》，再到当下火爆的网络百科全书维基百科，每一个时代，都有

---

① 不列颠百科全书编辑委员会.不列颠百科全书（第十五版）［M］.芝加哥:不列颠百科全书出版公司,1980.

集成、记载科技、人文成果的百科全书诞生。

百科全书最基本的特征有两点：一是权威准确、视界宏博的内容；二是完备的知识体系。

百科全书与时代的思想科学文化发展水平同步，同时，又反哺、推动着时代思想科学文化的发展。

西方中世纪百科全书将上帝视为知识之源，或是按照《创世纪》的次序讲述事物，或以古典的、反映"自由人"全部学识的"七艺"作为知识框架，编排上采用知识门类排列的方式，顺序一般是圣经、教会、七艺（文法、修辞、逻辑、算术、几何、天文、音乐）、医学等。18世纪的启蒙运动，标志着一个新的转折点的到来。以狄德罗、J.达朗贝尔为首"百科全书派"编写的法国《百科全书》（1772）一改旧制，以F.培根全新的科学分类作为百科全书框架依据。被马克思称为"整个现代实验科学的真正始祖"的培根，将人类知识分为130个门类，并归纳为三个方面："外界自然"（1～40门类，包括天文、气象、地理等）；"人类自身"（41～59门类，包括人体构造、行为、体力等）；"人类对自然的作用"（60～130门类，包括医学、化学、技术、艺术、农业、航海、衣食住行等）。法国《百科全书》既是知识汇编，又是哲学宣言。它采用的新知识体系，以及编写方法，打破了教会原本对百科全书的条条框框：从神学和上帝写起。它冲破号称掌握最高真理的教会的禁锢，对所有知识一视同仁，给予同样的理性处置。同时，大量的新知识、实用知识进入到本书的知识体系中。狄德罗亲自撰写了"自由"、"公民"、"君主"、"社会"、"艺术"、"农业"、"科学"等1200多个条目，达朗贝尔写序，题为《各学科的起源与发展概述》，J-J.卢梭主持和编写了政治、经济和音乐方面的条目，伏尔泰写了历史方面的条目。这是一部用来"改变人们思想方法的词典"。法国"百科全书"派及法国《百科全书》，冲破欧洲1000多年封建与神学统治，点燃了启蒙运动的火炬，它提出的自由、平等的民主原则，照直写进了《人权宣言》。

三、《中国大百科全书》
在国家知识体系构建中的独特作用

作为国家基础性、标志性文化工程，《中国大百科全书》的知识体系、知识框架，体现和代表的是国家意志、国家水准，在力求知识的权威性、系统性、普适性的同时，也应以高度的学术自觉着力展现中国特色、中国气派、中国风格。从而成为名符其实的中国大百科全书，而不是"不列颠"或其他百科的"中国版"。

1978年，与中国改革开放同步启程的《中国大百科全书》，最重要的工作之一就是全面推动学科研究，完善国家知识体系建设。十年内乱，中国学术严重荒芜，许多权威学者成为牛鬼蛇神，被打倒、靠边站，各学科溃不成军，更遑论国际间新学科、新进展的跟进与吸纳。1979年邓小平在理论工作务虚会议上的讲话就提到："政治学、法学、社会学以及世界政治的研究，我们过去多年忽视了，现在需要赶快补课"。《中国大百科全书》一经启动，便按照学科齐全、权威准确的标准进行学术人员组建，展开各学科调研、梳理、创新，有效地引领、推动了各学科建设，全面建构国家知识体系。包括一些空白学科，如政治学、社会学、环境科学、财政税收金融等也在第一版时力排异议，开启编纂。如今这些都已成为显学。邓小平指出，"中国搞四个现代化需要知识"。各学科卷的陆续出版，及时满足了当时各行各业的需要，发售《全书》的新华书店门口，闻讯赶来的读者，在门口连夜排起长队，购买场面十分火爆。《法学》卷最为畅销，短时间内就发行了50多万册。

　　知识体系完备，不仅仅指学科齐全，还包括本学科内部知识的系统、精准。1984年初《法学》卷发稿前，有人心有余悸，提出对"无罪推定"条目应当加些批判。总编委会副主任、《法学》卷主编张友渔在编委会上明确指出：资产阶级革命初期反对封建司法专横，提出"无罪推定"等原则，在历史上具有进步作用，这个条目不必加什么批判。于是，"无罪推定"条未加批判出现在《法学》卷第一版上，而这一原则后来收入了1997年修订的《中华人民共和国刑事诉讼法》之中。中国以古代发明火药而自豪，殊不知我国过去所有的历史典籍都没有记载过火药诞生的准确年代，国外有研究者据此认为火药并非始于中国。《全书》一版的《军事》、《化学》、《航空航天》等各卷在编撰过程中，许多条目都涉及火药，而且提出了各自不同的依据。为了解决这个历史遗留的问号，《军事》卷编辑部先后组织了三次全国性跨学科研讨会，数百名专家参与了论证。条目撰写人李敬和他的研究生查阅考证了数百万字的史料，按中国古代火药配方进行了模拟试验，还利用出国讲学的机会，到英国专门拜访了英国科技史专家李约瑟教授。潜心研究几年后，火药发明于公元808年，以无争的史实出现在《中国大百科全书》上，成为标准被广泛引用。

　　以实事求是为核心要义的编辑方针，经胡乔木报邓小平，得到肯定和赞许，最终成为《全书》编纂工作的指导思想。在文革余悸、左倾流毒尚存之时，这无疑是需要极大勇气的。一些过去的学术禁区被打破，一些重要的人物和事件恢复了历史的本来面目。在编辑方针的推动下，中央军委讨论明确了我军建军以来的33位军事家，肯定了林彪作为军事家的地位，设立条目，实事求是地记述林彪的功过是非。在纪录抗日战争史的条目中，首次记述了国民党爱国将领指挥的台儿庄等重要战役。其他卷还设立了陈独秀、胡适、蒋介石等条目,内容力求尊重客观历史事实。《天文学》、《考古学》等多卷也选收了在中国天文学、考古学史上有重要贡献,后居留台湾的一些学者人物条目。《体育》卷设条时,有一个运动员曾经多次为祖国赢得荣誉,"文革"期间失足,但这个运动员知名度很高,多次获得世界冠军,读者想了解他,百科全书应当客观地介绍他的情况,设置了专条。

《全书》第二版于2009年告成。是改革开放30年来中国科学文化成就的集大成之作,内容包括哲学、社会科学、文学艺术、文化教育、自然科学、工程技术以及军事科学等各个学科和领域古往今来的基本知识。首创了在本体论基底上嫁接学科论的一套全新的综合性百科全书框架体系。20世纪60、70年代之后,社会已进入现代科学时代,又称为交叉科学时代、综合科学时代,也称大科学时代。这个时代的主要特征是边缘学科(如物理化学、生物力学、数量经济学、生态伦理学等)、综合学科(如环境科学、海洋科学、材料科学、能源科学等)、横断学科(例如系统科学、信息科学、协同学等)丛生,按传统的各学科泾渭分明的科学分类已很难定位并划分体系。第二版的综合性知识框架体系,有着基底扎实、稳定公认、开放性高、兼容性强、盖全率高、遗漏点少的优点,确保了《中国大百科全书》第二版能够真正实现全面介绍人类知识。

与此同时,彰显中国内容,突出中国特色。比如,多元文化的社会环境给人们的世界观和价值观提出了巨大的挑战,客观要求主流文化发挥其主导作用。二版收入了邓小平理论、"三个代表"重要思想、科学发展观、中国特色社会主义、社会主义市场经济、社会主义初级阶段理论、改革开放、经济体制改革、农村经济体制改革、国有企业改革、四项基本原则、"一国两制"等一批重要条目并作出权威性阐述。又如,力求对中国建设最新成果作全面归纳。建筑学科中，可持续发展观念引发了新的建筑运动，传统建筑学向广义建筑学发展。二版设立了将建筑、地景和城市规划学科的精髓整合在一起的地标性建筑条目"国家大剧院"、"九江长江大桥"、"江阴长江大桥"、"杨浦大桥"、"卢浦大桥"、"虎门大桥"、"润扬长江大桥"、"东方明珠电视塔"、"金茂大厦"、"厦门海沧大桥"、"杭州湾跨海大桥"、"台北101大楼"等。水利学科，设立了反映改革开放以来，中国水利在战胜严重洪涝灾害后，重点工程建设明显加快、城乡供水事业取得长足发展、治理水土流失成效显著、科研教育新发展等新条目，如"三峡水利枢纽"、"南水北调工程"、"二滩水电站"、"光弹性法"、"垮坝"、"库容"、"混凝土面板堆石坝"、"水价"、"险工"、"水窖"等。选设这类条目，有的就是媒介中常见的一些术语，看似平常，却另有深意，不仅因为检索率高，贴近生活，也让读者在了解知识的同时，加强环境资源保护的意识。二版不仅有关于中国古代灿烂文明的条目"四大发明"、"地动仪"、"刻漏"等，也增设了反映中国现代最高科技成就的"中国月球探测工程"、"嫦娥工程"、"'神舟'号飞船"等大量新条目。

《全书》第三版于2011年国务院批准立项，目前编纂工作正在紧锣密鼓进行中。其知识体系全面反映国家当今科研、教育状貌，以及社会所需。收录110个一级学科，学科数量比一版时增加了1/3以上，比二版时增加了1/6，首次独立设置的学科有信息与通讯工程、生物工程、食品工程、设计学、传播学、人居环境学、科学技术史、公共管理学等。在各学科编委会工作会议上，许多新兴学科表态，要用好百科全书这一平台，认真系统地厘清、梳理、提炼本学科知识体系，以期充分发挥学科在科研和实践中的作用。

坚持中国特色，是中国走向世界的重要步骤，中国声音要在《中国大百科全书》中反映。在知识体系上，设计了中国特有的学科，有如传统学科戏曲、中国文学、中国历史、语言文字等，还有由中国学者创立、得到国际公认的现代学科如人居环境学等，同时还推动各个学科的中国研究、在学科发展中作出中国贡献。

如传播学。在编委会讨论中有学者认为：作为一门学科，传播学总体看来一方面在世界上还是一人一把号，各吹各的调，知识体系颇为庞杂，莫衷一是。一方面，改革开放以来作为舶来品引入中国的传播学，大抵属于一套以美国的社会政治、历史文化、传播实践、理论话语为基本蓝图的知识谱系，包括大众传播、人际传播、组织传播、政治传播、健康传播、跨文化传播等知识划分与知识叙述，以及信息、媒介、受众、效果等核心概念和专业范畴。对中国社会与传播而言，这套知识谱系又有"横向不到边，纵向不到底"的局限。所谓"横向不到边"，是指这套舶来品即使适用，也大多针对东部地区，而在中西部广大地区则不免圆凿方枘，甚至格格不入。同样，"纵向不到底"乃指这套知识话语主要关注"北上广"发达状况，包括网民、中产阶级、消费主义、商业文化、个人价值与自由，甚至拜金主义等意识形态，而十数亿普通民众及其丰富多彩或错综复杂的社会生活与传播实践基本处于其理论盲区。随着中国发展的历史进程，特别是两个一百年目标日渐显现以及相伴的文化自觉意识日渐凸显，如何在《中国大百科全书·传播学》中体现中国人在传播理论与传播实践中的立场、观点与方法，改变传播研究亦步亦趋、唯人马首是瞻的总体格局，是第三版编撰中需要格外留意的。事实上，中国数千年幽远的文化传统，因人而异、因地制宜等传播习俗，特别是近百年来的历史性巨变，都在广阔领域留下丰富厚重的遗产。对此，应该有所体现，以对世界的传播学作出中国的更大贡献。

再如渔业学科。本学科侧重点是渔业资源特征和产业特征两个方面知识体系的描述，而我国这些年来的特点是渔业产业结构变化大。我国20世纪50年代、60年代，甚至是70年代，是以捕捞业为主的。50年代，我国的养殖产量不超过渔业总产量的10%；80年代中期养殖和捕捞产量比重就各占一半了；现在养殖占了70%多。这个变化使得渔业学科的发展有了不平衡的问题。因此，三版渔业各分支的设计比重就和一版时的思考角度不一样。中国是世界渔业大国，渔业历史悠久、产量大。历史上范蠡养鱼距今已有好几千年了。我国渔业产量目前在世界占比将近40%，总产量上2014年我国是6000多万吨，世界大约是1.5亿吨。鉴于此，第三版《中国大百科全书·渔业》的任务是彰显中国渔业知识体系，在引领渔业发展中发挥作用。

综上，《中国大百科全书》在构建国家知识体系中具有独特优势：全学科覆盖；全国各领域最杰出的学者领衔相应学科，并与组织方出版方具有长期良好的互信关系；文化使命，中国百科从诞生之日起，就定位于国家基础性、标志性文化工程，为提高国民科学文化素养服务，为国家改革开放、推进现代化建设、国际交流服务，使命感与生俱来；国家编纂机制，国家层面的动员、政策支持，是有力的保障。目前进行中的《全书》三版，在富媒体出版和网络传播方面先行，受众、功效、影响力都将极大扩展。在国家当代知识体系的构建、完善中，《中国大百科全书》一如既往，承担起责任，发挥应有的作用。

互联网思维与百科三版 [*]

  《中国大百科全书》第三版（以下简称"三版"）是数字化时代的新型百科全书，是基于信息化技术和互联网、进行知识生产、分发和传播的国家大型知识服务体系。三版是一项国家的重大工程，同时，也是中国大百科全书出版社在转型发展期的严峻挑战和重大机遇。

一、三版对于百科社的意义

  1. 品牌生存、光大的现实需要。百科全书正在发生悄然而醒目的变化。一方面，纸介百科在国外纷纷宣布停止印刷，在国内则销量直线下滑；另一方面，各种"草根"版的网络百科则颇有燎原之势。国家和企业长期引以为傲的优质百科品牌可能有越来越被边缘化的危险。

---

* 2014年1月中国出版集团生产经营工作会议命题作文并发言。

2. 企业可持续发展的战略决策。当今世界已经进入数字化生产、阅读的快车道，地面店衰落，网络阅读方兴未艾势头正劲是不争的事实。作为内容生产的传统企业，构建数字化新业态是必然要面临的战略决策。

3. 是挑战更是机遇。经过多年发展，信息化技术日益成熟、便捷和经济；网络生态经过无数混战也已渐趋理性，商业形态赢利模式已见端倪。

二、用互联网思维指导和创新三版工作

1. 互联网给这个世界带来的最大变化之一是消除了距离。电商大战传统营销渠道，互联网媒体大战传统媒体，各自长短显而易见。零距离是传统企业在互联网时代面临的极大挑战。

2. 零距离改变了生产方式和生产关系。开放，网络化（无边界），企业和员工、用户和合作方的关系，由博弈变成合作共赢。互联网思维是一种开放的、合作共赢的思维。

3. 互联网思维的核心是用户至上。互联网时代，媒介垄断被打破了，消费者同时成为媒介信息和内容的生产者、传播者，消费者主权形成。因此，互联网思维是用户至上的思维。

4. 三版网络版是互联网产品，应该充分尊重并运用互联网思维、精神、技术、方法和规则，来指导、处理和创新三版工作。

三、三版实施路径

1. 差异化：内容的权威性和产品的多元化

（1）内容的权威性，是三版网络版与现有网络百科的根本不同。互联网时代有很多所谓的"知识"，但这个"知识"的准确性有待考察。作为普罗大众的重要信息获取的源头，维基等网络百科出现严重质量问题，确实给三版网络版发展敲响了警钟。我国应该尽快赶上世界步伐，适应时代发展需要，建立起百科全书的网络体系，让国人和世界多了解中国的新发展和新变化，在知识信息鱼龙混杂的网络百科全书领域中，提供给广大国民真正的知识和科学的内容。为确保在网络环境和需求下中国大百科全书权威标准不变，三版总体设计制订了"专家学者撰写、审查，编辑人员加工、监管，大众参与的可管控的协同编纂模式"。

（2）多元产品：专业版、专题版、大众版等；外文版、民文版等；教育产品、社区产品、机构产品等；在线产品、移动、离线、终端产品等；捆绑式内容发布、政府馆配的镜像模式等；定制、知识服务整体解决方案等。同时，尝试纸版按需印刷，更好地利用各种出版形式，最终实现知识的最大化普及。值得一提的是，针对现下速食文化盛行，图书纸版更具有特殊的出版意义。纸版的知识存储形式已经被证明保存1500年是没有问题的，而其他存储介质保存时间目前基本都没有超过100年的。所以纸版仍有其不可替代性。但可根据需要采取按需印刷的方式进行调整变化。

《中国大百科全书》的使命是培养民众的科学素养。在经过30多年耕耘，百科全书产品已经从成人到少儿全覆盖的积累下，三版网络版可以考虑突破原有格局，系统化且有针对性地满足不同层级的读者所需要的知识，针对不同年龄段和知识水平分级分段提供科普知识，增加知识的可读性，使复杂的知识通过学者的编写和编辑的加工更便于理解。作为出版社，如果能够在挖掘不同读者群的兴趣点上有所突破，使工具类型的数字出版物利用率大幅提高，就是为广大民众科学素养的培养和提高作出了贡献。

2. 权威内容的规模化

互联网时代，体量意味着流量、意味着份量。体量、流量是互联网产品的必备要素。三版权威内容的规模化，建议可尝试采取互联网模式进行生产和集成。目前，建议列入生产和集成计划的可考虑如下途径：

三版区别于一般网络百科最重要的特点就是已有的积累和自身的专业性、权威性。（1）百科社百科全书、知识类图书；（2）全国各机构出版的百科全书、方志、百科知识类工具书；（3）世界权威百科全书；（4）国内、国际特色性权威性数据库；（5）约请国内国际知名专家学者撰写稿件；（6）建立在云计算基础上对各类正式读物、可靠信息的知识挖掘。对"大数据"的挖掘，具有巨大的价值。

权威内容的规模化集成需要以两项重要的基础性工作作为保障：第一，依商业原则和互联网规则建立共赢机制，保证内容资源贡献者各方利益的最大化；第二，建立一套标准和一个适配的技术架构，保障来自不同渠道的内容可以有机融合使用。

权威内容的规模化集成需要专业的队伍。内容是三版的核心，相应的技术支持是基础，收集整理已有的内容和技术支撑，找出其中的特点和需要补充完善的东西，从根本上需要培养建立起一个专业成熟的出版队伍。当有大量的新鲜素材进入以后，这个队伍能够有判别素材的能力，有处理素材的技术，找到最有价值的核心素材为我所用。通过先进技术制定完善的工作流程，发挥人才的作用，实现素材的真正价值。

权威内容的规模化集成还需要处理好百科全书的内相关和外相关。而"维基百科"和线上《不列颠百科全书》之所以成功，与在这种外相关的处理上所投入的精力有很大关系。

3. 组织流程和结构平台化

（1）三版组织流程拟采用分布并联式，组织形式平台化。分布式即扁平化，每个单元都可直接面对市场，面对用户；并联则将若干个分布式单元，如企业员工、作者、用户和合作者各方并联在一个平台上，共同创造和实现更大的价值。

（2）开放，是三版组织形式的另一本质特征。可以满足用户需求，为用户带来价值的资源、主体，认同并遵守三版价值观、规则，都可以进入，有效交互，动态优化。

4. 为用户提供他们需要的服务和产品

（1）用户全流程最佳体验。现在的消费者拥有指尖上的权力，指尖上的每一次点击，每一次体验，都可能成为全球范围内实时的新闻直播。三版要想方设法让消费者得到最好的体验。

（2）知识服务整体解决方案。互联网为彰显和满足个性化需求提供了可能。知识服务整体解决方案，是个性化服务的高级样式，独特的增值服务、精准性，使之有别于普适性产品，而具有越来越多的用户需求，以及良好的商业前景。这也是三版的主攻方向。

（3）得民众者得天下。三版要关注广大民众需求，创建吸引网民广泛参与的大众化知识社区。

5. 明确边界，分段实施；快速迭代，循序渐进

（1）三版是一个庞大的系统工程，必须明确其任务边界，并在总体设计框架下，分解阶段性目标，确立阶段性成果。

（2）三版技术和产品适用"敏捷开发"的互联网开发方法，以人为核心、迭代、循序渐进，允许有所不足，不断试错，在持续迭

代中完善产品。

6. 建立现代企业制度

（1）互联网业态本身就是现代企业制度的产物，现代企业基因使之活力四射，攻城掠池，所向披靡。要完成三版任务，并期望以此带动企业转型、引领企业持续发展，必须解决持续"造血"、内在动力等问题，现有体制机制显然难以解决。

（2）建立现代企业制度，大胆使用现代经济工具和手段，探索现代企业运作方式，在资本运作、兼并重组、股份制、法人治理等方面取得突破，解决人才、资本、市场、动力、效率等要害性、瓶颈性问题。

7. 三版和百科传统板块

（1）三版作为新生业态，与目前百科社的传统经营板块并行，各自独立运营。传统经营板块解决现实问题；三版完成国家任务，并探索解决企业持续发展的方向和路径。

（2）三版新业态和传统板块之间建立资源流动、共享、有效配置的通道和机制。传统板块的内容即时向三版归集，传统板块的大型项目探索"项目—丛书—数据库"一体化，并向三版输送；三版的技术、平台、数据库集群，海量元数据等，向传统出版所有编辑部开放。

传统板块和三版新业态的互通互惠，同样建立在成本核算、利益共享的规则上。

（3）数据部是所有内容数据的流转阀。从内容管理角度来看，要明确所拥有的素材和词条的使用权限和权利管理。利用好手中的资源，理清其中涉及的著作权等问题。在三版和其他内容归集时，做好素材的管理，利用计算机自然语言处理等技术，充分利用编纂平台流程管理和知识管理挖掘的功能，规范标引，方便不同需要。

四、2014年具体目标

编纂平台建设。编辑加工和存储平台完成招标、建设、验收并投入使用；分发和运营平台完成招标、建设并验收。

完成相关标准和流程制定。主要有：《百科全书XML格式标准》、《百科全书内容标引规范》、《百科知识描述体系标准》、《百科全书元数据应用规范》、《百科全书编辑流程规范》、《百科全书编纂规范》、《百科全书传播规范》、《百科全书内容流转规范》、《图片采选标准和分类标准》、《音频、视频等多媒体素材采选标准和分类标准》、《流程和体例》。

队伍建设。组建总编委会；组建权威专家作者队伍；组建互联网编辑、运营团队；人员培训。

百科全书及工具书数字资源库建设。预计收录条目总数达到50万余条，图片10余万幅。计划完成200G图片素材入库。

三版完成新组稿不低于20万条，图片5万幅。

《中国大百科全书》"1+2版"社内上线；年内开通三版官方网站。

"加强编辑能力建设"项目主体工程竣工，2015年上半年编辑大楼改建完工投入使用。三版信息化工作环境就位。

积极探索体制机制变革，并取得实质性突破。

百科全书与知识服务 [*]

21世纪，人类进入了知识经济时代。有统计显示， 知识及其精华——科学技术对经济增长的贡献率，已由20世纪初的5%左右上升到现在的80%甚至更多。同时，人们对知识的学习、查检、挖掘、整理、聚合、运用日益增多，各类知识性需求异常活跃，知识性消费持续旺盛。

为了与蓬勃发展的知识经济、丰富多彩的知识需求相适应，当今知识服务的规模、模态也发生了巨大的变化。就知识服务而言，百科全书有着与之最为契合的内在关联。在信息化、互联网高度发达的今天，现代化新型百科全书在知识服务方面可以大显身手，其核心功能将更加凸显，效用将更为显著。

一、百科全书和知识服务有着与生俱来、自然天成的关联

1. 百科全书是科学的书，是知识的书

西方文化学者公认，"百科全书之父"是古希腊的亚里士多

---

* 原载《辞书研究》2018年第3期。

德。如果从亚里士多德在吕克昂学园教学的讲义算起，西方百科全书起源发展至今，已有2300多年的历史；东西方学者一般认为，中国古代类书与西方古代百科全书基本性质接近，从这个意义上讲，中国百科全书史的肇端，当属魏文帝曹丕主持编纂的《皇览》（220～222），距今也有近2000年了。

公元前5、6世纪，特别是希波战争以后，古希腊地区经济生活繁荣，科技发达，产生了光辉灿烂、对后世影响深远的希腊文化，涌现出了柏拉图、亚里士多德等一大批学问家，他们在哲学思想、诗歌、建筑、科学、文学、戏剧、神话等诸多方面有很深的造诣。西方有记载的科技、文学、艺术基本是从古希腊学者开始的。亚里士多德为讲学而编写了全面讲述当时已有一切学问的讲义，百科全书自此起步。2300多年来，人类社会跨越古代、近代，进入现代，渐进地产生、积累了大量科学发现，以及思想文化艺术成果，尤其是以蒸汽机发明和应用为主要标志的第一次科技革命、产业革命，以新式炼钢法和电力的应用为主要标志的第二次科技革命、产业革命，以核能、电子计算机和自动化技术为主要标志的第三次科技革命、产业革命，人类的科学发现、知识创造和应用进入快车道。而与之如影随形的是百科全书的编纂，从《学科要义九书》、《博物志》、《词源》、《百科全书，或神与世俗学科知识》、《钱伯斯百科全书》到《不列颠百科全书》、狄德罗的法国《百科全书》，以及《美国百科全书》、《布鲁克豪斯百科全书》，每一个时代，都有集成、记载科技、人文成果的百科全书诞生。绵亘经年，百科全书已然种类繁多，蔚为大观，灿若繁星。

百科全书自诞生起，就和科学、和知识一路相伴，形影不离。科学不断开拓、发掘和创造知识，百科全书则持续跟进、整理、甄别、记录和传播知识。百科全书的历史，就是不断记录人类科学发现、知识创造和知识传播的历史。

2. 百科全书是内容丰富、视界宏博的知识宝库

百科全书，英文名encyclopedia，意即基本的学问尽在其中。百科全书一词 19世纪末引入中国。康有为在1897年11月前所著《日本书目志》中，著录书名中出现百科全书字样。随后，梁启超发表书评《读〈日本书目志〉后》，百科全书一词，开始进入中国文献。

百科，包括的学科之多；全书，汇集的知识之广。百科全书是概要记述人类一切门类知识或某一门类知识的完备的工具书。百科全书在规模、内容、功能上均超过其他类型的工具书。"百科全书自问世以来，一直试图向一切人介绍一切事物"①。百科全书是向人精确解答一切问题的书。由于它涉及古今中外、天文地理、文学艺术、科学技术，包罗万象、巨细无遗，可存佚、启蒙、解疑、释惑、急就、自学，所以康有为称百科全书为"金玉渊海"之书，世人亦称万宝全书，没有围墙的大学。

高质量的综合性百科全书，成为衡量一个国家科学、文化发展水平的重要标志之一。

3. 古今中外，百科全书提供了源源不断的知识服务，为人类进步社会发展作出了巨大的贡献

在2300多年漫长的时光迁徙中，百科全书的品种、类别不断增多，编排方式、使用功能不断丰富。最重要的是，欧洲在文艺复兴、15世纪中叶后，随着活字印刷技术的逐步推广，书籍得以方便印制、广泛流传，百科全书从皇亲贵戚、上流精英的阅读特权，逐渐走向民众。启迪民智，普及科学，百科全书作用的辐射面越来越广。18世纪，狄德罗以及法国"百科全书"派撰写的《百科全书》，冲破欧洲1000多年封建与神学统治，点燃了启蒙运动的火炬。在

---

① 不列颠百科全书编辑委员会.不列颠百科全书（第十五版）［M］.芝加哥：不列颠百科全书出版公司，1980.

科学技术高度发达的当代社会，随着知识学习、传播的更为便捷、教育的更为普及，百科全书已经惠及全社会，百科全书已成为人们日常思考、工作、学习、生活不可或缺的得力助手。"是《大英百科全书》令我获得了一切有用的知识。"比尔·盖茨在《未来之路》一书中屡次提到他读到的百科全书，没有念完大学的他视其为一生的知识伴侣和智慧的指路明灯。

中国有着悠久的古代类书编纂传统，而真正意义上的现代百科全书则始于《中国大百科全书》。上世纪70年代末，结束10年"文革"的中国，开启了改革开放、四个现代化的新征程。中央迅速决策，批准国家基础性、标志性文化工程《中国大百科全书》上马。第一版自1978年底启动，1982年出版第一卷《天文学》，至1993年历经15年，72卷全部出齐。《中国大百科全书》的出版，获得国内外学界、媒体界的高度评价。其出版效应显而易见：首先，为提高国民科学文化素养，为改革开放、四个现代化建设提供智力支持。"文革"之后，百废待兴，中国改革开放的总设计师邓小平指出，"中国搞四个现代化需要知识"。《中国大百科全书》由各学科泰斗级学者领衔，会集2万多专家学者、500余编辑出版人员，梳理、编纂了60多个知识门类和学科的所有知识。各学科卷的陆续出版，及时满足了当时各行各业的需要，发售《全书》的新华书店门口，闻讯赶来的读者，在门口连夜排起长队，购买场面十分火爆。其次，全面推动学科研究，完善国家知识体系建设。十年内乱，中国学术严重荒芜，许多权威学者成为牛鬼蛇神，被打倒、靠边站，各学科溃不成军，更遑论国际间新学科、新进展的跟进与吸纳。《中国大百科全书》一经启动，便按照学科齐全、权威准确的标准进行学术人员组建，展开各学科调研、梳理、创新，有效地引领、推动了各学科建设，建构起完备的国家知识体系。包括一些空白学科，如政治学、社会学等也在第一版时力排异议，开启编纂。

如今社会学等已成为显学。第三，重要的国际文化交流、交融平台。由于百科全书遵循的原则是，收纳各国各民族优秀文明成果、客观公正、权威准确，所以，也成为国际文化交流的使者。国家领导人出访时，将《中国大百科全书》作为国礼，赠送外国国家领导人、国会图书馆、著名大学图书馆。《中国大百科全书》的众多词条、内容，还由国外出版机构引进出版。第四，促进标准、规范的制定。百科全书讲求严谨、规范、准确、权威。编纂过程中，各学科制定、探索、形成了相应的标准，对历史上一些似是而非，或未有定论，或以讹传讹的事物，进行科研攻关、订正、定论。这些成果后来被众多国家标准、行业标准、出版物所采纳。第五，带动全国"百科全书热"，《中国大百科全书》的出版，引发了各界对百科全书热切关注和仿效。30多年来，综合性百科全书、专业性百科全书、主题性百科全书、成人或儿童百科全书、大中小型百科全书，纷纷登场，极大地普及了对百科全书的认知和使用，同时也不断提升了工具书出版的质量。

二、信息化时代的百科全书与知识服务

1. 人类知识传承、知识学习的方式悄然变化

200年前，德国教育学家 W. 洪堡在思考教育改革时，将人类知识传承的模式进行了梳理，提出三前提：知识存量的学习很重要；每个人都要花一段固定时间去学习；要进行分科学习。自那时起，各国教育体系的设计，基本是遵循这些前提进行的。比如，在某一个年龄段集中上学，小学、中学、大学等。大学入学年龄一般在18岁至24岁；学制4～5年；文理各科择一而终。

然而，当今的社会情势已经发生变化。人类已进入"信息时代"、"知识爆炸"时代。有统计数据称，目前人类社会获得的科技知识，90%以上是第二次世界大战后获得的，预测未来30年，人类的科技知识总量将在现有基础上再增加100倍。如今，无论怎样博闻强识的人，也无法通晓世间一切知识。人们每天碰到的问题、需要了解的知识越来越多。人们拥有的时间总量具有刚性，每天24小时，无论如何也不可能多出一分一秒，可是，当今外界的诱惑却越来越多，人们顾盼左右，结果时间被瓜分得越来越少，越来越零碎了。这些变化，改变了人们知识学习、知识传承的前提：在知识快速见新的今天，知识存量固然重要，但增量知识有时比存量知识还重要；终身学习已成必然，有统计表明，一个大学生在学校所学知识，毕业后在工作中仅够需用的10%，还有90%需要通过不断学习获取；分科学习的意义日渐模糊，现在各类跨界融合乐此不疲，各类复合型人才需求旺盛，就是明证。新的知识学习、知识传承模式已经悄然形成，这就是终身、跨界、碎片化学习。这里的碎片化，不仅指时间、内容，也包含阅读平台、终端等。

2016年，斯坦福大学设计院发布2025计划，称将创立"开环大学"。其核心要点有：大学入学年龄从16岁起，上不封顶；学时灵活，可在任何你想学习的时段进入，每次时间可长可短，总共累计攒够6年即可；可以根据自己的需要和喜好选择学科，或调换学科，或进行学科组合。正在进行教学改革的还有芬兰等国家，赫尔辛基的中学已经实验现象教学法，基于场景、从多学科角度讲解、传授知识。这些都可视为对当今知识学习、传承方式变化的呼应。

2. 科技进步催生了新的阅读介质、阅读趣味、阅读方式

据日前国家新闻出版广电总局发布的《2016年新闻出版产业分析报告》，2016年，全国出版、印刷和发行服务实现营业收入23595.8亿元，较2015年增加1939.9亿元，增长9.0%。利润总额

1792.0亿元，增长7.8%。印刷复制、数字出版和出版物发行分居收入前三位，数字出版占比提高。印刷复制、数字出版和出版物发行三者营业收入合计21859.1亿元，较2015年增长9.9%，占全行业营业收入的92.7%，提高0.9个百分点。其中，数字出版占24.2%，提高3.9个百分点；印刷复制和出版物发行收入占比则有所下降。数字出版继续保持高速增长，对全行业营业收入增长贡献超三分之二。数字出版实现营业收入5720.9亿元，较2015年增加1317.0亿元，增长29.9%，对全行业营业收入增长贡献率达67.9%，提高7.7个百分点，增长速度与增长贡献在新闻出版各产业类别中继续位居第一，已成为拉动产业增长的"三驾马车"之首。数字出版中，网络动漫营业收入增长250.7%，在线教育营业收入增长39.4%，势头迅猛，增长速度在数字出版所属各类别中名列前茅。2016年中国有声读物市场增长48%，达到了29.1亿元。

从纸质书到网络、终端、多屏阅读，从文字到图像、音频、视频、多媒体、虚拟现实，从传统出版到两微一端、自媒体、人工智能，从看书到听书，随着信息技术的快速发展，各种新式阅读层出不穷、花样翻新。人们从"学会"转向"会学"，从传统学习方法转向用现代信息和传播技术学习。

3. 百科全书发展的新阶段——网络百科全书

在时间刚性且高度碎片化、同时网络信息铺天盖地的当今社会，怎样才能用最少的时间，用最便当的途径找到各种问题基本的、准确的答案呢？百科全书便是一座荟萃精华、广收博蓄、条理整齐、取用方便的知识库。变革中的知识传承、学习模式，和百科全书特有的样式有着相当多天然的契合，但同时，传统百科全书编纂成本高、周期长、更新慢、体积重、容量有限、阅读元素单调等诸多不便也突显出来。

2001年1月15日，J. 威尔士与L. 桑格开启网络百科全书——

维基百科（Wikipedia）网站的运营。维基百科号称创新2.0时代的百科全书，是强调自由内容、协同编辑，以及多语言版本的网络百科全书，该网站以互联网作为媒介而扩展成为一项基于Wiki技术发展的世界性百科全书协作计划。截至2015年12月有280种语言版本，全部版本条目数突破4000万个，其中英文版本条目500万，4.696亿独立访问者。在全球访问量前10的网站中居于第5位（前4位为脸书、谷歌、推特、雅虎）。维基百科的出现，引发了全球持续性网络百科全书热、网络词典热。最近，更有机构开始筹划，欲以区块链技术为基础制作网络百科全书，期待在不久的将来从规模到质量超越维基百科。

毋庸置疑，目前的网络百科全书具有许多优势，但不足也是显而易见的。优势方面：海量规模、内容无所不包；技术先进、查找方便、多屏阅读；反应敏捷、实时更新；内容众筹，低成本快速扩张；互动、自由撰写，满足个人表现欲、成就感。总之，互联网开放、合作的思维和机制，符合用户心理和需求；技术的强劲支撑等，赋予了网络百科全书这一新生事物蓬勃的发展生机。不足方面：内容失真，文理文法文字粗糙，质量无保证；知识产权纠纷不断；意识形态、价值观、知识话语权、国家安全等监管不力；一键敲下，相关信息一大堆，杂乱不说，有的还互相矛盾，常常让读者无从选择。这些问题的根源主要在于，专家，以及专业编辑缺位，还有对成本、商业利益优先的考虑，内容上往往受制于人而失之偏颇甚至谬误。由于百科全书在历史上长期形成的权威性声誉，以上问题造成的后果更为严重。如维基百科的"针灸是伪科学"事件，国内的"魏则西事件"等，都产生了恶劣的影响。

互联网发展早期，网络内容匮乏，各种创新力量野蛮生长，网络百科全书一定程度上解决了人们的应景应时之需，但随着知识经济时代和知识收费的到来，目前网络百科的劣势导致公信力差评,使人难以信赖。

三、传统百科全书网络化转型与知识服务

1. 互联网+是传统出版企业发展的内在需要

2015年7月4日国务院印发《关于积极推进"互联网+"行动的指导意见》,指出互联网是大众创业、万众创新的新工具。大众创业、万众创新,被称作中国经济增效升级的"新引擎"。通俗来说,"互联网+"就是"互联网+各个传统行业"。它孕育了一种新的经济形态,即利用信息通信技术以及互联网平台,让互联网与传统行业进行深度融合,提升实体经济的创新力和生产力,形成更广泛的以互联网为基础设施和实现工具的经济发展新形态。

科技创新与内容创新相融合,以权威准确健康向上的内容上位网络,在表现形式、作业方式、组织形态、作者编者协同方式,以及知识服务模态等各方面革新。这是引领传统出版社、传统百科全书数字化转型,提升竞争力,在新一轮内容市场格局中站稳脚跟,图谋持续发展的重要机遇。

2. 网络百科全书应围绕当今知识服务基本要点进行设计和编纂

知识服务,指按照人们的需要有针对性地提炼知识,并用来解决用户问题的服务过程。网络化环境下,学习革命悄然发生,知识经济、知识付费时代已经来临。新时期知识服务的内涵外延都在不断拓展,总起来看,基本要点主要应包括:

第一,以提供权威、准确、精练知识为基准的服务。这是一切知识服务的基础,随着时间的推移,越来越重要。第二,用户目标驱动的服务。比如从过去的"我提供你知识",到后来的"我是否

提供了您需要的知识"，再到今天的"通过我的服务是否解决了您的问题"。第三，提供解决方案的服务。它关心并致力于帮助用户找到或形成解决方案。围绕解决方案的形成和完善，展开对信息和知识的不断查询、分析和组织。第四，技术与大数据驱动的服务。找到并厘清问题和问题环境，确定用户需求，析取、重组或新产，以便形成符合需要的知识产品，并能够对知识产品的质量进行评价。第五，动态、持续的服务。针对用户要求的知识服务，决定了动态、持续服务的必然，即对知识的捕获、提取、生产、分析、重组、应用，是动态的、持续的过程，而不是传统信息服务的基于固有过程或固有内容的服务。第六，表现元素不断丰富、知识产品个性更加鲜明的服务。有策划能力的编辑和多媒体技术、人工智能技术等结合，为富媒体、个性化知识服务提供可能和保障。第七，面向解决效能、增值服务的服务，通过知识和专业能力为用户创造、提升价值，而不仅仅是基于资源占有、规模生产等来寻找价值。

3. 网络版百科全书编纂的继承与创新

（1）编纂模式

设计并实施"专家学者撰写、审查，编辑人员加工、监管，大众参与的可管控的协同编纂模式"。

内容的准确性、权威性，是传统出版社编纂网络百科与既往网络百科的根本不同，也是在网络竞争中能够胜出的最为关键之处。

《不列颠百科全书》是世界最为著名的百科全书，其权威性来自顶尖学者云集的写作军团，牛痘接种法创始人E.詹纳写了"牛痘"条目；英国著名哲学家、历史学家和经济学家J.穆勒写"政府"条目；以毕奥—萨伐尔定律（恒定电流与磁场间关系）闻名的法国物理学家J-B.毕奥写了电磁学方面的条目；以《人口论》闻名的经济学家T.马尔萨斯写人口方面条目；以古典政治经济学著作闻名的D. 李嘉图写了政治经济学条目；以《天演论》闻名的T. H. 赫胥黎写进化论条目；精神分析的奠基人精神病学家S. 弗洛伊德写心理分析条目；美国实用主义哲学家J. 杜威写了哲学条目；汽车大王H. 福特写了"批量生产"条目。诺贝尔奖获得者更是《不列颠百科全书》权威性的重要支柱。他们中有以相对论闻名的A. 爱因斯坦、爱尔兰戏剧家萧伯纳、发现胰岛素的英国生理学家J. 麦克劳德、美国陆军上将G. C. 马歇尔、两次获诺贝尔奖的美国化学家L. C. 鲍林、核化学家G. T. 西博格、居里夫人，等等①。《中国大百科全书》从创立之日起便坚持：学科的成色决定了全书的质量，邀约权威专家组成学科编委会，尤其是学识卓越且具有号召力组织力的专家担纲学科主编，约请素有研究的专家撰写内容，即最合适的人写最合适的条目。以确保内容的准确性，一支训练有素、专业化程度高的编辑队伍也是必不可少的。关于保证内容的准确性、权威性，传统出版社有着长期的经验积累，关键是转向网络化环境时，仍然坚持这一标准。

开放、大众参与、互动，是传统百科转向网络百科、制订编纂模式中应予大胆探索的组成部分。互联网+的基本特征之一是开放，开放的思维、开放的交流、开放的内容聚集、资源配置等等，可以满足用户需求，和母体价值观一致的资源、主体，都可以进入，有效交互，动态优化。但同时必须制订相应的准入规则和标准，并配备专家、专业编辑人员协同审核、监管，以确保质量、水准。

（2）网络百科编纂的基本点

可用四字概括，即：守正出新。

守正，即传承、坚守百科全书优良传统。具体讲包括四个

---

① 金常政. 不列颠百科全书的权威性从哪里来：百科全书的故事［M］. 北京：北京图书馆出版社，2005.

方面：

第一，学科全面。知识总汇以及严谨的知识体系，是百科全书的基本特征。随着人类认知世界的深度和广度不断拓展，原有学科出现新的发展，同时大量新兴学科陆续涌现，都应进入总体框架设计之中。

第二，权威、准确。百科全书被誉为工具书皇冠上的明珠、知识的衡器。打造准确、权威的网络百科全书，树立规范标杆，正本清源，既是出版社的文化使命，也是出版企业在市场经济中的竞争法宝。

第三，客观公正。《中国大百科全书》第一版编纂时，由于过去受极"左"影响太深，"文革"余悸犹在。《天文学》卷列有一人物条目"张云"，天文学家，当过中山大学校长，有著作传世，后居台湾，死于香港。有人反对写传，因为他在国民党时代当过立法委员。以姜椿芳为首的老一辈百科人认为，该立传的科学家不论是去世的还是在世的、中国的和外国的，不论其世界观和信仰如何，只要是在学术上得到公认就应该写。张云是中国早一代有成就的天文学家，应该上书，这样做，尊重了历史客观事实。

第四，中国特色。这并非指仅收纳中国内容。就如《中国大百科全书》，其内容便揽括了古今中外各国家各民族各时期的文明成果。优秀的综合性百科全书，具有世界眼光、国际视野，但同时必须充分展示本国本民族的优良文化传统，充分反映各领域取得的成就、对人类文明的贡献。百科全书的编纂，体现了国家、民族的文化自觉、文化自省、文化自信。它对内可咨政育人，对外则是世界了解中国的窗口。

出新，即与时俱进，适应新形势，内容、技术、管理、机制融合创新。具体讲也有四个方面：

第一，规模适度。针对传统百科容量上的局狭，网络百科必须上规模。网络百科的特点之一就是大容量的存在，为数众多的用户，都希望在其中找到所需，如果这次查不到，他可能下回就懒得再来。但在短期内，规模和成本，特别是质量可能是互相掣肘的。对出版社来讲，规模还决定于对读者对象以及内容边界的界定。所以，上规模但要适度，不盲目追求短期内数百万级、千万级词条的所谓海量规模。当然，在总体设计下，分步实施、小步快跑，逐次累积，假以时日，规模也是可观的。另外，在保证质量的前提下，整合社会资源，进行优良内容、资源的合作、聚合，也不失打造规模的良策。

第二，实时更新。这也是网络百科吸引眼球的重要特点。在信息技术大发展，尤其是人工智能的研发和应用进入快车道的当今，软件、工具集、大数据、云计算、区块链，使得内容的实时更新越来越快，这当然极大地方便了用户。但要坚持内容的准确性，出版社必须在实时更新上作出专家编辑联动、人机协同审核、通关的制度安排。

第三，元素多样。技术的发展、媒介的融合，拓展了新的知识表达方式。文字、图像、音频、视频、VR、AR，各种新元素的应用，极大丰富了网络百科对知识的描述，可以帮助读者进行立体的、全方位的知识解读。

第四，开放协同。这里的开放协同，有两层意思：一指专家编辑的协同机制。众多学科、几万专家几百编辑编纂一部网络百科，如要提高效率，保证质量，前提是必须构建科学有序的协同编辑模式，包括便捷实用的编纂平台，在线操作的整套流程，各类标准、争端解决机制等。二指建构一个良好的网络百科生态环境。经常会看到有网民为某一网络百科上的词条发生争执，若疏通不及时，便可能升级对骂，漫天发帖，甚至酿成线下聚众闹事。出版社需要先期进行制度安排，尽可能将用户纳入百科共建的范畴，同时还应进行风险管控，共同酿造正常研讨、学习的生态环境。

知识服务最终将落实在产品上。当今，只有数字化、结构化、深度标引的综合性百科全书，才能真正堪称学科齐备规模浩大多彩呈现的知识宝库，才可从多角度进行品类丰富的设计。如专业版、专题版、行业版等；外文版、民文版等；教育产品、社区产品、机构产品等；在线产品、移动、离线、终端产品等；定制、知识服务整体解决方案等。梯次开发、精耕细作、合纵连横、多向展开，方便为所有需要知识的人提供相应服务。

四、结　语

要实现上文所谈，最关键的保障是思维、人才和体制机制。

开放、创新的思维，决定了企业是否看得到机遇，是否走得更远、更好；一支具有百科精神、勤于学习、能够持续收获新技术红利的编辑队伍，将决定网络百科全书的成色和知识服务的水准；而期望以网络百科全书的编纂和运营，跟上新一波知识服务的时代需要，引领企业持续发展，必须解决持续"造血"、内在动力、人才、资本、市场、效率等要害性、瓶颈性问题。这需要体制机制的创新和突破。

辞书编辑的网络视界 *

——从维基百科将针灸列为"伪科学"谈起

　　2017年初《新京报》、人民网等媒体报道，维基百科在针灸英文页面上赫然写道"acupuncture is a pseudoscience"（针灸是伪科学）。而事实上，针灸是流传千年的中华传统医术，在海内外临床应用非常广泛，且积累了大量的研究文献。2010年11月16日"中医针灸"被列入"人类非物质文化遗产代表作名录"。2016年《中国的中医药》白皮书显示，目前，中医药已传播到183个国家和地区。103个世界卫生组织会员国认可使用针灸，18个国家和地区将针灸纳入医疗保险体系。据报道，美国针灸的发展已超过40年，美国卫生研究院（NIH）早对针灸进行了鉴证和说明，针灸已在全美44个州合法化，目前美国针灸师已超过4.5万人，至少有5000名左右的西医师具有针灸执业资格。维基百科此举一出，立即引发轩然大波。数千名多国中医师在维基请愿书网页签名抗议，"这完全就是反针灸宣传"，"维基百科的影响力在全世界都很大，对针灸的如此介绍将产生很严重的问题"。呼吁采信主流传统医学机构的证据，以医学和科学共识来纠正维基百科的针灸介绍页面。但是遭

---

* 　原载《中国编辑》2018年第4期。

到了维基百科的拒绝①。目前，这场针灸话语权的争夺还在旷日持久地进行中。

此事耐人寻味。仅从传播学角度看，它展示了一个现象：在信息技术高度发达的今天，内容优势并不必然等同于话语权优势；互联网已成为知识话语权争夺的新高地。

一、网络环境下的知识话语权审视

话语权，即信息传播主体的影响力，也是影响社会发展的能力。话语权具有两个基本要素：第一，信息传播主体站的位置足够高、足够显眼，大家都能看到；第二，信息传播主体的声音足够大，传播足够远，大家都能听到。当下，一些网络辞书的知识话语权优势是怎么形成的？

首先，擎出了工具书这面大旗。工具书，包括辞典、百科全书等辞书，号称书籍国度的王冠，而其中的百科全书更被誉为王冠顶上的明珠。百科全书已有2000多年的历史，是概要记述人类一切门类知识或某一门类知识的完备的工具书，是内容丰富、视界宏博的知识宝库。传统词典、百科全书等工具书，科学、准确、权威，历来具有很高的公信力。其次，数字化网络化。这极大地拓展了知识传播的广度和深度。例如维基百科，号称创新2.0时代的百科全书，截至2015年12月已有280种语言版本，全部版本条目数突破4000万个，其中英文版本条目500万，4.696亿独立访问者。在全球访问量前10位网站中居于第5（前4位为脸书、谷歌、推特、雅

---

① 新京报.人民网.法制晚报.2017-01.

虎）。《牛津英语大词典》2010年停止纸本印刷后，网络版一经上线注册用户数当月便突破270万。国内一些网络百科日点击量也已破亿。

网络辞书具有鲜明的时代特点。海量规模、内容无所不包；技术先进、查找方便、多屏阅读；反应敏捷、实时更新；众筹、互动。毋庸置疑，在知识的传播、在知识的话语权上，网络工具书的能量和优势已不可小觑。

但是，目前网络辞书的不足也是显而易见的。仅就冠以"百科全书"之名类别看，有的内容失真，似是而非，以讹传讹；有的还存在根深蒂固的门户之见、误解、偏见和歧视，如维基百科的"针灸是伪科学"事件；有的文理文法文字粗糙、错误，内容重复、杂乱、互相矛盾；有的大量抄袭，知识产权纠纷不断；有的意识形态、价值观、国家安全等监管不力。这些问题的根源主要在于，成本和商业利益优先的考虑，专家和专业编辑的缺位。由于网络传播前所未有的广度，以上问题造成的后果相当严重。

二、社会责任之时代拷问

社会责任其实并非只是今日之谈。约百年前中华书局创始人陆费逵先生（1986～1941）就说过："我们书业虽然是较小的行业，但是与国家社会的关系却比任何行业为大。"家国情怀，在许多著名编辑前辈的事迹中每每都能读到，其实讲的就是社会责任。辞书编纂周期长，投入大，标准高，编辑工作冗长繁琐、艰辛劳苦。"如果想要惩罚谁，想要谁下地狱，就让谁去编辞书吧"，中外出版行业这句流传甚广的话就是写照。所以，没有家国情怀这一精神支柱、定海神针，在辞书领域还真很难坚持。上个世纪初，在积弱积贫的中国，商务印书馆举全力编辑出版了《辞源》（1915），中华书局亦与舒新城（1893～1960）合作编辑出版了《辞海》（1936）。同时，"把《大英百科全书》从头到尾读了一遍"的王云武（1888～1979），开始筹划出版《百科小丛书》，同时启动了"中国自己的百科全书"的编纂。组织撰写、编辑，努力七八年之久。然而，1932年1月28日在日军的狂轰滥炸中，商务印书馆的东方图书馆和辞典编纂所顷刻化作瓦砾，造成这个出版巨头80%以上资产被毁，百科全书稿件也随之灰飞烟灭。望着漫天飘舞的纸灰，张元济（1867～1959）、王云武涕泪长流。但是，他们没有气馁。王云武后来又开始了《中山大辞典》、《中山自然科学大辞典》等专科大辞典的编纂，成就斐然。新中国建立后，周总理亲自过问，制订国家辞书出版规划。然而，10年"文革"中断了这一进程。上世纪70年代，有外宾来访，把他们国家出版的百科全书作为国礼，而我国却只能回赠一本小小的《新华字典》。那时，大国家、小辞书的现实，让我们很尴尬。

　　"文革"秦城监狱的铁窗内，无数个不眠之夜里，一个问题在姜椿芳（1912～1987）脑中挥之不去，中国为何发生"文化大革命"这场浩劫？他想到法国的D.狄德罗（1713～1784），以及狄德罗、C.孟德斯鸠（1689～1755）、伏尔泰（1694～1778）、J-J.卢梭（1712～1778）等结成的"百科全书派"，他们主持、撰写的《法国百科全书》（1772），成为冲破欧洲1000多年封建和神学统治的时代号角，点燃了18世纪启蒙运动的火炬。灾难深重的中国，也迫切需要用唯物主义的观点对中国全部历史、文化和古籍作出新的叙述和概括，使我国广大人民提高社会科学和自然科学的知识水平，远离愚昧。大百科全书将是我国人民实现四个现代化必不可少的工具。它是历史赋予的任务，刻不容缓。姜椿芳出狱后的第一件事，就是撰写报告，四处奔走、呼吁尽快编纂《中国大百科全书》。他的建议很快得到中央批准。一项国家标志性文化基础工程开始启航。第一版汇集全国2万多名专家学者，以及500余名专业编辑，历时15年于1993年编纂而成。当时国内外媒体给予了大量报道，国际权威杂志《自然》、著名科学家李约瑟等都给予了很高的评价。《中国大百科全书》的编辑出版，首先，为提高国民科学文化素养，为改革开放、四个现代化建设提供了智力支持。其次，全面推动学科建设，建构完备的国家知识体系。第三，成为重要的国际文化交流使者。国家领导人出访时，将《中国大百科全书》作为国礼。《中国大百科全书》的众多条目、内容，还由国外出版机构引进出版。第四，促进国家和行业标准、规范的制定。第五，带动全国"百科全书热"，极大普及了对百科全书的认知和使用，同时也不断提升了工具书出版的质量。《中国大百科全书》第二版历经14年多，于2009年8月出版发行。随后《人民日报》在8月28日的人民论坛《大辞书背后的强国梦》一文指出，大百科全书反映了一个国家的文化面貌，代表着一个国家的实力和形象，事关国家科学文化和政治荣誉。

　　追溯以往，了解工具书对社会的影响，以及前辈在那样艰苦清贫的条件下仍竭尽社会责任之努力，无非是要警醒现在。以往传统辞书不仅知识最为密集，而且内容权威准确，被称为知识的衡器、规范的标杆。可谓声名显赫、位高权重，有着很高的公信力，有着绝对的话语权。但是，今天的情势已经发生了很大的变化。首先，如果对网络视若罔闻、失之交臂，内容优质的传统辞书有可能失去原有话语权优势和经营优势，风光不再；再者，对于目前网络内容的乱象，素以文化担当为己任的出版人如果在此失声，无所作为，岂不是大大的失责？今天的网络世界，高品质辞书的严重缺位，出版人长期引以为傲的知识话语权的旁落，说到底是不是一份社会责任的缺失？此时，在经济指标的你追我赶中，在精致的利己主义、佛系人生、多元价值观盛行的当下，出版机构和辞书编辑是否还能不忘初心，在网络世界放手一搏，奋力上位，正本清源，让准确权威的知识、让中华文明优秀成果插上网络的翅膀，为人们的工作学习生活、为社会的进步繁荣富强提供更为及时、更为便捷、更为广远的智力服务和支持。这一社会责任，已经成为无法回避、也不应回避的时代拷问。

可喜的是，一些久负盛名的品牌工具书，如《新华字典》、《辞海》已经开启网络之旅，《中国大百科全书》第三版、社会科学词条库等在总体设计时就明确了网络版先行，编纂、制作也已全面展开。但是，和越来越强劲、大容量、高质量的网络知识服务需求相比，由出版社、专家和专业编辑执掌的权威网络辞书还处于起步阶段，步子小，行动慢，内容少，影响不大。

三、辞书编辑的网络素养

辞书上位网络，还存在诸多亟待解决的问题。其中，由于编辑在出版中的特殊位置和作用，编辑网络素养的提升至为关键。

（一）网络素养是当今科学素养的重要组成部分

科学素养是编辑的基本功，影响着编辑的价值观和对世间事物的看法，决定着编辑成品的高度和质量。而网络素养，是这个时代科学素养中不可或缺、极其重要的组成部分。当今科学技术的最大热门是信息技术，科技成果应用最为密集的领域就是互联网，以及由互联网引发的以数字经济为代表的新经济。这不仅为人类创造了高质量的生活便利，带来人类生活方式的现代化，还对人类的传统观念带来巨大冲击，引发人类思想观念和思维方式的改变。了解网络世界，学习网络知识，掌握网络特性，自觉运用网络思维、网络工具提升工作效率和质量，越来越成为这个时代辞书编辑应该具备的基本素养。

（二）网络与内容+

据《世界互联网发展报告2017》、《中国互联网发展报告2017》蓝皮书数据，截至2017年6月，全球网民总数达38.9亿，普及率为51.7%，其中，中国网民规模达7.51亿，居全球第一。另据国家统计局、工信部最新数据显示，2017年上半年中国移动互联网累计流量达88.9亿G，同比增长136.8%，11.7亿移动互联网用户，6月份户均接入流量近1.6G，是2015年同期的4倍多。随着移动数据流量与生活的关联度越来越高，中国已全面步入"流量社会"。流量带来的是新业态、新职业、新经济的诞生、繁荣，以及越来越多的生活便利，当然也包括各种丰富形式的知识获取和学习。前不久，中国新闻出版研究院发布的《2017中国数字出版产业年度报告》显示，从2012年开始，我国数字出版产业持续增长，每年增长几百至上千亿。2016年继续保持强劲增长势头，整体收入规模超过5700亿元，比2015年增长29.9%。其中移动出版收入约1399亿元，已成为数字出版的重要方向。

目前，互联网发展进入了新阶段，逐渐从加速普及转向质量提升；人工智能将成为网络信息技术发展的新"蓝海"；大数据红利普惠生活，新玩法搅热媒体融合，内容付费成为互联网媒体盈利增长新热点，知识有偿服务迎产业爆发期；数字经济发展方兴未艾。

对内容产业而言，处于传统思维、传统格局的人说：这是最坏的时代，信息爆炸式增长，媒介触点无限蔓延，用户注意力碎片化，内容引爆越来越难实现。而具有网络视界者则说：这是最好的时代。互联网内容产业风起云涌，无论是基于内容产业的创业潮，还是各大平台对优质内容的争夺，都再一次印证，这是内容为王的时代。内容从未像今天这样重要，也从未像今天这样具备便捷变现的渠道。

以网络视界看市场大势，"内容+"、"内容制作"将无处不在，好内容就会成为稀缺资源。对于专心做优质内容的出版人而言，媒体战场不是被挤压变小了，而是更大了。只要坚定内容定力，用优质内容加到一切端口上，就能让出版产业在与各个行业的深度融合中壮大。

越是内容生产、知识消费的繁荣之时，就越需要工具书的上位，工具书的效能在网络世界将进一步放大、辐射。传统工具书转型升级，融合发展，开疆拓土，必定可以焕发出新的勃勃生机。网络发展大势，谁看得清，跟得上，对谁就是大好机遇，反之，就可能只是悲惨遭遇了。

四、网络时代的专业水准

编辑的专业水准决定着辞书质量和效用的高下，以及市场生命的盛衰，无论传统辞书还是网络辞书概莫能外。而就质量、效用来说，学术权威、知识准确这些传统辞书的特性，当然也是网络辞书的基本要求，但除此之外，由于网络的生态，以及人们阅读、学习、知识获取的方式发生变革，网络辞书的质量和效用已经突破传统认知，具有时代的新特点，由此，对辞书编辑的的专业水准也提出了新要求。主要包括对当代知识服务的认知、对新技术新工具的认知，对敏感、学习、创新的认知，以及建立在认知基础上的实践能力等。

（一）知识服务

指按照人们的需要有针对性地提炼知识，并用来解决用户问题的服务过程。网络化环境下，现代知识服务的涵义不断拓展。总起来看，基本点包括：以提供权威、准确、精练知识为基准的服务；用户目标驱动的服务；提供解决方案的服务；技术与大数据驱动的服务；动态、持续的服务；表现元素不断丰富、知识产品个性更加鲜明的服务；面向解决效能、增值服务的服务[①]。围绕现代知识服务的基本要点进行设计、编纂、发布，是工具书编辑在新时期应该着力培养的专业能力。

（二）灵感、学习和创新

网络时代辞书编辑需要高度的敏感性，即灵感、灵光乍现、眼光独到。新技术和互联网加速创造着一个个神奇，社会变革、学科发展、用户需要随时都在涌现，同时信息浩如烟海，机会稍纵即逝，敏锐地识别、提取、捕获，就可能打开一片新天地，但同时也需要相应的定力，坚持价值观取向，辨别真伪，不让自己随波逐流。

学习，是编辑永恒的必修课。在网络环境下，人类的知识学习方式正在悄然发生变化，出现了终生跨界碎片化学习的新模式。知识大爆炸大应用，推陈出新应接不暇，学习没有止境。互联网+推动融合发展，催生了大量新经济、新服务、新生态，跨界融合学习也势在必行。碎片化学习不仅指知识，还有时间和载体。时间是刚性的，而现在人们的视界不断扩展，欲望不断激发，生活的内容也越来越庞杂丰富，每项都需要时间，所以，见缝插针、选择干货、提高效率，是碎片化学习的要决。现在，越来越多的媒体平台开始使用算法推荐技术分发内容，越来越多的知识内容借助新媒体多屏

---

① 王晓龙.面向网络知识服务的中文动态语义分析关键技术研究:国家自然
科学基金项目.2012–12.

发布。知识的生产和传播，从过去的纸本独步天下，到现在的多屏兴盛，学习更加便捷、资讯更加及时、丰富。从事编辑工作，需要主动顺应这一变化，掌握读屏技巧，建构起符合自己需要的知识框架进行学习。

创新。大众创业、万众创新，被称作中国经济增效升级的"新引擎"，互联网是大众创业、万众创新的新工具。现在无论哪一行，没有创新几乎没有活路。辞书的创新已迫在眉睫。不仅是思维、内容、形式创新，同时，基于辞书的特殊性，如学科多、体量大、质量严、互动、更新、参与人员多、工序繁杂等，开放式创新、协同式创新也成为题中之义。

综上所述，在网络化环境下，工具书编辑有责任尽快融入互联网+的进程，让质量优良的品牌工具书焕发新的生机，发挥更大的作用。知识话语权不是天赋的，不是自封的，也不是靠别人恩赐的，而是以实力和影响力赢得的。放开眼界，不忘初心，补充和提升新形势下的各项基本素养，是工具书编辑能再创佳绩的必要前提。

融媒体时代的百科全书编纂 *

　　百科全书在西方已有2000多年历史，在中国，如将类书归入"中国古代百科全书"范畴，起源时间也大体与西方相当。现代百科全书在中国起步于上世纪70年代末，在之后的三四十年时间里，不但有了国家级大型综合性百科全书，还涌现出大量专业百科、专题百科。百科全书作为知识系统、全面、准确、权威的工具书，在国家建设和社会进步中，在人们的工作和生活中发挥了重要作用。

　　在知识大爆炸、信息技术高度发达的当今，网络百科全书一夜爆红，在世界范围内形成新热潮。它内容无所不包、查找方便、实时更新，在满足用户需求方面具备许多优势。然而同时它也受到社会的质疑和批评，包括条目质量、信息准确度、呈现态度的客观性以及无法提供一致的准确内容，有些还因商业利益、竞价排名、知识产权等问题纠纷不断。

　　传统纸质百科全书的式微是必然趋势。著名的国际权威百科《不列颠百科全书》于2012年3月13日宣布纸版停印，成为轰动一

---

* 　2019年中国编辑学会年会论文，一等奖。

时的头条新闻。现今，欧美传统大部头百科全书纸本基本都已停止印刷。

知识生产、获取、传播、学习、服务的方式发生了翻天覆地的变化。以往声名显赫、有着很高公信力的传统百科全书面临严峻挑战，同时，机遇更是前所未有的。认清时代变化，探索融媒百科转型，是传统百科的必要选择。

融媒百科是一种跨界融合。它立足创新，将传统媒体与新媒体的优势相整合，使单一媒体竞争力变身为多媒体集聚的竞争力，从而使百科全书的功能、价值得以全面提升。以融媒助力，攀登新的制高点，掌握知识话语权，让权威准确的知识惠及普天民众，让老品牌焕发新荣耀，对辞书工作者来说，这是使命，也是重大的新课题。

本文结合读者需求，就融媒百科编纂中的相关问题做一初步探讨。

一、一查就有，一查就准

"一查就有，一查就准"，是百科全书使用者的刚需。也是传统百科全书曾经长期具备的优势。百科全书被誉为"没有围墙的大学"、"人类知识的总汇"，这体现了它的定位：知识全面、准确精要。

但是，在科技迅猛发展、知识爆炸式增长的今天，事情发生了很大变化。

"一查就有"，这在与网络相比容量少得可怜的纸书上，是很难做到的了。而目前的一些网络百科，内容天南海北，上天入地，无所不包，无所不有。新内容即时性也很强。"一查就有"，几乎可以满足。

至于"一查就准"，因为纸介百科全书的出版周期长（大型综合性百科编纂出版动辄一二十年），知识更新，新发现、新成果、新资料的纳入难免滞后，所以也会打了折扣。而当下的网络百科，准确性欠缺、重复、过载等则成了它最大的短板。由于网络容量的海量性，使人们在发布时不再考虑容量限制。同时，发布门槛降低，使任何个人参与撰写及发布成为可能。内容急剧膨胀，质量参差不齐，严重干扰了使用者对相关有用内容的准确分析和正确选择。真实性无法验证，随时可能被错误误导，很难实现"一查就准"。同时，重复、过载使得获取高质量有价值的内容成本越来越高，浪费的时间越来越多。正如美国学者赫伯特·西蒙所说："信息的富足带来了注意力的贫瘠。"

辞书人要做的融媒百科，第一要义是继承传统百科"一查即准"、质量至上的优良传统，将准确性、权威性，即内容质量放在首要位置，任何境况下不可动摇。在这一前提下，要想快速达到相当规模并还能保证质量，在传统作业方式之外，还应当积极探索，引入、创新编纂机制，比如众筹、众源机制。

众筹，即写作者众筹。网上公开招募，具有相应学术及写作资质的人员，均可就自己熟知、研究的领域申请参与写作、贡献条目。这里的作者众筹，有一定学术、职称门槛，仍然遵循了传统百科"合适的人写合适的条"的基本原则，这与现有网络百科的全民开放写作有明显区别，以保证内容的准确性、权威性。同时，也有别于传统的单一通过某个单位选拔、某个个人推介的模式，打破可能存在的地域限制、门户之见等，为更多"合适的人"创造脱颖而出、崭露头角的机会。

还可以进一步考虑的是，现在有大量生活类、实用类知识，可能来自一些"能工巧匠"、"生活达人"日常的发现、提炼、创造，而且这些知识可能恰恰是学府、学者所不屑、不及、不能的。所以，有些领域、有些主题也可以吸纳非学者、但确有研究的人来写，本质上亦符合"合适的人写合适的条"。

众源，即内容众源。在总体设计的框架下，对社会上已经正式出版的百科类工具书及相关书籍、在线的权威知识平台及内容进行甄别，通过各种合作方式进行聚合。这些出版物及在线产品，均能遵循严格的质量标准，同时，其内容又是百科全书知识体系中的构成部分。如此相机整合、有效利用，无论从哪个角度看都是合算的。从这个意义上讲，融媒百科的架构已经突破传统工具书格局，成为聚合、拓展、呈现权威知识的专业平台。

众筹、众源，是开放性合作，需要预先建立相应的规则、标准、体例、流程，以及组织、审查、协同等一应机制。以确保项目的整体性、准确性、效率性。

二、既要好用，又要好看

在二千多年变迁中，传统百科全书逐渐发展完善。不但内容精要，还设计了学科分类、知识层级、字顺、参见、主题词、大事年表等"路路通"检索系统，为使用者提供查检、学习之方便。传统百科还以珍贵的文献图片、考究的版式和装帧来增加阅读的愉悦感。但总体来说，百科全书体量越大，查找便越需要更多时间、脑力，甚至体力。

网络环境下，好用已上升为刚需。由于网络内容、网络产品太多，同时读者的时间越来越碎片化，耐心越来越有限，而跳跃、转移只需要动动手指，一键搞定，实在太容易了，读者的注意力基本上是随着是否好用来跳跃、来定位的，所以，是否好用，已经成为传统百科转型融媒百科的标配。

随着网络技术日臻成熟，融媒百科面向知识服务，"好用"、"好看"的功能可以持续拓展。

1. 检索。除了速度快，无搬弄"大砖块"之累外，检索方式也可以多样化，保留传统检索手段的同时，手写输入查询、语音输入查询、意义相关词、摄像头组词查询等数字化检索方式将渐次纳入其中。

2. 知识组织。知识组织，即将各种知识按照内在的关联归序，以便最为快捷地为用户提供知识和服务。传统百科全书的框架、条目表、内容的编排方式等就是它的知识组织方式。然而，传统的知识组织方式，实质是基于"读者应该知道什么"，体现了学者、百科全书编纂者的主观推送意向。而在网络时代，用户表明的意愿往往是"读者想要知道什么"。传统的知识服务主要以人的智力服务为主，网络环境下，自助式获取知识已成为主要手段。面向知识服务进行知识组织，达到快速响应用户需求的目的，是编好融媒百科的关键。这不仅需要传承过去，更需要借助信息技术不断创新。

分类。传统百科往往使用学科分类、本体分类、图书馆分类等，而现在网络上反映民众需求大行其道的还有"社会分类"、"主题分类"、"自定义分类"等。

超文本知识组织。用户在网络上可以不必顺序阅读，而是顺着指针实现跳跃式阅读、联想式阅读。超文本知识组织是一种非线性的知识组织结构，这样的结构其实在网络还未出现前的百科全书中就存在了（内文参见、索引等），只是由于纸本不能解决即时阅读，一套全书数十卷翻找起来费时费力，作用受限。如今网络发展普及，尤其是Web技术的出现，使这种结构可以极大地方便用户，知识的超文本组织还突破了传统一个文本内部的跳跃指向，包括了文本之间的指向，甚至资源之间或网页之间的指向。

基于语义推理的知识服务。用户往往使用自己熟知的关键词进行检索，有可能与学院派百科全书提供的可检索条目（标引词）不一致，就是说检索与标引相互脱离，从而降低了查全率。而在网络环境下，本体技术、知识图谱、语义网络技术等可实现语义推理，完成更高级的知识服务。使用者不再为无法知道具体检索对象的名称造成无法检索的情况而苦恼。知识服务系统可以根据用户所掌握的某一信息或知识，借助一定的语义关系实现推理检索，提供知识服务。

百科全书从传统的封闭型模态转向开放性知识组织工具。知识扩展、多维标引，建立知识与知识、知识与分类之间的关系，以及各种分类之间的联系等。随着本体技术、人工智能技术、数据挖掘技术、数据仓库技术、云计算技术等的不断发展，必然推动百科全书的知识组织朝着不断满足使用者需求的方向变革、完善。

3. 知识延伸、拓展。通过与大量专业性、专题性、特色性网站链接，建立合作，四通八达，使专、深、广、博成为可能，这类增值服务深得人心。《大英百科全书》线上版就精心挑选了120000个以上的优秀网站链接，帮助使用者拓宽知识获取渠道。

4. 互动。互动是网络化环境下消费者行为的典型特征，来自人们更高层次的需求，也即位于马斯洛需求金字塔塔尖的"自我实现"。用户可以通过多种感官与百科全书进行实时信息交互，发表意见，贡献知识，获取参与的愉悦感。世界正在经历一个前所未有的"知识民主化"进程，知识发现、挖掘、创造、贡献不再只是高深学术殿堂的专利。当然，为确保百科全书的准确、权威，内容是不能随随便便由人改写、提供的。从操作层面，可以考虑设立互动社区，提供互动平台和渠道，充分听取用户意见，重视参与者的知识贡献，并通过审查、筛选、评议等专业人员把关，然后再将确有价值的内容吸纳、输送、采用至百科全书中。

5. 好看，网络将各种媒体一网打尽，融媒百科可以富集文本、图像、音频、视频、VR、AR等。可视化、具像化、多维度、立体化展示知识，帮助使用者更好地学习和理解知识。

总之，融媒百科要在"三新"上下功夫。即：新技术——融媒百科与传统百科的根本区别，是建立在信息技术、互联网平台基础上的知识服务。新形态——知识的平面解读转向多媒体解读、立体解读、多维解读、动态解读、交互解读。新功能——从传统的释疑解惑，进阶至满足多方需求的知识服务。

三、文化担当，文化自觉

由于在提高国民科学文化素养、推动国家进步富强，以及国际交流中的重要助力作用，融媒百科的文化担当、文化自觉，是应该特别关注的问题。

1. 为建立国家知识体系效力

百科全书不仅代表了一个国家、一个时代的知识水平，而且体现了一个国家、一个时代理解世界、把握世界的认识水平。也就是说，百科全书既是知识总汇，又是思想标高。因此，在构建国家知识体系中责任重大。

知识体系缺失的严重结果显而易见。外来的知识体系不能完全解决中国实践中的问题，借用外在世界的尤其是西方的知识体系来认识自己、解释自己，借用他人的话语权来向他人推广自己，这实际上就是丧失了国际话语权。

融媒时代，正当知识爆炸、老学科不断发展、新学科大量涌现之时，编纂者编辑者更应自觉担当起文化责任，在知识体系构建上，展现中国智慧、中国特色。

例如，这些年，新闻传播业插上高新技术的翅膀飞速发展，直接从业人员已达500多万，开设专业的高校超过700所。在《中国大百科全书》第三版中，传播学在《中国大百科全书》中第一次作为独立学科设计。而近年传播业在快速发展的同时也乱象丛生，同时，改革开放以来作为舶来品引入中国的传播学，大抵属于一套以美国的社会政治、历史文化、传播实践、理论话语为基本蓝图的知识谱系，对中国社会与传播而言，这套知识谱系有"横向不到边，纵向不到底"的局限。因此，传播学自身知识体系、知识架构的构建成为本卷重中之重。这就需要学者和编者下功夫，在《中国大百科全书》传播学卷中，充分体现中国人在传播理论与传播实践中的立场、观点与方法，改变以往传播研究亦步亦趋、唯人马首是瞻的总体格局①。

突破西方话语体系的前提，是构建中国自己的知识体系。出版人应当在构筑国家知识体系中留下努力的印迹。

2. 重视实用知识的收录

传统百科全书在知识的组织上，强调"上档次"，强调纯粹性、基础性知识，而忽略实用性、应用性知识。

而实用性、应用性知识，与民众现实中的工作、生活密切相关，在当今网络环境下，已经成为学习、检索、使用的兴趣和需求触发点。

"纯粹知识"与"实用知识"的差别古已有之。"纯粹知识"，

①　李彬.关于《中国大百科全书》第三版"传播学科知识体系的建议".2015.

比如希腊文和拉丁文经典著作的知识，在16世纪中叶前地位很高，而"实用知识"，像生意和生产过程中的知识，有如掌握它的手艺人和工匠一样，地位低下。那时被上层阶级视为7种"机械技巧"的是制衣、造船、航海、农业、打猎、医疗和表演。

后来，情况有了变化。17世纪在欧洲发生了伟大的文化运动——科学革命。这场运动的支持者试图将另类知识并入"学问"之中，比如化学，曾得益于古老的炼金术工艺，植物学则从园丁的知识发展而来。"纯粹知识"与"实用知识"的相对重要性发生了转向。培根"知识就是力量"中的知识，更多是指重视实用知识。到18世纪，实用知识已受人尊重。"最有用的知识应排在最显要的位置，其次才是最为时尚和适用于绅士的知识"。

我们所处的环境，过去"实用知识"似乎比"纯粹知识"低等，而如今，有的时候"实用知识"、"应用知识"似乎比"纯粹知识"、"基础知识"具有了更多的吸引力。

"实用知识"，有着最为广泛的民众需求，正因如此，也是这些年来伪科学、伪知识、谣言最喜冒用、胡编的，且借助网络、微信满天飞。按照辞书定义："文化是相对于政治、经济而言的人类全部精神活动及其活动产品。"辞书人有责任重视科学的、标准的实用知识之编纂和传播，正本清源，满足人民需求。笔者认为，这也称得上是一种文化自觉。

索引和百科全书 *

毫无疑问，索引是现代百科全书最重要的辅助检索系统，是这一知识宝库的钥匙。但是，索引与百科全书的基本单元条目的关系如何？索引的功能是否仅仅是检索？索引应以什么样的数量和质量出现？如何取得真正科学的系统的索引？作为百科全书的编辑不能不研究这些问题。

索引和条目

首先，让我们将索引和百科全书中的主体——条目加以比较，从相互关系上探明它们各自的概念和特点，寻求索引可能存在的多种功能，分析索引的数量和质量形式。

---

* 原载《辞书研究》1998年第6期，获全国首届出版科学研究优秀论文奖。本文与刘晓路合撰。

索引和条目的概念及特点

在讨论这些问题前，先需界定本文中索引和条目的概念。在本文中，条目的内涵是：百科全书的基本单元，构成百科全书中独立的公开主题。索引的内涵是：条目这个基本单元的一个分子，构成条目中从属的隐含主题。因此，本文中的索引是所谓的"纯索引"，它在外延上排除了一般索引中所包含的条目标引词或词组。上述两个不同的内涵，使索引和条目的概念泾渭分明。

索引和条目的最大共同点在于：它们内容的选择范围几乎是完全一致的，都包括人物、事物、概念、名词、术语乃至概述性知识等。只是索引选择的层次深度超过条目，从而形成局部的和整体的、次要的和主要的、相对具体的和相对概括的区别，即容量小和容量大之区别。

探讨索引和条目的关系时，难点不在于揭示它们最大的区别和最大的共同点，而在于深入分析它们许多似是而非的微妙关系。

条目和索引的三种功能

我们认为，条目在百科全书中的功能主要可以从如下三个方面来考虑：①条目标题，即条目的标引词或标引词组（简称条头），构成百科全书最基本、最集中、最简单的检索手段；②条目释文，构成百科全书中一个独立的公开主题的系统叙述；③条目框架，构成百科全书某一学科（知识门类）乃至全部学科的内部联系的科学体系。因此，条目在百科全书中具有三种功能：①条目标题担负的基本检索功能；②条目释文担负的公开主题的叙述功能；③条目框架担负的体系结构的功能。

那么，索引在百科全书中的功能是否也可从与上面类似的三个方面来探讨呢？编辑实践证明是可以的。

①索引实际上也有标引词或标引词组，我们亦可称其为索引

主题的标引，它构成百科全书中比条目标题更深入、更分散、更细密的检索手段；②索引实际上也有一定字数的释文，我们亦可称其为索引释文，它构成条目中从属的隐含主题的简略叙述，至少能回答是什么、谁、何时、何地、为何和如何这6个问题（通称6个W）中的2个；③索引也应组成框架（至少应有一个观念上的框架），我们亦可称其为索引框架，它构成百科全书某一学科（知识门类）乃至全部学科的内部联系的科学体系，并且比条目更深入，更细密；又由于索引小于条目，一些中、长条目，尤其特长条目中应有本条目的索引小框架，它构成本条目中内部联系的科学体系。从以上表述中我们不难看出：索引也具有三种功能：①索引标题担负的更深层的检索功能；②索引释文担负的隐含主题的略述功能；③索引框架担负的体系结构功能和条目结构功能。

索引的数量和质量

前面已经提到，索引比条目层次深，容量小。那么，索引在层次上的深度，表现为索引的数量，索引在容量上的大小表现为索引的质量。深度与数量成正比，容量与质量成正比；但层次与容量成反比，数量与质量成反比。在这个意义上，导引出索引和条目在数量和质量上的关系。索引从数量上说，是扩散了的条目，从质量上说，是分析了的条目；条目从数量上说，是浓缩了的索引，从质量上说，是综合了的索引。

索引和条目的数量关系，主要体现在它们之间的比例上。这个比例，在各国的各种百科全书中均不相同。中国大百科全书采用多大比例，虽无明文规定，但各卷实践一般掌握在1∶5上下，即1个条目比5个索引主题。此外，外国几种主要百科全书分别取如下比例：

《不列颠百科全书》（第14版）1∶11；《苏联大百科全书》（第2版）1∶2；《世界大百科事典》1∶4；《美国百科全书》1∶5.8；《科里尔百科全书》1∶16；《美国学院百科全书》1∶8。

与中国大百科全书不成文的1∶5相比，外国百科全书高出这个比例者，一般是由于该书采取了大条目主义，索引数量大所致；低于这个比例者，一般是由于该书采取了小条目主义，索引数量小所致。从各国百科全书的比较来看，它们的条目总数起落很大（2.5万～9.6万之间），索引总数却是相对接近的（20万～50万之间）。这说明：各国在条目的选择层次上深浅悬殊，在索引的选择层次上大体持平。

中国大百科全书的条目，总体上介于大条目主义和小条目主义之间，总数估计不超过8万个，所以采取1∶5的比例，索引总数不超过40万个，是比较恰当的。我们认为：在中国大百科全书的编辑中，如果索引的层次比中短条目低一档，有可能接近这个1∶5；如果再深入，那么每深入一档，索引数量有可能增加5倍，形成以公比5递增的几何级数，即1+5+5（2次方）……+5（n次方）。所以，在中国大百科全书中，索引层次不宜过深，以避免索引数量过大。

由于索引和条目的共通性，它们在一定条件下可以相互转化。例如《中国大百科全书·经济学》（3卷）为2100个条目，11000个索引主题；《中国大百科全书·美术》（2卷）约2000个条目，约10000个索引主题。如果再编撰出《经济学百科全书》或《美术百科全书》，计划分别设11000个或10000个条目，那么这些条目绝大部分应该有可能由前两者的11000个或10000个索引升格而来，并且从这些索引升格后的条目进而深入一档，再分析和扩大出55000个或50000个索引主题来。最能体现条目和索引这种转化关系的实例，莫过于《不列颠百科全书》（第15版）。它分为简编和详编两大部头，可以认为：它的简编中的条目构成详编中的索引主题，反之，详编中的索引又成为简编中的条目。

那么，如何体现索引和条目的质量关系呢？一定的质量关系必然体现于一定的数量关系中，但这种数量关系并不同于前述索引和条目的比例，而是表现为索引和条目各自的字数。

中国大百科全书的条目平均为1000字，但在实践中按照条目的重要性（即质量）区分为特长条、长条、中条、短条，字数一般分别在30000～300字之间，条目字数的多少说明该条目在该学科中的重要程度，索引也应有一定的字数标准，尽管至今尚未有明文规定。考虑到长条目和短条目的层次深浅差别过大，字数相差悬殊，还是从条目平均1000字起类推索引的字数标准妥当。我们认为：从平均每条1000字、5个索引推算，那么索引的字数一般以不超过200字为宜；另外，索引的质量一般需要20字以上的释文才能略述，所以20字可作为索引字数标准的下限。从已出各卷的索引释文抽样测试来看，基本上所有索引释文均在20～200字之间，证明这一假定在实践中是可行的。如果索引释文超过200字，那么它的质量已接近条目，可以考虑独立设条。如果在学术上不能独立设条，那么就可以考虑削减字数。如果索引释文低于20字，一般难以略述，达不到索引所需的质量。在这种情况下，一是考虑增加字数，二是考虑不按索引处理，二者必居其一。至于索引释文应回答6个W中的2个，我们认为这也是索引标准之一，但它只是必要条件，而不是充分条件。

《经济学》卷中的"马尔萨斯，T.R."条，是这样处理索引的质量的：马尔萨斯是众所周知的英国经济学家，他的主要观点体现在其1798年的成名作《人口原理》中。该条对于《人口原理》的内容和出版情况进行了略述，并将该书名选为索引主题。同条目中又以列举方式提及马尔萨斯的其他著作，"还有《地租的性质和增长及其调节原则的研究》（1815）、《政治经济学原理的实际应用》（1820）、《价值尺度、说明和例证》（1823）、《政治经济学定义（1827）等。这4部著作并没有选为索引主题。从索引质量来看，"《人口原理》"索引符合我们的质量标准。它除了回答两个W（什么：《人口原理》；何时：1798年）外，还以约50字的篇幅简要说明了该书的情况，释文中又有多处提到它，显然它被选作索引的条件是充分的。相反，其他4部书名不符合选为索引的质量标准。诚然，它们也回答了什么和何时这两个W，但只是符合必要条件，而从整个条目及整个学科来看，质量太轻，位置不重要，所以不选为索引主题是正确的。《美术》卷及其他各卷都有类似现象。比如：在"印象主义"条中，先以适量的字数略述几个代表画家的特点，最后以"还有……"的形式简单列举了一批不太著名的画家，尽管有人名和生卒年（分别回答了是谁和何时），也不选作索引主题。我们认为：上述两卷的处理方法体现了我们的质量理论，并有普遍意义。简单列举的内容达不到选作索引主题的质量，如果只照顾索引质量的2个W标准，而忽视必备的字数标准，那么，我们百科全书的索引比例将数倍于1∶5数量标准，结果会大大突破各卷和全书的规模设计。

因此在索引上，除了2个W的起码标准外，还应强调释文20～200字的字数标准。

从索引的数量和质量联系来看，索引的总数量5倍于条目的总数量，但索引的总质量（以覆盖面为表现形式）却不可能高于条目的总质量。这是因为，条目释文中有许多比索引更小的"碎块"是不属于索引释文的"自由成分"，故索引释文总容量不足以覆盖条目释文总容量。

学术索引和技术索引

索引的学术标准和技术标准

我们认为，为了编好高水平的索引，有必要明确索引的学术标准和技术标准。索引的学术标准，决定于索引的内涵和功能，即：索引是条目这一基本单元的一个分子，是条目中从属的隐含主题，具备检索功能、略述功能、结构功能。索引的技术标准决定于索引的质量，即：索引释文具有20～200字，至少能回答2个以上的W。学术标准内在于学科知识和百科意识的联系中，只有具备一定学科水平和熟悉百科意识的人才能把握；技术标准外观于稿面，不熟悉学术知识的索引编辑也可以把握。真正高水平的索引，应学术标准和技术标准相统一。

学术索引和技术索引的出现

从各卷的经验看，索引的编辑工作往往是走如下两种途径：①撰搞人和编写组在撰（审）稿时选出索引标题；②索引编辑根据稿面情况选定索引标题并制卡。这两条途径导致的情况有时不仅不一致，而且还大相径庭：①撰搞人和编写组成员虽是本学科的专家，但不一定有百科意识，他们主要从纯学术的角度（这种角度主要是意念上的，并不一定合乎前述索引的学术标准）来选出索引主题，而不管它是否合乎索引的技术标准；②索引编辑可能不熟悉或不太熟悉学科知识，仅从纯技术的角度（且主要依据2个W，而忽视字数标准）来选索引主题，而不管它是否合乎索引的学术标准。我们将这两种情况下产生的索引，分别称为：①学术索引；

②技术索引。

无论学术索引还是技术索引，都背离了索引的本来意义。学术索引仅照顾了其学术标准而未顾及其技术标准，技术索引仅满足了其技术标准而忽略了其学术标准。这样，学术索引和技术索引的矛盾，在理论上将造成该选为索引主题的未选，而不该选的却选了的毛病。但在实践中，由于索引的定稿权在出版社，出现的主要是如下结果：①所选的索引主题全部合乎技术标准；②许多学术索引由于没有满足技术标准而被"割爱"，成为非索引的"自由成分"；③许多索引在学术上是莫明其妙的。

上述情况在百科全书的编辑中，是一个普遍的现象，这会影响百科全书的水平。

怎样避免单纯的学术索引和技术索引

我们认为，真正科学的、系统的、高质量的索引，应该是学术索引和技术索引的统一，即：这个索引既合乎学术标准，又合乎技术标准。单纯的学术索引或单纯的技术索引，都不合乎百科全书的要求。

如何消除学术索引和技术索引呢?最理想的方式是：①在人员上，使撰稿人和编写组成员增强百科意识，使索引编辑熟悉学科知识；②在程序上，首先，在设计条目框架时考虑索引框架；然后，在撰写条目释文时根据索引的学术标准和技术标准完善索引释文；最后，索引编辑根据合乎学术标准和技术标准的索引完成索引选题制卡，并进行成书加工至发稿。

但是，由于各种原因，我们的编辑工作没有采取这种理想方式或者不具备采取这种方式的条件。

编辑在消除学术索引和技术索引中的作用

由于不能采取上述理想方式，所以只能在成书编辑中对既成学术索引和技术索引进行补救。在这种补救中，学科编辑和责任编辑起关键作用。这种作用表现在：①在条目释文中发现学术上该选作索引主题的内容，但达不到技术标准时，通过编辑处理（如增加字数）把它加强；②在条目释文中，发现学术上不该选作索引主题的内容，但又达到技术标准时，通过编辑处理将其削弱；③学科中一些重要的内容，应该成为该学科的索引主题，但由于各种原因而没有出现在任何条目释文中时，通过编辑处理在某一条目中增写。但这又有两种情况：a.它本来必须属于某一条目而漏写，那么就增补这方面的内容；b.它不好判断应归属哪个条目，但不增写又会造成本学科知识体系的遗漏，那么可以尽量替它找一个合适的条目作载体，或者考虑增设条目。

作用①，可以以《经济学》卷的"里昂惕夫·W."为例。里昂惕夫曾提出了国际贸易理论中的"里昂惕夫反论"，这种理论一度震惊了西方经济学界，在该条中应予评介。但在原稿释文中，对"里昂惕夫反论"仅一笔带过，未达到技术标准。所以编辑在与撰稿人商量后，将这一概念扩展，介绍内容及其影响并选为索引主题。

作用②，可以举出《美术》卷的某画家条。原稿释文曾以一定篇幅描绘该画家的爱情生活，在技术标准上看，画家情人的名字应选作索引。但责任编辑认为：百科全书不同于一般传记文学，若以艺术家立条时，主要只评介他与艺术有关的生平及基本成就，对于私生活的介绍不属于百科全书的内容，故在审稿时删去这段文字，因而也就不存在这一索引主题了。

又如作用③a，杨庭光、卢棱迦是中国唐代美术家，他们均未独立设条，但值得选作索引主题。经过与编写组协商，考虑到他们主要学习唐代大画家吴道子风格的事实，故附以简略的介绍在

"吴道子"条中增补,并选作索引主题。

至于作用③b是一种特例,因为一般的学科内容都可以写进有关条目,但有个别例外。如华裔法国画家赵无极知名度很高,但因其特殊性,中国美术或法国美术的有关条目都没有提到。责任编辑认为《美术》卷从学术角度讲,必须提到赵无极,如何提是技术问题。后经商量,为赵无极独立设条,从而解决了这个问题。

在编辑过程中,我们深刻体会到:百科全书的一个学科卷就像整个城市建设中的一个建筑工程,学科卷的责任编辑就如同负责这个工程的工程师。他不仅要组织、协调好社外编撰队伍和社内编辑队伍,不仅要负责组织框架设计、条目编撰,而且要关注百科全书的检索系统——索引的编制。索引的好坏直接影响到学科卷乃至整个百科全书的质量,正如砖瓦和梁柱的好坏直接影响到建筑工程乃至整个城市建设的质量一样。

中国辞书出版和辞书编纂标准化

一、中国辞书出版回顾

中国是世界上出版辞书最早的国家之一。最早的一部汉语词典《尔雅》成书于秦汉之际。中国第一部分析字形、说解字义、辨识声读的字典，是东汉许慎所著的《说文解字》，至今已有1800多年的历史，它收字9353个，其中重文1163个，是中国古代流传至今最完整的和最早的一部字典。中国古代的辞书种类很多，林林总总约有好几百种。这些辞书记录、整理、积累和传播中国文化，在中国文明发展史上，发挥了积极作用。

外语辞书在中国出版的最早年代，目前还缺乏资料可查。但早在明代，就有一部书名《华夷译语》的外语辞书问世，其中有西天语（梵语）、阿拉伯语等基本词汇，每个词并用汉字标音。中国最早自编的外语词典，是邝其照编的《华英字典》和宾步程编的《中德字典》，分别于1904、1906年由商务印书馆出版。

2002年国际标准化组织术语研讨会论文。

1908年商务印书馆出版了学部审定科编订的《物理学语汇》、《化学语汇》，这是中国最早出版的审定科学词汇。1915年该馆出版《华英工程字汇》，是由中国学者自编的最早出版的专科辞书之一，该书编译花费了中国杰出的铁路工程师詹天佑先生大约20年时间。

1915年，商务印书馆推出中国现代第一部较大规模的辞书：《辞源》。全书共收词目98994条，其中包括单字11204条，复词8790条，共680余万字。至20世纪70年代末发行数量达到400万册。继《辞源》出版20年后，中华书局1936年出版了《辞海》，收单字13000多，词语在10万条以上。

据不完全统计，从20世纪初到1949年中华人民共和国政权建立前，近50年中出版的中外语文辞书约有250种、科技词典70余种。发行量较大的有《辞源》、《辞海》、《辞通》（开明书店，1934）、《中华大字典》（中华书局，1915），后者收48000多字，是当时中国字典中收字最多的一种。

从1949年10月建国起，到1979年底，全国共出版了各类辞书891种，总印数达21700万册，其中汉语语文辞书215种，17000多万册；少数民族语文辞书48种，87万多册，外文语文辞书103种，2050多万册；专科辞书524种，2500多万册。

20世纪70年代末80年代初，中国迈入改革开放的新征程，出现了中国历史上最好的时期。盛世修典，蔚为大观。1977～2002年，中国出版辞书近7000种，其中90年代以来出版辞书总计近4000种。有些辞书发行数量惊人，如《新华字典》日前总印数已达4.2亿册、《现代汉语词典》约4500万册、《新英汉词典》1000万册[①]。

---

① 方厚枢.中国辞书编纂出版概况:中国出版年鉴.北京:商务印书馆,1980.

二、世纪之交中国辞书出版走向和特点

20世纪90年代以来，中国辞书出版呈现出以下走向和特点：

第一是大批大型辞书的出版。如《汉语大字典》，收单字5.6万余个，共8卷，总字数1545万字，于1990年出齐。《汉语大词典》，收字、词37.5万余条，共13卷，总字数约5000万字，于1994年出齐。《中国大百科全书》，收条目8万条，共74卷，总字数1.25亿字，于1993年出齐。还有《英汉大词典》，上海译文1991年出版，收词20万条，2000多万字。《现代汉语方言大词典》，江苏教育1993～1998年出版，43卷，3000多万字。《中国医学百科全书》，上海科技出版，93册，4000多万字。《中药辞海》，中国医药科技出版社1993～1998年出版，2000万字，等等，总有上百部。上述大型辞书的出版，反映了中国科学文化水平的提高和经济的发展，在中国辞书出版史上具有划时代的意义。

第二是品种全。这主要反映在以下几个方面：：首先，除字典、词典外，还有百科全书、手册、索引等工具书不断问世。尤其值得提出的是，1993年，中国现代第一部综合性百科全书《中国大百科全书》问世。这部煌煌巨帙的编纂历经15年，凝聚了全国2万多名专家、学者、编辑心血和智慧，代表当时中国学术研究最高水平，结束了中国长期没有自己百科全书的历史，被誉为铸就"中华文化的丰碑"。《全书》的出版，引发了中国各学界编百科全书的热潮，人称"百科热"。百科热的深远意义是科学知识的普及和人民文化素质的提高。其次，几乎每一种行业、每一个部门、每一种学科都有了自己专门的辞书。专科辞书的繁荣，标志着辞书出版向广度和深度拓展。 再者，少数民族辞书的出版也有了飞跃性的进展。如《藏汉大辞典》、《蒙汉词典》、《汉蒙词典》、《维汉词典》等，填补了此类出版物的空白，在中国出版史上具有非常重要的意义。

第三是外国辞书的翻译出版方兴未艾。久负盛名的《不列颠百科全书》国际中文版修订再版；剑桥系列的英语工具书、牛津系列的英语工具书、哈林-科珀斯系列的英语工具书、朗文系列的英语工具书成系列翻译出版。其他代表性出版物还有《儿童英汉双解词典》、《最新世界百科图典》、《少年儿童百科全书》、《数学百科全书》、《物理百科全书》、《语言百科全书》等。[1][2]

世纪之交中国辞书出版又一个显著特点是，数字化走进辞书编辑出版领域，且呈现强劲发展趋势。随着计算机技术的快速发展和数据库技术的不断成熟，利用计算机出版电子出版物，尤其是像百科类、词典类这种大型、超大型出版物已成为90年代以来出版界关注的一个热点。近年来，中国的电脑用户以每年60%的速度递增，2001年全国年销量达到800万台，目前中国网民已经飞速达至3000多万人，各种光盘、网络出版物大受欢迎。新的出版技术和新的社会需求，促成了辞书编辑出版的电子化浪潮。代表性的产品有《中国大百科全书》（图文数据光盘）、《金山词霸2000》（英汉·汉英词典）等。1993年，"百科术语数据中心"启动，经过8年建设，不但对上百万条术语数据进行了分类整理入库，而且建设了跨媒体制作平台。1999年，《中国大百科全书》光盘上市，2001年，网络版发布，这不仅标志着中国辞书出版载体从传统的纸介质到磁、

---

① 林玉山.90年代中国辞书出版综述:中国出版年鉴.北京:商务印书馆,2000.

② 林玉山.20世纪的中国辞书:辞书研究.上海:上海辞书出版社,2001-01.

光、电等新型出版载体的转化，同时也标志着中国大型工具书的编辑出版工作从传统手工工艺走向现代出版，从而大大加快了现代文明的积累、传播与共享。当下"文曲星"、"商务通"、"快译通"等各种掌上机大行其事、日益流行，其蕴含电子词典的功能是大受欢迎的主要原因之一。2001年4月底，中国辞书学会编纂现代化专业委员会在上海正式成立，该委员会的重要宗旨和任务是加强国内外相关辞书机构的技术交流和合作，推动各方实现"强强联合"，促进辞书编纂、出版、发行的电子化、数字化。

三、中国辞书编纂的标准化

辞书是供人们查阅、检索的工具书，必须客观、公正、准确、权威，也就是说，辞书的编纂，从内容到形式必须严格遵循相应的标准。这里的标准应该包括辞书编纂理论标准、知识选取标准、行文格式标准、制作技术标准等。在这方面，中国辞书界和辞书工作者长期以来做了大量工作，在科学技术不断发展的今天，信息技术的应用则为辞书标准化工作提供了极大的便利。

1. 辞书编纂首先要重视在辞书理论指导下进行。

以什么样的辞书理论作为指导，是辞书编纂最至关重要的因素。中国出版者重视辞书编纂理论研究和应用。1979年《辞书研究》杂志创刊，1999年正式作为中国辞书学会的会刊。《辞书研究》创刊至2002年10月共出版130余期，文近4000篇，占全国报刊有关辞书学发文总数的60%以上。90年代还有一大批辞书学专著，如金常政著《百科全书学》、胡明扬著《词典学概论》、黄鸿森著《百科全书编纂求索》、孙关龙著《地区百科全书编纂理论与实践》等出版。中国大百科全书出版社出版的专业性刊物《探讨》，已至107期，著文600多篇，对大型综合性百科全书的方方面面做了深入的探讨。这些重要的研究成果为辞书编纂提供了新鲜而宝贵的理论指导。

近年来，一些在高校执教出版课程的教师，以及就读的研究生和博士生，还有通过信息化技术介入出版领域的专家学者也开始积极投入辞书编纂理论的研究，随着经济的发展、技术的进步、社会需求的变化，辞书编纂将面临一系列新的理论问题。比如几类辞书的分界越来越趋于模糊、小条目主义还是大条目主义、按学科论还是本位论等。对相关理论的探讨，还需要付出艰苦的努力.

2. 辞书编纂必须十分重视辞书的体例

体例是体现总体设计的具体条例和技术规格。是指导全书选条、撰写、审稿和编辑加工，以至成书编辑的一整套规范要求。研究并不断改进辞书编纂体例，是提高辞书的科学性、知识性和实用性的必要前提。体例为辞书编纂标准化奠定了基础。

真正负责的辞书工作者都十分重视研制编纂体例，并且将其作为辞书的"大法"严格遵行，使辞书从使用符号、引述格式、取舍资料到行文风格等，大体做到整齐划一，使全书成为严丝合缝、和谐完美的整体。

《中国大百科全书》从1978年编纂始，就成立了专门的机构研制体例，制定了《中国大百科全书》编写条例、《中国大百科全书》成书编辑体例。这些文件制定的标准，被中国辞书界广泛采用，并成为国家标准的组成部分。

3. 正确处理国家标准和国际标准的关系

20世纪80年代以来，中国标准化工作迅速发展。至2000年底，国家标准已有近20000个。其中涉及数字、文字的有GB/T15835–1995《出版物上数字用法的规定》、GB/T15834–1995《标点符号用法》、GB/T16159–1996《汉语拼音正词法基本规则》等；涉及量和单位的有GB3100–93《国际单位制及其应用》（等效采用国际标准ISO1000：1992《SI单位及其倍数单位和一些其他单位的应用推荐》）、GB3101–93《有关量、单位和符号的一般原则》和GB3102.1～13等；涉及图书、期刊、论文编排格式的GB/T3179–92《科学技术期刊编排格式》（等效采用国际标准ISO8–1977《文献工作——期刊的编排格式》）等；涉及书刊编号的GB5795–86《中国标准书号》、GB9999–88《中国标准刊号》、GB12450–90《图书书名页》（等效采用国际标准ISO 1086–87《图书书名页》）；以及涉及语种、学科及其他代码的标准。这些标准普遍地、尽可能地采用了相应的国际标准。

在改革开放，与国际接轨的国策指导下，中国政府和中国标准化界对采用国际标准抱有积极的、实事求是的态度，采取了许多有力措施，取得了显著的成果。《中华人民共和国标准化法》，1988年12月29日第七届全国人民代表大会常务委员会第五次会议通过，1989年4月1日起施行。其中明确规定："国家鼓励积极采用国际标准。"1993年12月13日国务院主管标准化工作的国家技术监督局发布命令，自即日起施行《采用国际标准和国外先进标准管理办法》。要求将国际标准或国外先进标准的内容，经过分析研究、不同程度地转化为中国标准（包括国家标准、行业标准和企业标准）。特别规定："凡已有国际标准（包括即将制定完成的国际标准）的，应当以其为基础制定我国标准。凡尚无国际标准或国际标准不能适应需要的，应当积极采用国外先进标准。"

中国标准采用国际标准或国外先进标准的程度，分为等同采用、等效采用和非等效采用（即参照采用）。等同采用，指技术内容相同，没有或仅有编辑性修改，编写方法完全相对应。等效采用，指主要技术内容相同，技术上只有很小差异，编写方法不完全相对应。事实上，中国标准中，属于这两种情况的，占大多数。

当然，在辞书编纂领域，情况有些特殊。与西方的拼音文字不同，汉字是表意注音的音节文字，来源于图画式的象形字和指事字，大部分为形声字。这就决定了中文辞书编纂标准在若干方法、规则的细节上与西文不可能完全一致。相应地，辞书编纂的国家标准也就不可能照搬国际标准。

GB10112–88《确立术语的一般原则与方法》、GB11617–89《辞书编纂符号》〔规定了适用于字典、单语和双（多）语词（辞）典、词汇、百科词（辞）典、百科全书等编纂的各种符号〕、GB/T13418–92《文字条目通用排序规则》〔规定了汉字字符和空格、序号、阿拉伯数码、拉丁字母（大写、小写）、日文假名（平假名、片假名）、希腊字母、俄文字母的排列顺序〕等国家标准参照采用相应的国际标准。GB/T15238.1–94《辞书编纂基本术语 第一部分》、GB/T15933–1995《辞书编纂常用汉语缩略语》等国家标准独立编制。

在这种情况下，中国标准化工作者仍为国际标准的推广做着最大的努力。在《辞书编纂符号》（征求意见稿）中，标准增加了附录A（提示的附录），给出了ISO1951：1997《辞书编纂使用的辞书编纂符号和排版规则》的参考译文。

4. 大力应用高新技术，特别是数据库技术，是当今辞书编纂标准化的必要手段。

20世纪人类最伟大的发明无疑是计算机，它引发的数字化革命，根本改变了人们通信和获取信息的手段，近年来，随着计算机技术的不断推新和广泛应用，计算机技术中最重要的分支——数据库技术日臻成熟，并在各行各业各个领域中大显身手。

在数据库出版技术中，文字、图片、图像、动画、声音等各种信息均以数字化的形式存在于数据库中，它们可以组合成不同的出版物，根据需要在一定的数字化工艺流程中传递，可以以传统印刷的方式输出于纸、软片上，也可以以光盘的形式流转，也可通过因特网在网上传播。不但可满足网络对海量信息的需求，而且也可以满足市场对各类读物日益翻新的需要。

在出版行业，尤其是在辞书等工具书出版领域，数据库技术可以应用于书籍制作的各个环节，如框架制订、知识选取、条目编排、内容编写、汇总合并、交叉重复、索引参见、资料核查、数据更新、即时修订、全文检索等。数据库技术的应用，不单是有效地提高了工作效率，加快了出版周期，最为重要的是能极大地提高辞书编纂制作的质量，为辞书达到各项标准提供了有力的保障。

值得一提的是，作为数字资产存储、加工、集散、再生的重地，数据库采用的标准和结构必须符合国际规范，这是数据库能够高效率进行交流、运转的决定性因素。

术语标准化与现代辞书编纂 *

一、术语标准化的基本要义

　　术语是用以正确标记生产技术、科学、艺术、社会生活等各个专门领域中的事物、现象、特性、关系和过程的专门用语，可以是词，也可以是词组。术语是学科领域描述相关知识的最基础的信息承载单元。术语是各种知识的基础要素，标准化是信息准确交流的保证。因此，国家制定了有关术语工作包括术语学理论和方法、术语制定、辞书编纂和信息技术等标准，并根据发展需求，作了多次补充和修订。特别是《确定术语的一般原则与方法》（GB10112-88）成为制定国家各个领域和行业标准的术语的基本标准。现在该标准修订为《术语工作——原则与方法》（GB/T10112—1999）。

　　术语具有下列性质：

　　1.专业性：术语是表达各个专业的特殊概念的，所以通行范

---

*　2005年国际标准化组织术语研讨会论文。

围有限，使用的人较少。

2．科学性：术语的语义范围准确，与相似的概念相区别。

3．单义性：术语在某一特定专业范围内是单义的。有少数术语属于两个或更多专业。

4．系统性：在一门科学或技术中，每个术语的地位只有在这一专业的整个概念系统中才能加以规定。

5．简明性：信息交流要求术语尽可能地简明，以提高效率。

6．标准的规范：制定术语标准的目标是获得一种标准化的术语集，其中概念和术语一一对应，以避免歧义和误解。术语标准化保证术语所表示的概念的科学性，从而体现其权威性。术语标准化是自动化、计算机化的首要条件。随着科技的迅猛发展和国际交往的日益频繁，尤其是互联网的日趋发达，术语标准化已成了各专业工作中需要认真解决的问题。

二、现代辞书编纂对术语标准化的依赖

1．新事物新概念海量出现要求新的语言描述

在人类科学史上，新概念的产生和旧概念的消亡都要通过术语来实现。每产生一个新的科学概念，就要创造一个新的术语来表达，而当旧概念已经过时或者被实践证明是错误的，与这个旧概念相关的术语也就随之消亡，或者成为陈旧的术语，只有在讲科学史的时候才被人们引用。

术语是传递知识、技术和不同语种概念的工具。术语反映了人们科学研究的成果，是人们的科学知识在自然语言中的结晶。

在人类文明高速发展的当代社会，新事物新概念海量出现，迫

切需要标准化的术语进行描述，以方便社会交流。

2. 辞书是标准书，在辞书编纂中，必须以标准化术语体现规范

辞书编纂必须使用规范化的现代汉语书面语，文字解释严密，符合逻辑。辞书编写方针、方法、体例、技术规格要合乎辞书编纂的客观规律。术语学与辞书编纂的关系十分密切，术语标准化工作的开展，对辞书编纂的标准化和规范化有莫大帮助。术语学不仅要对语言进行描写，而且还要对语言进行规定，目前，ＩＳＯ国际标准和其他标准化组织编纂的标准化词汇表已达一万份左右，这些标准都对术语进行了这样或那样的规定。术语学对辞书编纂时采用的术语进行评价，筛选现有的术语并创制新的术语，以保证辞书内容的不断创新和规范。

3. 全球性交流要求现代辞书的描述语言统一标准

术语是现象和状态以及学术观点的抽象描述。不论统一与否，术语始终存在。学术交流促成术语的大发展和大集成。在不存在交流，或很少交流的情况下，术语规范和标准化都不是明显的问题。只有在需要交流，特别是较高层次学术交流时，术语规范的问题才会显露。

随着自然科学和社会科学的发展、各种研究工作的展开，学术讨论与交流的需求与日俱增，规范名词术语成为亟待解决的事情。统一科技名词术语是一个国家发展科学技术所必须具备的基础条件。按照社会科学的学科体系分学科进行名词审定，规范名词术语，最终完成社会科学名词术语的正式发布工作，对社会科学事业的发展同样必不可少。

4. 电子版网络版辞书渐成主流，对描述语言的标准化规范化更为迫切

随着信息科学技术的发展，以往依靠传统辞书的单一检索方式发生了改变，电子辞书、网络检索工具大量涌现。网络版辞书发

展迅猛,其中,检索工具书的网络化发展比较规范和成熟,国内外各种综合性和专业性数据库受到普遍欢迎。百科类辞书网络化发展速度稍慢。电子化、网络化是必然的趋势。但在网络辞书中普遍存在着分类问题,包括信息分类体系不统一、类名不规范、分类缺少提示、无分类代码等。电子版网络版辞书的迅猛发展和存在的问题对术语标准化需求极为迫切,为其制定规范化标准实为当务之急。

5. 贯彻术语标准是编纂现代辞书必行之路

术语学与辞书编纂的关系密切。术语工作的开展,对辞书编纂的原则、方法及术语、词汇的标准化和规范化,具有重要的指导意义。术语标准化工作的最终成果,应是不断地产生出各专业、各学科领域中被广泛应用的符合标准化和规范化要求的术语、词汇及其定义,它们必然要以各类专业辞书为载体,在社会的知识传播和指导广大科技工作者的理论研究和科研、生产、管理、经营和服务等实践中发挥作用。

我国自成立全国术语标准化技术委员会及下属各分会(术语学理论与应用、辞书编纂、计算机辅助术语工作、少数民族语分会)以来,制定了一系列国家标准。

辞书编纂工作,要求编纂者在术语学方面具有相应知识积累,不断地学习、掌握并灵活运用术语学的科研成果。辞书中每一个符号都代表一个具体的概念,传达某一个信息。在辞书编纂方面的国家标准从1988年就开始制定,并不断修订。现有的是《辞书编纂的一般原则与方法》(GB/T 19103—2003)、《辞书编纂符号》(GB/T 11617—2000)、《术语工作 辞书编纂基本术语》(GB/T 15238—2000)。这些国家标准为辞书出版的质量提供了保障。

中国有悠久的辞书编纂历史。辞书往往作为一种标准书而被使用者和编纂者所广泛承认。百科全书是以条目为主体,概述人类一切门类知识或某一门类全部知识的完备的工具书。它不以提供系统阅读为主要目的，而是作为读者查考和寻检知识时使用的辅助工具。

百科全书是一种大型工具书，其编纂工作是一项十分庞杂的系统工程。为了使各项编纂工作能有条不紊地进行，也为了保证全书的质量和使用功能，在条目设置、释文编写、图片配制、编排方法、检索方式等方面，都有一套严格的要求，这些就是百科全书编纂体例。体例中明确规定了要遵循相关的国家标准和全国科技名词审定委员会公布的名词术语。特别是在条目撰写中，强调了所用术语要标准，概念要具有准确性、科学性和系统性。

《中国大百科全书》释文内容的科学性、学术性和知识性为国内一流水平。其名词术语得到国家技术监督局、全国科技名词审定委员会和全国术语标准化技术委员会的广泛采用。这些名词术语不但数目多，而且涉及面广，是国内任何出版物所不能比拟的。不少条目的术语都附有严格或可直接引用的定义。《中国大百科全书》第一版出版十多年来，已得到社会广泛好评，被人们作为查询知识的权威工具书和标准答案。它获得1997年国家图书一等奖。

即将出版的《中国大百科全书》第二版从撰稿到审定都遵循了名词术语的标准化。

三、贯彻术语标准的难题和解决

1. 语言描述事物或概念产生的歧义

"术语是人类科学知识在语言中的结晶"。人类每一次进步都要反映在词汇里，要用词汇描述出来，必定要表现为术语。

国家、民族、社会的差异产生不同的语言，术语往往会出现歧义。

人类用语言表达思想的过程中常常会出现歧义。所谓歧义，就是一种语言形式能传达两种或两种以上的语言信息的现象，就是语言形式在表达过程中的多义性。造成歧义的根本原因在于客观事物的复杂性和语言的简约性之间的矛盾：事物和人的思想都是无限复杂的，而语言不可能用无限多的词或无限多的句式来表示无限多的事物和思想。人类只能用有限的语音、词汇和语法规则来反映无限复杂的世界。这就不得不让每一个语音、每一个词、每条语法规则都能表示较多的意思，即具有多义性。

同一语言形式如果表示了多种意义，就是多义现象。多义现象在一定的语言环境中得不到制约，就势必带来理解上的分歧。

但是术语是可以规范的语言。术语学在自然科学和工程技术领域里可以通过政府法令实现，特别是新生术语刚刚产生，可以规范使用。

2. 同一语言描述同一事物或概念产生的差异

翻译产生的差异（译名不同）。

地域人文环境不同产生的差异（港澳台、大陆）。

由于使用地域的不同，术语常常会发生分歧，因而台湾和香港的许多术语与大陆的术语有很大的差异，特别在一些新学科中，差异十分严重，给海峡两岸的科学技术和经济文化的交流带来许多不便，我们应该逐步创造条件，交流海峡两岸术语学研究的成果和经验。使中文术语逐步地协调和统一起来。

谈及汉语术语的规范化，有必要强调祖国海峡两岸暨香港、澳门的术语交流与协调。由于历史的原因，海峡两岸在语言文字的使用上有很大的差异，近几十年来出现许多变化。两岸的专家学者，虽然使用同一种语言文字，却往往要从英文术语中寻求同一。由于术语的差异和不统一所导致的误会，直接影响学术交流的效率和进程。除了学科术语不统一之外，一些专名，包括人名、地名，以及用人名命名的术语也有类似问题。

3. 辞书编纂时对同一事物或概念建立唯一对应术语的可行性

辞书是人们引以为标准的、规范的工具书。辞书编纂给术语定名时，必须采取十分严谨的态度。对于汉语语言文字来说，标准化要求辞书编纂必须严格执行国家公布的有关法令、标准、规定。

对同一事物或概念建立唯一对应术语要做的工作：

①概念协调。概念协调是标准化工作不可缺少的组成部分。在彼此密切相关的两个或多个概念之间，减少或消除细微差异。

②术语协调。在不同语种中，用反映相同或近似特征，或具有相同或稍有差异形式的术语，来表述一个概念。

③对规定术语的评价。通用的评价等级：首选、许用、拒用。

首选术语：某一概念的诸术语中作为第一选择的术语。

许用术语：某一概念的诸术语中作为首选术语的同义词使用的术语。

拒用术语：不宜使用的术语、陈旧术语、不再使用的术语。

4. 计算机辅助辞书编纂中的术语标准化

计算机正逐渐地由数据处理机变为知识处理机，而术语所表示的概念本身就是知识的单元。以知识单元和知识结构为研究对象的知识工程（Knowledge Engineering）又逐渐与现代术语学结合起来。在人与计算机交互界面的研究、自然语言信息处理的研究以及基于知识的专家系统的研究中表现得更为突出。用计算机辅助术语标准化工作，是术语研究应用的一个重要进展。

1963年，在卢森堡建立了世界上第一个术语数据库，这种术语数据库采用计算机存储大量的术语数据，存储量大，检索方便，极大地提高了术语工作的效率。目前，在联邦德国、卢森堡、法国、加拿大、俄罗斯、瑞典都先后建起了一批术语数据库。

术语数据库的出现，对辞书编纂使用标准术语提供了极大方便。

从20世纪80年代至今，国际上召开了多次国际术语学和知识工程会议，从自然语言的计算机处理、知识的转换和表示、概念的分类和排序等各个方面，深入地讨论了现代术语学的许多理论和实践问题，有力地促进了术语学和知识工程研究中的国际合作，对促进术语的标准化规范化做出了有益的贡献。

计算机对推动现代社会的高度信息化和自动化起着不可估量的作用。辞书是信息密集的载体，计算机以其不断完善的高容量、高效率、高精度正在改变辞书编纂的传统方式。利用计算机编纂辞书可以随时进行修订、补充、更新，可以自动排版，可以提供完善的参见系统，提供更多、更快捷的检索途径。

计算机技术促进了辞书编纂的自动化和半自动化。特别是术语工作、计算机应用、词汇和辞书编纂相互关系更加密切，术语学在辞书编纂方面得到了发展和应用。辞书编纂的相关国际标准和国家标准也补充了新的内容，并结合汉语特点进行了修订，增加了电子出版物的内容。《中国大百科全书》第二版在编纂中，继续遵循着术语学及其相关的辞书编纂标准，利用中国百科术语数据库的计算机编辑自动化平台，为社会提供高质量的百科全书。

计算机化是辞书编纂现代化的一个重要内容，计算机技术的进步为现代辞书编纂中术语标准化提供了功能强大的工具。目前，许多国家已普遍利用计算机建立语料库、编纂和出版辞书，我国也正在逐步开展这方面的工作。

重大出版与长效机制 *

　　《中国大百科全书》一版、二版编纂出版经历了30年时间跨度。期间，世界科学技术发展日新月异，同时，国家、出版社都经历了从计划经济到市场经济、文化体制改革等重大制度性变化。作为一、二版亲历者，从国家基础性大型出版工程管理角度，我形成了一些认识，包括，从承办企业来看，必须实施项目管理制度，着力内容创新和新技术的并举和融合，有序、质量、效率、成本，是大型出版项目，尤其是国家项目管理的关键词，光凭"思想过硬"和"人海战术"不可能有效解决这些问题等。

　　还有，从国家层面，对国家基础性、标志性出版工程，非常必要建立工作的长效机制。

　　什么是基础性？就是最根本的东西，是托起巍峨大厦的坚实、牢固的基底。百科全书，英文encyclopedia，意即基本的学问尽在其中。它是概要记述人类一切门类知识或某一门类知识的完备的工具书，"是向人精确解答一切问题的书"。康有为即称百科全书为"金玉渊海"之书。孙中山1919年著《实业计划》，认为"须于一

---

* 　写于2013年。

切大城市中设立大印刷所印刷一切自报纸以至百科全书"。1978年《中国大百科全书》上马时，它的任务和使命就规定得很清楚：为提高国民的科学文化素养，为中国现代化建设服务。2006年9月中共中央办公厅、国务院办公厅印发的《国家"十一五"时期文化发展规划纲要》，在第三部分"公共文化服务"中，已明确把《中国大百科全书》确定为"国家重大出版工程"。

什么是标志性？就是出类拔萃、独树一帜，国家的名片。我国自古就有官修类书（早期百科全书）的传统。我国类书之始——《皇览》，由三国魏文帝曹丕亲自主持编纂；南北朝时期梁武帝萧衍诏令编纂类书《寿光书苑》；唐欧阳询奉敕编纂《艺文类聚》；宋太宗赵光义敕修《太平御览》，宰相李昉领修（总编）；号称"世界有史以来最大的百科全书"的明《永乐大典》，甚至以皇帝年号命名。被西方学者称为"康熙百科全书"的《古今图书集成》也是如此，其1726年版本的全称即为《钦定古今图书集成》。这都是国家层面主修的。1978年与改革开放同时起步的《中国大百科全书》，由中央和国务院批准编纂，它不仅代表了中国在这个时代的知识水平，而且更体现了中国在这个时代理解世界、把握世界的认识水平。百科全书既是知识总汇，又是思想标高。它是国家文化软实力的重要代表。

基础性、标志性工程，一般体量不会小，且标准高，难度大，需要时间潜心钻研、精工细作，耗时耗力，见效慢，这是符合规律的。在这一过程中，需要对全国学术界进行总体动员、协调，需要大量的投入，需要政策性支持。专家和编辑出版人员两支队伍的专业化、稳定性非常重要。

国家长效机制涉及多个方面，最核心的有：1.国家动员机制，由各领域学术带头人领衔、权威学者编写、各部委各院校支持（如将撰写词条内容纳入科研成果、教学课时，进入评价体系等）。2. 财政支持，研创过程中财政的相关支持等。包括对专家稿酬标准的提高，将出版工程编辑人员的费用纳入预算等。经费的问题是一切事业的基本保证，基础性文化工程，所需要的不过是一公里高速公路的费用，而文化的建筑是一本万利的。至于这一块成本的回收，我认为有两种出口可以考虑：一是将国家投入转为出版企业的国有资产；另一是，也可以冲减一部分产品定价，将国家投入转为公共文化消费。

《中国大百科全书》第三版的正式立项，从2009年下半年开始，其时正当出版产业化、商业化大潮迭起之时，国家财政要考虑的事也很多，建立起国家的长效机制，主要是财政支持机制，成为立项过程中需要最多申诉、最多研讨，又最难搞定的焦点。也有人建议，可以搞社会筹资、大企业赞助等，但一切资本的背后都会有利益诉求，都会有左右内容的冲动和必然，这样的话，百科全书的客观性、公正性、权威性、科学性难保，国家文化工程的基础性、标志性又从何谈起？百度百科等出现的"蒲田系事件"、"竞价排名"等，也证明了社会资本参与的弊端和风险。所幸最终在总理的关心下，各方达成了共识，三版的国家长效机制，包括财政全额支持得到了确立。这为将三版打造成服务新时期建设的出版扛鼎之作，奠定了坚实的基础。

百科全书犹如一座精密的建筑工程，又似一部恢宏的大剧。编辑的角色类似工程师、导演。知识瀚如大海，文明繁如乱丝，作者成千上万。怎样搭建条分缕析、科学合理的框架，怎样组织专业、性格迥异的众多专家遵循共同的规范，内容怎样萃取、设目、阐述、导引、美化、保质、传播，编辑责任大焉！功莫大焉！怎是"为他人作嫁"几字了得？

■ 中世纪的抄书者

早期的百科全书编纂者都是单打独斗，犹如这中世纪的抄书者，凭借个人的智力与坚韧，将人类知识搜集整理于一部大书。近现代的百科全书，开始了多编者、多作者的合作。而当今"人人可编辑"的网络百科全书，作者和编者已不计其数了。

《中国大百科全书》出版记 [*]

　　41年前，一桩事情经党中央国务院批准、确定下来。这就是举全国学界之力，编纂《中国大百科全书》。为此，专门成立了以著名科学家、学术大家等组成的总编辑委员会，动员、协调全国学术界、各部委和高校的力量，同时成立中国大百科全书出版社及上海分社，专职实施《中国大百科全书》编纂出版。

　　百科全书如此兴师动众、举国之力，究竟所为何事？

中国百科的前世今生

　　百科全书，英文encyclopedia，意即基本的学问尽在其中。它集中了各学科、各领域、各时代的优秀成果，被誉为"没有围墙的大学"、"人类知识的宝库"。被公认为"一切才智之士的知识背景"，反映了一个国家的文化面貌，代表一个国家的实力和形象。

---

* 原载2019年6月11日《人民日报》。

这是一个真实的故事：20世纪70年代，有外宾来访，把他们国家出版的大百科全书作为国礼，可我们的总理却只能回赠一本小小的《新华字典》。在那个"书荒"的年代，"大国家、小辞书"的现实，让我们很尴尬。

编纂自己国家的现代大型综合性百科全书，是中国知识分子的百年梦想。1949年前，在这方面做出巨大努力的代表人物有著名出版家王云五，教育家、国民党四大元老之一的李石曾等。但由于种种原因，都未能编成。

1949年中华人民共和国建立后，学术界、文化界有识之士多次呼吁编纂百科全书。但建国伊始，新政权面临问题很多，无暇顾及。后又因"文革"开始，也就不了了之了。

1978年1月27日，由姜椿芳起草的《关于编辑出版中国大百科全书的建议》在中国社会科学院《情况和建议》上刊出，立即引起了社会各界人士的广泛关注。时任中国社科院院长的胡乔木即将此建议汇报给复出工作不久的邓小平，当即得到邓小平的赞许和支持，说要赶快动手，趁老一辈的专家学者还在的时候把百科全书编出来。

1978年5月21日，关于编辑出版《中国大百科全书》的请求报告由国家出版事业管理局、中国科学院和中国社会科学院联名会签呈送中央。7天后即5月28日就得到了中央批准。11月18日，国务院239号文发出，批准成立以胡乔木为主任，于光远、贝时璋、华罗庚、吴阶平、张友渔、茅以升、周培源、姜椿芳、钱学森等为副主任，马大猷、王力、王绶琯、艾中信、卢嘉锡、冯至、吕淑湘、刘开渠、许涤新、苏步青、吴文俊、张钰哲、陈世骧、季羡林、费孝通、贺绿汀、夏衍、夏鼐、钱伟长、曹禺等为编委的100余人总编辑委员会，成立中国大百科全书出版社。时任中央组织部部长的胡耀邦批示，尽快为中国大百科全书出版社配齐干部。

一个多月后，举世瞩目的十一届三中全会就召开了。这是一次历史的大转折！饱经磨难的中国，开启了改革开放的新时代。

这一时点的交汇并非巧合。任何伟大的时代，都离不开文化的奠基。重返领导岗位后，邓小平自告奋勇来抓科学、抓教育。他指出，不抓科学、教育，四个现代化就没有希望，就成一句空话。在《全书》编纂过程中，他曾三次接见中国大百科全书出版社的领导和美国不列颠百科全书公司客人，强调"这项工作同四个现代化有关"。他还为大百科全书出版社题写社名，亲自审定大百科全书的一些重要条目。

励精图治　百年梦圆

1993年10月8日，北京，碧空如洗，秋高气爽。数百名专家学者从全国各地赴京，齐聚人民大会堂，参加《中国大百科全书》编辑出版完成庆功表彰大会。大会规格很高，由中央办公厅主持，江泽民总书记、李鹏总理等党和国家领导人与与会专家握手致贺，总书记还发表了讲话。

《全书》共74卷，囊括哲学、社会科学、文学艺术、文化教育、自然科学、工程技术等66个学科和知识领域，是我国出版史上规模最大的工具书。全面记述中国博大精深的文明成果，同时汇集世界最新科学文化成就。体现了彼时中国知识界最高研究水准，反映了十年浩劫之后，励精图治、振兴国家的知识力量。《中国大百科全书》作为20世纪中国最辉煌的文化工程而载入史册。

1993年9月6日，人民日报发表记者卢新宁题为"铸就中华文化的丰碑"的长篇文章，报道《中国大百科全书》的编撰出版，"这是

第一部中国人自己的大百科全书，它跨越了10年浩劫的文化沼泽，架起了通向21世纪的文化桥梁，铸就了一座中华文化的丰碑"。"编者按"首次提出展现当代中国知识分子崇高精神风貌的"大百科精神"。

世界多国主要媒体相继报道，英国《自然》周刊、美国《科学周刊》等发表了李约瑟等著名科学家的评论文章。1994年，《中国大百科全书》获首届"国家图书奖"荣誉奖。

《全书》是全国上百个部委、几百所院校和科研机构的一次大协作，是中国学术界的一次空前大检阅。参加编写工作的专家学者26000多人，中国科学院第四届400位学部委员中，有336位（占84%）参加《全书》编撰工作。秉承"最合适的人写最合适的条"这一基本原则，各学科均由学术大家或者重要部门主要负责人担纲，由在相应领域公认确有研究的专家学者撰写。

许多年迈学者不辞辛劳抱病为《全书》撰写条目，使《全书》得以"抢救"一批造诣精深的学术财富。学术大家撰写的许多词条成为经典。苏步青教授写"几何学"条，钱伟长教授写"力学"条，钱学森教授写"导弹"条，袁隆平教授写"杂交稻"条，季羡林教授写"《罗摩衍那》"条，赵朴初先生写"佛教"条，吕叔湘教授写"语言和语言研究"条，吴阶平教授等写"现代医学"条。在编辑《自动控制与系统工程》卷中，钱三强院士撰写"科学"条，钱伟长院士撰写"技术"条，钱学森对相关条目做重要修改，"三钱"在《中国大百科全书》同一卷中共同撰稿，成就了学界和出版界一段佳话。中国民俗学开拓者钟敬文老先生，从全卷总体构思到条目设置，都自己动手，撰写洋洋万字的"民间文学"和"民间文艺"两篇概述性文章。相声大师侯宝林，为写好戏曲曲艺卷中的条目，闭门谢客，潜心总结、研究几十年舞台表演心得，反复修改，十易其稿。他说："曲艺是第一次被堂堂正正地写入'正史'，不把条目写好，死不瞑目。"《中国文学》卷中的"中国文学"条目经樊骏、陈伯海、钱锺书、王元化、周振甫、吴小如等先生非常认真细致的修改，他们将自己的意见写在空白纸上贴于原稿问题处，钱先生不但纠正偏颇，连用词造句也不轻易放过。正是这种万众一心，共赴时代召唤的"人和"，成就了被誉为学术渊薮、知识宝库的《中国大百科全书》。

百科社建社伊始，一穷二白，以姜椿芳为首的筹备组成员，骑自行车，挤公共汽车，四处找人、找钱、找办公地点。彼时"文革"刚刚结束，国家百废待兴，各行各业人才匮乏。为求得百科全书有志之士，总编辑姜椿芳和副总编辑阎明复风雪走访，三顾茅庐，在外地的派专人跋涉千里盛情邀请，只要有真才实学，属于冤假错案的，均量才录用。这些历经磨难的知识分子，有了重新工作的机会，便迸发出他们全部的热情和能量。当时百科人戏称的"八大处"，可不是指京西的八大处公园，而是分散在北京城区、郊外的八处借用的办公场所。

所有知识门类和学科，8万多个条目，1.2亿文字，5万多幅图，每个条目经过的编辑工序上百道，校对都得10次以上……煌煌巨帙，共和国空前浩大的文化工程，在那样一个纯手工工作的年代，这其中浸泡了20000多名专家学者、500多名百科编辑多少艰辛的汗水，倾情的奉献！

购买者连夜排起了长队

《全书》上市后，立即在全国形成了购买热潮。上海、北京等地新华书店，闻讯赶来的读者，在门口连夜排起长队，购买场面十分火爆。其中的《法学》卷很快便发行了50多万册。"文革"结束，百废待兴，各学科卷的陆续出版，及时满足了当时各行各业的需要。这一基础性文化工程，为提高国民科学文化素养，为改革开放、四个现代化建设及时提供了智力支持。

《全书》独特的历史性贡献还包括：

全面推动学科研究，完善国家知识体系建设。十年内乱，中国学术严重荒芜，《中国大百科全书》一经启动，便按照学科齐全、权威准确的标准进行学术人员组建，展开各学科调研、梳理、创新，有效地引领、推动了各学科建设。包括一些当时的空白学科，如政治学、社会学、环境科学、财政税收金融等也在第一版时力排异议，开启编纂。如今这些都已成为显学。

重要的国际文化交流、交融平台。胡锦涛、习近平及其他党和国家领导人出访时，将《中国大百科全书》作为国礼，赠送外国国家领导人、国会图书馆、著名大学图书馆。《中国大百科全书》的众多条目、内容，还由国外出版机构引进出版。

海峡两岸暨香港、澳门共同使用，祖国同胞增进了解。《全书》签约"一字不改"制作繁体字版在台湾出版发行。后来，《全书》系列，包括光盘、数据库也相继引进港台地区。

促进标准、规范的制定。编纂过程中，各学科制定、探索、形成了相应的标准，对历史上一些似是而非，或未有定论，或以讹传讹的事物，进行科研攻关、订正、定论。这些成果后来被众多国家标准、行业标准、出版物所采纳。

历史转折时期树立实事求是的文风。以实事求是为核心要义的编辑方针，始终成为《全书》编纂工作的指导思想。一些过去的学术禁区被打破，一些重要的人物和事件恢复了历史的本来面目。

带动全国"百科全书热"，极大地普及了对百科全书的认知和使用，同时也不断提升了工具书出版的质量。

与时俱进再攀新高峰

《中国大百科全书》采取连续修订制。第二版历时14年于2009年出版，向新中国60华诞献礼。

第二版由我国著名科学家、"两弹一星"元勋周光召担任总编辑委员会主任，各领域德高望重的科学家、学者组成总编委会和各学科编委会。内容上囊括学科门类80多个，吸纳了世界范围最新的科研成果，尤其充分反映了改革开放30年来中国科学文化的成就，编排方式上首次与国际惯例接轨，按字顺统一编排。

2009年8月26日，《全书》二版出版总结表彰大会在人民大会堂举行。中共中央政治局常委李长春同志代表党中央、国务院会见参加第二版修订的专家学者和出版工作者代表，表示感谢，并发表讲话。

2009年8月28日，人民日报（人民论坛）发表题为"大辞书背后的强国梦"的文章称："大百科全书事关国家科学文化和政治荣誉。""中国的大百科全书，不仅为中国的现代化提供智力的支持，也成为国际舞台上展现中华文明的载体。国礼，是对《中国大百科全书》的最高赞誉。" 2010年，第二版入选了第二届中国出版政府奖图书奖。

21世纪初始，世界各国百科全书编纂发生了巨大变化。维基百科一夜爆红。美国、加拿大、德国等许多国家的百科全书都不同程度地实现了网络传播。

信息化时代，网络百科全书成了知识话语权的新高地。《中国大百科全书》的变革，是必然的选择。2011年11月5日，国务院办公厅发出关于编纂出版《中国大百科全书》第三版问题的复函,同意编纂出版《中国大百科全书》第三版,通过建立数字化编纂平台,编纂发布和出版网络版、纸质版。

三版总体设计阶段,便已将创新首先聚焦于网络版。2014年9月起,各学科编委会组建及内容撰写进入了快车道。入选的近百位学科主编,集合了当今我国各学科杰出的领军人物,在国内国际学术界享有盛誉。随着100多个一级学科的全面展开,全国数百位院士、20000多名专家学者已集结起来,新一代百科全书指日可待!

新中国建立70年,改革开放40年,我们的祖国发生了惊人的改变,在那些决定性的时刻,苦痛、抗争、奋斗,有过失败,也产生了耀眼甚至永恒的成就。《中国大百科全书》这一文化巨帙的编纂出版,得益于国家进步、国富民强,同时,它也必将为满足人民日益增长的文化需求,为建设更加繁荣昌盛的祖国,作出持续的、应有的努力和奉献。

合理的选择[*]

——《中国大百科全书·经济学》问世

过去，现在，乃至将来，人们永远面临一个古老而新奇的诱惑：以较少的耗费取得较大的效益，以有限的资源满足众多的欲望。经济学为在这扑朔迷离的诱惑中寻找的人们指点迷津，做出合理的选择。

人类一面对这个世界，就和经济结下了不解之缘。为了自身的生存和发展，人们从事各种经济活动并相应结成了一定的经济关系。经济活动是人类一切社会活动的物质前提，经济关系是人类一切社会关系的基础。

研究人类社会各个发展阶段的各种经济活动和相应的经济关系及其运行、发展的规律的科学即经济学。

（一）

人类早期的经济行为和经济思想，在古代神话、传说、诗歌

---

* 原载《百科知识》1989年第2期。

中依稀可辨，真正直接论述财产、商品生产、贸易、生息资本、赋税等经济现象的，却首先是古希腊、罗马的思想家。奴隶制经济的强盛启迪着思想的灵闸，那时的经济观点成为现代经济理论的出发点。

中国在西周时已出现一些简单的经济观点，到春秋战国时各家的经济思想及其演变，形成了独特的中国古代经济思想，对中国封建经济的发展起着深远的影响。

15～16世纪欧洲航海家对美洲大陆以及东西方航路的新探，掀起了欧洲商业革命和价格革命的风暴。商业资本主义的经济力量空前膨胀起来，在英法两国出现了重商主义学派。17世纪中叶后，工场手工业在英法成为工业生产的主要形式，反映工业资本主义的利益和要求，产生了由流通过程转向生产过程研究的古典政治经济学。18世纪中叶开始的产业革命，以神奇的魔力推动着欧美主要资本主义国家经济的巨大发展，传统经济理论难以说明伴随新时代而来的新的困惑，历史学派、边际主义学派、新古典学派、制度学派等，以传统经济学的批判者和反对者的姿态面世。1929年经济危机的黑色旋风，严酷地冲击着资本主义世界经济，打破了经济学传统说教的神圣光环，引起了轰动西方的凯恩斯革命，以国家干预为基本特色的凯恩斯主义成为经济学主流，并成为战后西方国家经济政策的主要理论依据。到50～60年代战后发展的黄金时期，凯恩斯的追随者分为新古典综合派和新剑桥学派两支。但即使在凯恩斯主义盛行之时，西方经济学界亦存在与之抗衡的各色流派。尤其是70～80年代以来，持续恶化的通货膨胀和居高不下失业率的并存，使凯恩斯主义陷入窘境，各式新经济自由主义学派如芝加哥学派、合理预期学派、供给学派、弗莱堡学派等乘虚而入，反对国家干预经济，宣扬市场自调功能。新制度学派则另辟蹊径，强调社会经济的结构改革。

　　作为资产阶级经济学的对立物，早在16世纪西欧便产生了以空想的意识形态出现的早期社会主义经济学说。19世纪中叶，马克思和恩格斯创立的无产阶级政治经济学，对以往的政治经济学是一个根本变革。十月革命开辟了人类社会的新纪元，自此以后崛起的苏联、中国以及其他社会主义国家在社会主义建设的伟大实践中，向世界展示着自己不凡的风彩。

　　早从20世纪40年代末起，尤其是60年代以来，社会主义国家进行了各种形式、不同程度的经济改革，以摆脱单一的固定经济思想和经济模式，走具有本国特色社会主义建设道路，形成了不同特色的理论观点，丰富和发展了马克思主义经济学说。

　　随着人类经济活动的内容日趋丰富复杂，经济学的研究范围也愈来愈扩展。在西方经济学界，理论经济学在二次大战后分为宏观经济学和微观经济学。前者考察整个国民经济活动的总过程，后者研究市场经济中经济单位即生产者、消费者的经济行为。经济学研究范围的拓展，使带有高度概括性的理论经济学不断分化独立出带有应用性的部门经济学、专业经济学等分支学科，还出现了经济学科内部各分支相互交叉的学科，以及经济学科与其他社会科学、自然科学学科之间彼此联结的边缘学科。应用经济分支学科的连续繁衍和迅速壮大，使经济学科日益成为一个庞大体系。经济研究的深化，要求考察各种经济现象间的数量关系，提高分析的精确性，现代数学被广泛应用于推导经济理论、建立经济模型，数理经济学、经济统计学和经济计量学得到了长足发展。

　　时至今日，经济学已发展成为学派众多、理论纷呈、门类庞大、分支齐备的学科体系。人类从事的一切经济活动领域甚至非经济活动领域，都离不开经济学的研究和应用。

　　现代社会经济生活丰富多变，竞争激烈、优胜劣汰。优者，即有敏锐的经济意识、睿智的经济头脑的人，也必是掌握着经济学知识并懂得恰合时宜地应用的人。

（二）

收集古今中外的经济学知识，为渴望成功者助一臂之力，是《中国大百科全书·经济学》编纂的宗旨。

《经济学》卷由许涤新、陈岱孙、刘国光主持的编委会，以及中国大百科全书出版社组织编纂，是集中中国经济学界精锐力量创作而成的，凝聚着500多位专家学者编辑的智慧和辛劳。全卷共3册，400余万字，配有彩色和黑白图1200余幅，荟萃了中国经济学界的优秀成果，全面汇集了古今中外经济学知识。

《经济学》卷具有知识全面、面貌新颖、实用方便的特点。

经济学是从理论的、历史的、应用的和有关联方法的诸角度研究人类经济活动、经济关系的各类学科的总称。据此，《经济学》卷相应划分为三大部分：1. 理论经济学。包括总论、前资本主义社会、资本主义社会、社会主义社会和共产主义社会四个分支学科。论述了政治经济学基本概念、基本原理、经济运行和发展的一般规律，是各个经济学科的基础理论。2. 经济史和经济思想（学说）史。包括外国经济史、中国经济史、马克思主义经济学说发展史、中国经济思想史、外国经济思想史及当代西方经济学说五个分支学科。论述人类社会各个历史时期不同国家经济发展演变的基本过程及其特殊规律，各个历史时期出现的经济观点、经济思想、经济学说及其产生的经济政治背景、理论渊源、影响和地位，以及经济学方面的人物、学派之间的承袭、更替、对立的关系。3. 部门经济学和专业经济学。含33个分支学科,国民经济计划学、工业经济学、基本建设经济学、建筑经济学、运输经济学、邮电经济学、农业经济学、林业经游学、畜牧业经济学、渔业经济学、商业经济学、价格经济学、物资经济学、对外贸易、劳动经济学、财政学、金融学、财务管理学、会计学、审计、社会经济统计学、生态经济学、人口经济学、数量经济学、技术经济学、生产力经济学、国土经济学、数育经济学、卫生经济学、城市经济学、消费经济学、服务经济学、旅游经济学。它论述国民经济这一多层次大系统中各物质生产部门和非物质生产部门的经济活动、经济关系和经济规律,以及国民经济运行中的不同领域,包括社会再生产过程中的各要素、各环节及其不同侧面的经济问题和经济规律。《经济学》卷以以上3大部分42个分支学科2181个条目基本概括出经济学的全貌(世界经济部分单独成书)。内容全面,知识广博。

当代东西方经济都处于新的战略发展时期,各国经济学界相当活跃。《经济学》卷以反映国内外经济学界最新科研成果和发展趋向为己任,注意介绍各国繁闹纷呈的新观点、新派别、新学科。对苏联、中国以及其他社会主义国家气势恢宏、各树一帜的经济改革,及其理论界的新的重大突破着意给以论述,例如:苏联对当前所处的社会发展阶段的提法,对社会主义条件下生产力和生产关系矛盾的提法,对社会主义所有制理论有了新的变化,逐渐接近苏联社会的实际。中国在社会主义经济理论方面的突破,主要是:形成了社会主义初级阶段理论;重新确立了衡量经济、社会进步的生产力标准;明确提出社会主义计划经济是公有制基础上的有计划的商品经济;肯定了社会主义经济中所有权同经营权可以适当分开;突破了单一公有制特别是单一国有制的观念;确认在社会主义经济中价格仍然具有调节经济、配置资源的职能;深化了关于社会主义经济中贯彻按劳分配原则以及个人收入分配的研究;探索了如何以不同形式利用各种非社会主义经济，包括利用国外的资本主义经济来发展本国生产力等。《经济学》卷还注意采用新材料、新数据，有些条目已选用1988年资料。学术观点力求客观公允，既论述在学术界占主要地位的观点，也简略介绍影响较大的其他论点。条目内容精炼、文字简洁生动、标引明确、版面活泼、图文并茂。《经济学》卷力求从观点和材料、内容和形式上以新颖的面貌出现。

经济学具有鲜明的应用性，经济工作的决策咨询施行，是经济学的重大课题。《经济学》卷资料翔实、内容全面，几乎涵盖了国民经济各行业、各部门，涉及经济活动的各个方面，具有突出的实用意义。各学科相对独立，自成体系，条目按知识主题或专业概念设置，既是备置案头的工具书，也可做系统学习的知识读物。《经济学》卷附有多种索引，形成完备的检索系统，有利于读者便捷地获取所需知识和资料。

如果你希望利用人类经济学宝库中的基础理论和专业知识充实自己，如果你愿意探索在经济活动中合理选择的奥秘，不妨查检阅读《中国大百科全书·经济学》，它将帮助你在经济生活的海洋中畅游。

百科类图书的出版 *

一、图书出版中的"百科热"

1. "百科热"在主要国家都有表现，是人类出版史上的共同现象。

现代百科类图书是一个支系发达、成员众多的大家族。百科全书的原始胚胎发育于两千多年前。东西方百科类图书出现时间大体相同。

在西方始于文明高度发达的古希腊，大多数学者推崇亚里士多德为"百科全书之父"。他在雅典学院授课的讲义，包含当时已有的一切学问，并进行了知识分类。18世纪D.狄德罗主编《百科全书，或科学、艺术与手工分类词典》（通称法国《百科全书》），开近现代通行意义的百科全书先河。从那以后二百多年来，由于百科全书全能工具书性质和"工具书之王"的美誉，受到读者和出版者的青睐，世界各主要国家都有多部百科全书问世。到20世纪后

---

* 原载《出版发行研究》2005年第10期。

期，百科全书在西方主要国家已广为普及。

中国最古的百科词典性质的著作当推《尔雅》，魏朝皇帝曹丕主编了第一部百科全书性质的类书《皇览》。中国第一部现代综合性百科全书《中国大百科全书》，经2万多专家、学者、出版者历时15年辛勤耕耘，于1993年问世。煌煌巨帙、权威可靠，获得了国内外学术界、知识界、读书人的高度赞扬。该书的出版，带动了中国百科类图书的研究、编纂和出版，形成了持续十几年至今仍方兴未艾的"百科热"，成为中国图书出版中的亮丽风景。

2. 百科全书是科学发展的总体表现形式。

百科全书与科学同根共源，那就是知识。科学发现、发掘和拓展知识，百科全书积累、整理和记录知识。16～17世纪真正的科学形成，得益于"整个现代实验科学的真正始祖"、英国哲学家F. 培根的研究。他创立的科学的知识分类，创建了现代科学的基础，也逐渐成为现代百科全书框架设计的基本依据。从古代、中世纪，到近现代，百科全书伴随着科学一路走来，不离不弃、形影相随。百科全书是科学发展的产物和重要标志，是现代科学的必要组成部分。"百科热"正是当今科学技术日新月异发展的印证。

值得注意的是，百科全书对于人类知识的总汇，是在研究的基础上，对知识的总体综合。这一特性，对于今天的科学研究具有重要意义。近代形成的以分门别类为特征的实验科学，把自然界分解为各个部分，把自然界的各种过程和事物分成一定的门类，对有机体的内部按其多种多样的解剖形态进行研究，这是人类在认识自然界方面获得巨大进展的基本条件。但是，这种做法也固化成了一种习惯：把自然界的事物和过程孤立起来，撇开广泛的总的联系去进行考察，这种"只分不合"的方法，迄今仍是自然科学和社会科学研究的基础，其静止、孤立研究的局限和缺陷相当明显。20世纪以来，尤其是六七十年代以来，已有许多科学家和哲学家反复指出，必须以整体的综合来克服这种缺陷。但任何一门具体学科都很难做到这一点。百科全书恰恰是能承担这一任务的一个合适的领域。综合作为辩证思维的一个环节，与汇合、收集等有很大区别，它不是将已有的成果归到一起，而是站在特定的主体地位，对总体认识的概括性规定。在综合中，对原有的认识不仅要"去粗取精"，而且要进一步升华，达到高一层次的认识。

3.百科全书与社会的发展相对应，具有明确的时代性。

百科全书的时代性，是从人类总体上说的。这里的时代，就是人类在历史发展中总体的阶段，也是科学发展的阶段。百科全书必须从人类科学发展的全局出发，全面地汇集、综合时代性的成果，具有明显的时代特征。这一点，几乎所有的百科全书都要遵循的，如狄德罗主编的法国《百科全书》，就明确地贯穿着时代性，体现着鲜明的时代精神。后来各国出版的百科全书，虽然对时代精神的表现程度不同，但都是努力把时代性作为必要的依托。不过，人们对时代性的理解，也有一定的差异。在狄德罗那里，所谓时代性，不仅包括对他那个时代的科学成果的总结、概括，还包括一个重要的内容，即以时代精神引导人类及其科学的发展，是一部以启蒙主义为目的的百科全书。这一点，在《不列颠百科全书》及其他版本的百科全书中，就不明显，其设计者更多地注重已有成果的概括。随着时代的变迁，百科类图书的基本性质、编排方式、编写方法、表达样式也发生了多样化的演变，具有更加鲜明的时代特征。今天百科类图书出版的走势具有"数字化和数据库化"、"轻型化"、"专业化"、"通俗化"等趋势。使用二进制技术手段实现的"数字化"，轻松实现了激光照排纸介印刷、光盘出版、网络传输。采取数据库化形态是百科全书等工具书发展的方向，以数据库结构方式组织的内容具有良好的检索性；多媒体数据库形态的百科全书，可以同步运用多种媒体符号形成全息信息；数据库形态的百科全书有可能提升到具有一定的人工智能，成为智能知识库，从而做到因人施教，按需索求。"轻型化"体现在图书部头趋小和出版介质电子化两方面。百科全书自古以来素以大而全为旗帜，随着现代生活节奏的加快，以及几十卷的大型综合性百科全书市场逐渐饱和，百科全书出现了压缩本、几卷本或单卷本，从书架走向案头；电子化称得上是百科全书"脱胎换骨的革命"，载体材质之轻，存储量之大，使百科全书尽显海量内容的优势。在学习专业、研究领域、工作岗位越来越细分的今天，"专业化"百科全书以其针对性强、使用方便、价格便宜受到越来越多的欢迎，展现了良好的市场前景。"通俗化"使百科全书广为普及，并花样翻新衍生出众多百科类读物。读者对象上更为注重普及性，成年人、中学生和少年儿童，尤其是儿童类百科读物大量涌现，表现形式上图文并重，甚至图为主文为辅，有的还加入了越来越多的时尚元素，声光影像，应接不暇。

"百科热"契合了时代的需要、社会的需求、读者的口味，当然也让出版人获取了丰硕的销售业绩。

4. 伴随"百科热"带来的问题。

"百科热"的实质是"学习热"、"知识热"、"文化建设热"，其正面效应值得充分肯定。但是在十几年持续走热中也出现了令人担忧的问题。主要有：一是评价标准。百科全书作为全能型工具书，其名称在市场具有极大的吸引力，趋之者众。在众多冠以百科名号的图书中，粗制滥造、假冒伪劣时有发生，水平和质量的滑落，损害了百科全书的形象。国外对百科全书的评价标准已形成体系。中国有关管理部门和行业组织，也就工具书的评价和准入组织了讨论和研究。二是知识产权保护。编撰出版一部高质量的百科全书，需要作者、出版者花费大量人力、财力、物力，以及相对较长的时间，是高智力、高投入出版行为，理应获得相应的市场回报。

然而，近年来，百科全书已成为盗版侵权的重灾区，严重影响了作者、出版人和读者的利益，破坏了正常的出版秩序。出版的繁荣有序发展，亟待这些问题的治理解决。

百科类图书的国际交流与合作

1.《不列颠百科全书》中文版创造了中国出版史的数个第一。

这是中美建交后第一个文化出版交流合作项目，也是中国"文化大革命"后第一个对外文化出版交流项目。1979年11月，邓小平在人民大会堂北京厅接见了不列颠百科全书副总裁吉布尼先生，决定翻译出版《不列颠百科全书》，并提出了一系列指导方针。后来，邓小平又两次会见不列颠公司领导人，中央领导还将《不列颠百科全书》中文版赠送来访的英国首相撒切尔夫人。中国第一次以现代百科全书形式向她的人民全面介绍西方文化科学。美国新闻界用"惊人的百科全书"为题，一时成为报道的热点。

中国改革开放的总设计师邓小平在接见美国不列颠百科全书出版公司编委会副主席吉布尼时，有关社会主义市场经济的著名论断第一次正式向外界披露。

《不列颠百科全书》中文版协定签约时，中国的著作权法尚未出台，中国也还不是知识产权国际公约的成员，协定对版权和版税的承诺，意味深长。美国媒体报道为"突破性事件"，"一个特别重要的事件"。它表达了改革开放的中国对知识产权的尊重和保护，昭示着中国遵循国际规则、以法治国的走向。

1771年在苏格兰爱丁堡问世的《不列颠百科全书》，两个多世纪以来，连续修订，以其学术性、权威性、国际性享誉世界。美方接受了中方的意见，在《不列颠百科全书》200多年历史中，第一次由中国学者撰写条目。中国内容条目上升至10%以上。

2001年《不列颠百科全书》国际中文版以优良的品质，从众多图书中脱颖而出，荣获第四届国家辞书奖特别奖和第五届国家图书奖荣誉奖。成为第一个获得国家图书奖的引进版图书。

通过中美双方通力合作和我国数以千计的专家、学者、编译、出版人员的辛勤耕耘，1986年《简明不列颠百科全书》中文版（10卷）首发，创下了销售17万套的佳绩。1999年《不列颠百科全书》国际中文版（20卷）出版，获得极大成功。目前，新版单卷本和多卷本的编辑出版工作也已经全面展开。

2. 百科类图书的版权贸易。

中国的版权贸易上升较快，近两年年均交易量已达一万件左右。根据"开卷"提供的数据，2004年市场动销的百科全书品种中，引进版百科全书占一半以上。

百科类图书版权交易呈现如下特点：首先，百科类出版物由于拥有强劲的市场号召力、较高的码洋，吸引越来越多出版社的注意，成为众多出版社引进版权的重头戏。其次，品牌出版物是出版社引进的首要考虑。世界著名的百科系列大量进入中国市场。如《不列颠百科全书》系列、《世界百科全书》、DK系列、拉鲁斯系列、探索系列、牛津系列、剑桥系列、史努比系列、迪士尼系列等。同时，中国几部大型百科全书，如《中国大百科全书》（60卷）、《简明中国大百科全书》（12卷）、《中国烹饪百科全书》等相继成功走向海外。第三，少儿类百科科普读物成为引进主流，并取得良好的市场销售业绩。引进中有三分之二左右属于少儿类，动销量排在前三位的分别是属于DISCOVERY系列的《学生探索百科全书》、《牛津少年百科全书》和《少年探索者百科全书》。不过从发行码洋看，当首推《不列颠百科全书》。

3. 百科类图书国际合作具有广阔前景。

中国和西方国家百科性图书的起源差不多同期，但在后来两千多年的发展中，长期未发生过交汇。依托各自的文化背景和科技社会发展状况，形成了各具特色的百科图书。作为科学发展、学术水平和文化状态的总体表现形式，百科类图书尤其是百科全书是各国文明的优秀成果，应该也值得全人类共享。

百科全书在传播知识、推动科技进步方面起着无可替代的作用。在当今科技全球化、经济全球化快速发展的进程中，国际交往日益频繁，百科类读物尤其是百科全书的交流与合作，有利于各国人民相互了解、共求发展。

百科类读物有着良好的商业价值，对版权贸易具有特殊的意义。一般来说，百科类读物投资大，周期长，慢工细活，精雕细琢，从"比较成本"学说的角度看，以引进的方式操作，比较经济，输出方则由于百科读物含金量高而获得较高的版税。因此，研究探索百科类图书的出版、版权贸易等，是我国出版界当今乃至以后一个重要的话题。

《中国儿童百科全书》为什么能成功 *

少儿出版，是中国书业市场持续活跃、拉动增长的板块。百科社决定结合自身的强项进行突破。从2008年开始"4+1"结构优化，到持续提高集中度、聚焦"5重3特"产品线，自始至终都很重视少儿百科板块和品牌建设，鼎力支持两大支柱性产品线，即中国儿童百科全书（简称"中国儿百"）和百科版DK系列百科全书（简称"百科DK"），做粗做强。前者全部由本社组织学者、编辑原创；后者则与世界知名品牌合作，引进为主，加以适当本土化。中国儿百的第一部《中国儿童百科全书》，从1998年进入编辑部实际操作。2008年后全社产品结构优化、重点布局后，中国儿百进入发展快速道。百科DK产品线从2009年加入。耕耘经年，至今各自旗下已完成系列化开发，形成气势不凡的产品阵列，读者以0岁到18岁各年龄段少儿为主，也有相当部分还惠及成人。儿百的编纂出版历程，催生了众多编辑理念、编辑实务、经营策略、人才培养的创新，是百科社企业财富中宝贵的组成部分。

---

* 写于2018年5月。

创意从长沙就开始了

早在上世纪80年代中期，远在长沙的湖南少年儿童出版社，一位名叫贺晓兴的编辑组织翻译出版了来自太平洋彼岸的《不列颠儿童百科全书》。按他的话讲，当时，这是一套令人惊叹为之敬佩的书，儿童想要知道的全都有。从"巧克力"、"肥皂泡"的形成到"太阳"、"月亮"和"星星"的奥秘；用散文童话诗歌带着儿童去游玩"植物"和"动物"的奇异世界；让小读者轻松地知道"男孩儿"、"女孩子"和有"爸爸妈妈"的亲爱的家；"快乐的游戏"和"叫不高兴的事快些跑开"的办法。孩子不经意间会在书中体验知识的快乐。这套书翻译出版后，无疑也给中国的孩子带来极大的新鲜与快乐。贺晓兴说："新书卖得飞快，连续地印刷，也赶不上新华书店的连连催促，以至于手工打包的工作都要'下放'到各编辑室加班捆扎，一时间人人都得了不少的'打包费'，得了外快的编辑们在走廊里见着我都对我笑眯眯的。"

作为责任编辑的贺晓兴，很感叹，他感觉《不列颠儿童百科全书》里面东方的、中国的"人文"太少。但是，当时国内出版社还很难组织编纂这样的作品，因为那书是由许多位文学科普美术的"大家"共同完成的，光每页的插画就尽现了油画水彩版画蜡笔画多样画种，体现着对儿童细致的艺术熏陶。这需要花费大笔组稿费用，还要费心地去策划组织一流的专家画家，静心编纂与绘制多年，投入高、时间长、难度大且结果难料。他想："将来有条件了我也要努力组织编纂一套这样的适合中国孩子的百科全书，这套书的名字就叫《中国儿童百科全书》吧！"

　　1993年，贺晓兴在"什么都可以试探一下"的海南特区已闯荡了好几年，在海南出版社主持一个编辑部，且编辑部也小有了"积蓄"。他向新闻出版署图书司咨询，国内有无《中国儿童百科全书》的选题申报。回答是目前此选题为空白。图书司说，你赶紧报来！还加了一句：你这是好选题啊！

　　司里对贺晓兴并不陌生，此前他曾联合湖南少儿出版，共同组织海内外著名幼儿文学作家出版了《黑眼睛》幼儿文学丛书。这是一套清新、纯情和意念前卫的优美幼儿文学书，获了中宣部的"五个一"图书奖，打破了海南省图书从未得过全国大奖的局面。赶紧报上去的这个"好选题"，不久被推选为"国家图书出版九五规划"中的重点选题。

　　1994年，在海南岛举办的一个新书出版宣传征订会的晚宴上，贺晓兴与中国大百科全书出版社副总编辑吴希曾邂逅，相谈甚欢。聊到百科社与河南少儿出版社刚联合出版的《中国大百科全书》青少年版时，贺晓兴提出了批评性意见，且言之凿凿。在继续的闲谈中，吴希增知晓了贺晓兴正在着手《中国儿童百科全书》之事，立即表示希望一起合作。"我们大百科有全国一流的作者队伍，这对编儿童百科不是很重要吗？"吴希曾的话让贺晓兴很心动。

　　随后，双方联合在北京、上海组织专家召开了选题讨论会，拟出编纂纲目。同时，作为重大选题，上报时任百科社总编辑徐惟诚。惟诚认为联合出版不妥，建议贺晓兴作为作者，由百科社组织编纂出版。"作为作者参与和作为编辑参与是大不同的。百科社的诚意打动了我。接下来，我与张小影见了面。她早知道我要组织出版《中国儿童百科全书》的事儿。'老贺，你干了一辈子为人作嫁的编辑，这回让大百科为你作回嫁是很难得的好事情呢！'她微笑着真诚地劝我。她这句话，当然也击中了我的要害！"贺晓兴在《别样的优雅》一文中追述了这段奇遇。就这样，他自此开始了与百科社长达20余年的合作。程力华曾在《中国儿童百科全书》编纂工作总结中提及："有一位特殊的作者一直伴随着我们，既是我们踏上儿童图书编纂之路的引路人，又是帮助我们解除工作中烦恼的'开心果'（部里的同志都这样说）、好朋友。这个人就是《儿百》最早的策划者、编委会副主任贺晓兴，我们都叫他贺老师。"

《中国儿童百科全书》创造了奇迹

20世纪90年代初期，在国内少儿图书市场上，儿童百科全书这个类别还不太为人所知。90年代中期，国内的一些出版社相继引进了多种儿童百科类图书，如英国DK公司的《阶梯百科》，日本小学馆的《最新21世纪少年儿童百科》，还有法国、德国和韩国的百科类图书等。这些引进版图书，文字量不多，但选取的知识点很适合孩子，最主要的是图片精美、印制质量上乘，展示了一个崭新的儿童图书世界。但它们普遍存在一个很大的问题，就是书中许多内容离中国孩子较远，缺少中国孩子现实生活需要的东西，如缺少中国地理、自然资源和动植物知识，缺少中国历史文化传统和思想道德教育，就连里边的人物形象，都是黄头发、蓝眼睛的。说到底，它不是为中国儿童编写的。这一时期，国内也有几家出版社出版了几部少儿百科全书，但整体上，这些儿童百科仍是沿袭传统的百科全书以文为主、黑白插图的编纂模式，知识表现形式比较单一。因此，几次国家级图书奖评奖，儿童百科这一项都是空缺。

社委会决定以《中国儿童百科全书》为契机，进军儿童百科全书领域。1996年8月，《中国儿童百科全书》（9～15岁）正式立项。百科社成人百科全书编纂经验丰富。但编纂儿童百科可是大姑娘坐轿——头一回。总编辑徐惟诚对少儿教育素有研究，曾以余心言为笔名发表过多册（篇）少儿教育的著述，对儿百的编纂理念提炼、具体设计包括样张审定等，亲历亲为，时常提出见微知著的指导性意见，宣传推广更是不遗余力，妙招迭出。副总编辑吴希曾分管并任儿百编委会主任。1998年程力华调任综合百科编辑部（2001年改名少儿百科编辑部）主任，专职儿百编纂工作。力华辽宁葫芦岛人，沈阳工业机械制造专业毕业，严谨、干练、勤奋，一版时就进入科技编辑部，担任过学科卷和专业百科的编辑。她更是起早贪黑埋头耕作，我曾和她在一个楼层工作，常见办公室里她第一个到最晚一个离开。她和赵秀琴、王小青、朱凌艳、汪迎冬、黄颖、刘金双、刘小蕊等一众同事，创造性地一步步完成编委会的构思，创建了儿童百科新的编辑样式。

儿百编委会由众多著名科学家、科普作家、教育及儿童作家组成。院士贾兰坡老先生以九十岁高龄指导了《儿百》的前期主题框架制定。程力华去贾老家拜访他。一听说要给中国儿童编一部百科全书，贾老像小孩一样非常兴奋。连说"好！好！"谈话间不时地提起当年参加编纂《中国大百科全书》时的情景。不久，《儿百》中他负责的"人类的起源"部分，很快就拿出了主题框架。

《儿百》全书包括43个知识门类、400多个知识主题。为了保证知识内容的准确性和权威性，编委会的各位专家，如王祖望、郑平、林之光、李龙臣、马博华、卞德培、李元等全情投入。卞德培先生1995年就参加了《儿百》的第一次编纂座谈会，那时他已经70岁了，而且刚做完手术不久。《儿百》天文部分的文图合成后，在进行编辑加工时发现了一些问题，编辑准备请卞老解决，可这时卞老癌症复发已经住进了复兴医院。让编辑没有想到的是，一个星期后卞老的老伴就给她打来电话，说卞老看完了，问题都解决了。后来，卞老在临终前又托付另一位著名的天文学家和天文科普作家李元接替他，帮忙完成最终的审定工作。李元是一位社会活动家，非常忙。但他说："再忙别的事我可以不做，这件事我一定得做，放心吧，保证完成任务。"

2001年6月，《中国儿童百科全书》（9～15岁）4册正式出版了。时任新闻出版总署署长的石宗源在《中国新闻出版报》发表了"献给少年儿童的一份精美礼物"的署名文章。他写道："由我们自己编纂的《中国儿童百科全书》终于与孩子们见面了。应该说，它代表了我国目前儿童图书的出版水平，既符合中国孩子的要求，有中国的口胃，又是一个精品力作。"教育部总督学、教育家柳斌先生说："这套书打开来全是图，而且这些图设计得都相当精美，不但对孩子们有吸引力，我觉得对成年人也都有吸引力。"他又说："这套书能够按教育规律，按儿童的思维发展的规律，尤其是针对当前很多出版物质量不高这种现状出版的。所以，我觉得这套书有它特殊的重大意议。我希望我们的学校、我们的老师能够很好地利用这套书，来进行课外教育活动。如果用得好，我想会产生非常好的社会效益。"

《儿百》创造了一个奇迹：从首次出版至2017年，7个版本累计发行上千万册。它的套封上印着"本书荣获国家科学技术进步奖；国家图书奖；国家辞书奖；全国优秀科普作品奖；全国优秀少儿图书奖"等字样。到目前为止，中国出版界大约还没有一部书摘取过如此多的大奖。

2003年8月，吴希曾调任中国对外翻译出版公司总经理。在新的社委会分工中，我接替分管儿百工作，后来还兼任了《中国幼儿百科全书》3～6岁版、0～3岁版等编委会主任。和儿百有了更直接的接触；2006年主持全社工作后，在统筹全局、产品线规划、坚持原创、品牌运作、系列化开发、项目带动、干部配备、人才培养等方面，儿童百科更是社委会的重要抓手。在规划、建设我社"5重3特"产品线时，中国儿童百科列为"5重"之一，从各方给予鼎力支持。

原创形成品牌集群

曾经有几年，《儿百》的销售量下滑比较明显，当时有人提出，儿百分社是否可以做些引进类、合作类的书。我坚决否决了这样的提议。无论是同儿百分社同事们谈话，还是社选题小组讨论选题、社委会安排工作时，我都旗帜鲜明地主张，儿百分社只做原创。原创不仅可以杜绝平庸，是推动社会文化发展的源泉、动力，于企业来讲，也是树立品牌、拥有知识产权、集聚独有资源、培养编辑策划创新能力的必经之途。本世纪初《中国儿童百科全书》之大获成功，就是坚持了原创的道路。发行出现困难，不是原创出了问题，而是需要坚守原创的前提下，不断创新。比如对初版《中国儿童百科全书》的装帧设计、内容的修订，比如引入新媒体表达元素，比如发行方式、渠道的拓展，等等。这一点，多次讨论，在社委会和儿百分社形成了共识。这么多年来，儿百分社的负责人换了几拨，无论碰到什么周折、困难，都未曾偏离原创的轨道。

儿百完成系列化。经过20年持续不断的深耕细作，中国儿百形成三条清晰的产品线：首要的是完成了针对儿童综合素质培养的儿童综合百科系列化，继出版《中国儿童百科全书》（9～15岁，2001年初版）后，又相继出版了儿百低龄版《中国儿童百科全书·上学就看》（6～9岁，2006年）、《中国幼儿百科全书》（3～6岁，2011年）、《中国幼儿百科全书》（0～3岁，2013年）、《幼儿启蒙美绘百科》（2016年）、《中国少年儿童百科全书》（2013年）等。

还记得，多年前，有一次，我在地坛书市百科摊位上吆喝卖书，其中就有《中国儿童百科全书》（9～15岁）。买书的人不少，问问题的也不少，有人问，有没有5岁的、3岁的，最让我感觉新鲜的是问有没有给胎中孩子读的百科全书。我立即将此类问题反馈给编辑部。后来，当拿到0～3岁儿百样书时，我想起了当年问询的人，虽然可能晚了点儿，但还是希望他能看到我们的书。《中国少年儿童百科全书》选题，从我提出到开始实施，前后大约两年。多年来，我发现在儿百延展的系列中，一直缺少15～18岁少年年龄段综合性百科全书，而我们的竞争者打了这个空档，一家独大。我们应该补全。在副总编辑马汝军、分社社长刘金双的实际操持下，终于于2013年面世，至今已出版4个版本。

还有贴近教学内容、辅助课堂学习的学生百科，如《中国中学生百科全书》（2006年）、《中国小学生百科全书》（2013年），以及针对儿童兴趣和习惯培养的儿童专题百科，如《中国儿童动物百科全书》、《中国儿童视听百科·飞向太空》、《儿童安全大百科》、《中国儿童好问题百科全书》等。如今，中国儿百已形成覆盖少儿全年龄段、30多个系列、约300个品种的品牌集群。

2008年4月，我代表中国大百科全书出版社，与民族出版社、四川民族出版社、广西民族出版社签署联合协议，合作翻译出版蒙、藏、维、哈、朝、彝、壮7种文版的《中国儿童百科全书·上学就看》。国家新闻出版总署副署长邬书林出席会议时讲话："将《中国儿童百科全书·上学就看》的汉文版及时翻译成7种少数民族文字，意义重大。它将使少数民族的少年儿童和汉族的少年儿童一起在成长的过程中，在知识、科学、文化的哺育下，学会用真理武装自己，要有一批像《中国儿童百科全书·上学就看》这样有知识、有文化、有科学元素的好书去武装、引导中国一代代的少年儿童健康成长。"

除了前述提及的《中国儿童百科全书》获得数项国家奖殊荣

外，后续系列化开发的产品《中国儿童百科全书·上学就看》等2种图书荣获"中国出版政府奖"，《儿童安全大百科》等2种图书荣获中华优秀出版物奖，《中国儿童视听百科·飞向太空》和《王大伟儿童安全百科绘本——小石头、电饭煲与汽车警察》荣获"全国优秀科普作品奖"，《中国中学生百科全书》、《中国儿童动物百科全书》等4种图书入选"新闻出版总署向全国青少年推荐百种优秀图书"，《中国儿童好问题百科全书》、《儿童安全大百科》等3种图书入选"三个一百"原创图书，《中国儿童地图百科全书——世界遗产（中国篇）》入选"中华优秀科普图书榜2017年度少儿原创榜单"。

在创造良好社会效益的同时，原创儿童百科也实现了规模和经济效益的同步增长。成为对百科社品牌和经济有突出贡献的板块。程力华2007年荣获"全国三八红旗手"称号、"全国优秀中青年编辑"称号；编辑团队儿百分社2006年获得"全国三八红旗集体"称号，2008年获得中直机关五一劳动奖状。

编辑理念和儿童意识

二十余年的儿百编纂之路，百科人在编辑理念、编辑形式等方面摸索出一整套创新性认知和做法。

编辑理念。编辑理念就是选题的立意，是整个选题的最高指导思想、原则，也可以说是选题的灵魂。对编辑理念的重视和正确提炼，是书籍定位、成色、生命周期长短的决定性因素。长期以来，有一种儿童教育，也包括儿童百科的思维定式，就是给孩子灌输尽可能多的知识。但是，知识的发展是无止境的，对于孩子，最重要的不是掌握多少知识，而是能够永远保持对知识的兴趣，培养求知的兴趣比掌握知识更重要。

《中国儿童百科全书》的编辑理念，确定为：激励儿童保持求知的渴望，培养获取知识的能力，学会寻找知识的方法。

例如，在儿百低龄版《中国儿童百科全书·上学就看》中，"花时钟"是"植物园"部分的一个主题页，主要内容为各种花卉知识。负责这部分内容的编辑在做这页设计时考虑到：如果把原稿中提供的各种植物资料一一罗列，再配上这些花卉的图片，整页内容就会显得平淡无奇。这种普通的设计孩子不会感兴趣的。于是，编辑与作者多次探讨，决定以植物的"开花时间"为切入点，把这些零碎的花卉知识重新"组装"起来。用美、新、奇、趣等元素表现这一页的知识内容。经与美编反复沟通和多次修改，又征求了身边的孩子和专家的意见，做出了一个非常有特色的展开页：一个巨大的时钟圆盘占据了多半个画面，10多种花卉按它们每天开放的时间顺序排列在圆盘四周，对应上面的时间刻度，就可以知道相应的开花时间了。12种不同花卉依次排列在12个月上，表现的是不同季节开花的植物。手绘的橘黄色太阳从左上角射出阳光，照耀着大地上或鲜艳或淡雅的花卉。旁边配以散文诗般的知识性文字："凌晨，当我们还在睡梦中的时候，蛇麻花和牵牛花就带着露珠开放了。接着，蔷薇花、芍药花等相继露出笑脸。随着太阳升起，百花仙子们陆续走上大自然的舞台，争奇斗艳……"整个页面构图和谐、生动，主题鲜明、突出，寓意简明、深刻，底图色彩时尚、淡雅，营造出了一个童话般的鲜花王国。

又如，《中国儿童好问题百科全书》的编辑理念是：好问题比答案更重要；学会提问，变得更聪明；提出更多的问题，培养创造力。培养孩子的创新性思维。创新是从提问开始的，过去"重学答，轻提问"的传统，阻碍创新能力培养。求学问，需学问，只学答，非学问。让儿童主动提问，由专家作出科学解答，让孩子看书后提出更多的问题,重视、保护、发展儿童提出问题的积极性。那什么是好问题?就是孩子自己的问题;孩子渴望知道的问题;孩子观察生活时想一想提出的问题;别的孩子想不到的问题。

再如《儿童安全大百科》,编辑理念是知道危险的孩子最安全。让孩子认识到身边的各种危险因素,指导孩子危险来临时如何保护自己。

这些编辑理念都体现了儿童意识,为儿童编书,就要蹲下来,以儿童的视角看世界。

编纂样式全变了

编纂样式。从过去习惯了编纂以文字为主的成人百科全书,转而编纂以图为主的儿童百科全书,编纂模式也经历了艰难的探索,建立起新样式。

由阶段性工作程序向流水性工作系统转变。通常在以文字为主的图书编纂过程中,文字作者撰稿是一个完整的工作阶段,作者交稿后,主要工作即转到编辑手里。儿百系列采用以图为主展开知识的编纂形式,工作重点在图,而图的设计不需要文字的细化,关键是图稿内容的设计。鉴于此,采取了文字作者、编辑、美术编辑之间组成的流水工作系统。

由以文为主向以图为主转变。相对于文字来说,图形所展示的内容更直观,更便于孩子理解,相应对新知识的吸收就更快、更容易。另外,色彩鲜亮的图片还能给孩子以视觉冲击,从而吸引注意力。确定了用图构建知识画面的设计思想,提出了"以图为主,变配图为配文"的新概念,让文字退到次要的地位。利用图的优势,可以避开纯文字枯燥无味的知识灌输方式。用图解说知识，能告诉孩子"这是什么"、"为什么是"、"怎样是"。特别是介绍科技知识时，既可以用图来展开微观世界，把原子和细胞在孩子面前剖开，让他们看到里边是什么样；还能用图展开宏观世界，把宇宙星系拉到孩子面前，让他们知道宇宙太空有多么大，世界是多么的丰富多彩。

由条目向主题转变。百科全书的基本知识单元是条目。无论是成人的综合百科全书、专业百科全书，还是国内出版的以文字为主的儿童百科全书，都以条目来构筑知识框架。儿百系列产品打破了这个惯例。书中没有条目，只有在学科门类下的知识主题。各主题之间没有上下层关系，彼此独立，不分大小。确定主题的原则是，注重考虑孩子感兴趣的东西和他们应知、想知的知识内容，兼顾知识内容的系统性。以主题设计框架，可以利用页面的灵活性，在主题内容的展开上，适应儿童的思维特点，把相关的内容组合在一起，实现由分散到集中的知识展示。

由知识块向知识点转变。以图为主，留给文字的空间很有限，因此把知识块打碎，即在每个主题页面下，根据图面设计，把要配入的文字内容分解开，使之在画面上形成若干个小知识单元。这些小知识单元，与百科条目的大块文字相比，只是其中的一点内容，因此叫它知识点。每个知识点只有100多字，知识点和知识点之间，既彼此独立又互相补充。用知识点的形式，又把集中的主题知识分散开来，适应了儿童跳跃式的认知特点，还可以实现"把知识打碎，让儿童在阅读中自己把知识连贯起来"，以达到培养认知能力的目的。由于知识点的文字量较少，儿童阅读起来也比较轻松。知识点表述不到的，再由图注作补充。孩子不断地变换阅读点，有利于激发儿童的阅读兴趣。

由单元化向多元化转变。普通文字版的百科全书，页面主要是文字，或者配少量的插图，看起来比较单调。以主题页面设计的儿百系列，突破了传统模式，用图形、色块、文字设计出不同的元件，又把它们很协调地组合到了页面上，使设计出的画面更生动、更有趣味性。这些多元化的"零件"，在《中国儿童百科全书·上学就看》中有很好的表现。书中设计了两个卡通人物形象——男孩奇奇和女孩妙妙，由他们带领小读者去发现和掌握知识，他们在书里既是导游，又是提问者，在每个展开页基本都出现，拉近了小读者与知识内容的距离。除了知识点以外，每个展开页还设计了互动或6W。互动以选择、拉线、对答等形式，让小读者参与其中，通过游戏的形式，强化知识和记忆；6W（why、who、what、when、where、how）介绍有意思的相关知识内容，增加小读者的兴趣。在每个展开页的右上角，还专门设计了英语box、问题basket和成语bag，一方面让小读者阅读积累相关的知识，一方面养成他们勤于思考、解答问题的习惯。这种多元化的设计思想对于发挥设计者的创造力、激发小读者的灵感和潜能具有重要的作用。

2014年，中国儿百的接力棒传给新一代掌门人刘金双。金双是南开大学毕业的文学硕士，之前曾任市场营销部策划部主任，立志要当一个好编辑。2010年，社委会根据对儿百品牌可持续发展的长远规划，培养接班人，选调金双到儿百分社工作，后任分社副社长、社长。她主持全面工作后，原创、技术、营销并举，优势发挥得淋漓尽致，和刘晓蕊等一帮年轻人，将儿百分社品牌发扬光大。

她们在儿百编纂上与时俱进，积极探索在继承中创新：内容方面，在坚持科学、精准的百科编纂原则下，实现一定程度的"去百科化"，即一定程度地打破知识体系，内容选取更贴近儿童需求，语言更加生动、具有美感，画风更加细腻，引导从碎片化阅读到深入阅读，从知识性、功能性阅读到审美阅读，将硬科普变成软科普；在产品形态方面，打造融合多媒体技术与科普知识的复合科普读物，将文字、图片与音频、视频、动画、动漫、互动APP、AR、VR等多种媒体呈现形式有效融合起来，让书变得更好读，更好听，更好看。

幼儿百科系列把孩子们原生态的声音通过点读技术植入书中；各类专题百科如《中国儿童动物百科全书》、《中国儿童地图百科全书》、《中国儿童数学百科全书》等植入了大量二维码视频，可实现立体式情境阅读，还有部分图书如《中国儿童视听百科·飞向太空》植入二维码视频、音频及采用AR增强现实等新媒体功能，实现了"互联网+纸质书"、读文鉴图观影游戏立体赏析的多媒体阅读。

二十年儿百的持续探索、创新性编辑理念和工作方式，不但为出版社铸造了品牌，创造了财富，同时也丰富了大百科精神在新时代的内涵。

中国故事+儿童本位 *

　　在世界主要发达国家，儿童百科全书以其内容丰富、知识准确、科学启蒙而大受欢迎。

　　本世纪初，中国大百科全书出版社开始研制、编纂中国儿童百科全书，与此同时，他国儿童百科全书也陆续进入中国市场。近年，国内更是形成了儿童百科全书出版"热"，品种、规模、参与机构数量直线上升，蔚为大观。但也出现了不少抄袭、拼凑、质量低劣、重复出版等乱象。坚持编纂高品质的儿童百科全书，是百科社的责任。

　　百科社经过五年自主研制开发的《中国儿童百科全书》，至今已经连续50多次印刷，累计销售1500多万册，使数千万中国儿童受益；10年来出版社每年向中国15个中西部贫困省区儿童赠送《中国儿童百科全书》，使数百万中国贫困地区儿童受益；《中国儿童百科全书》已被翻译成蒙古文、藏文、维吾尔文、哈萨克文、朝鲜文、柯尔克孜文等多种少数民族文字，使7个省区几十万名中国少数民族儿童受益；《中国儿童百科全书》还受联合国教科文组织认定，

* 　原载《中国图书商报》六一特稿，2015年。

版权输出至蒙古、马来西亚等国家，使上万名外国儿童受益。《中国儿童百科全书》在培养少年儿童求知兴趣和创新能力方面做出了独特贡献，荣获了包括国家科技进步奖、国家图书奖、国家辞书奖、全国优秀科普作品奖、全国优秀少儿图书奖在内的多个大奖。

前不久，著名育儿专家、网络大V张思莱看了百科社新出版的《中国幼儿百科全书·在家也上幼儿园》后，曾感言："你们的书首先好在是中国原创。"是的，在儿童百科出版领域，我们是特立独行的，始终坚持中国原创、讲述中国故事，在商业时代的出版大潮中，在出版同质化的横流中，波澜不惊地保持着文化的定力和出版人的自省，"为中国孩子编自己的百科全书"，赢得了读者的信任和喜爱。

同时，百科社也积极吸纳世界优秀文明成果，和著名品牌DK公司形成战略合作，将DK儿童百科全书中文化、本土化，形成繁花盛开、琳琅满目的儿童百科园地。

历经多年磨砺，百科社已经打造原创中国儿童百科和DK儿童百科两大板块，并各自形成若干产品群数百个品种。覆盖青少年全年龄段，实现了社会效益和经济效益双丰收。今年4月开卷监控儿童百科全书数据显示，销售TOP100中百科社品种数占29%，榜单监控百科社儿童百科销售码洋占34%，动销品种占21%，均排序第一。网上销量也很可观，今年1至4月，DK儿童百科系列在三大网站销售16万册，码洋800多万。

"儿童本位"的编辑理念是百科社儿童百科品牌的致胜法宝。长期以来，社会针对"儿童百科"形成了一种思维定式，就是给孩子灌输尽可能多的知识。但编创团队深知，知识的发展是无止境的，对于少年儿童来讲，最重要的不是掌握多少知识，而是能够保持对知识的兴趣，能够学会寻找所需知识的能力，养成不断寻找知识的习惯。培养求知的兴趣比掌握知识更重要。

　　编《中国儿童百科全书·上学就看》是为了帮助6～9岁的孩子跨过从非正规学习向正规学习的门槛，快速适应现代的科学教育，保持和发展求知的兴趣；编《中国儿童好问题百科全书》是告诉孩子们提出问题比了解答案更重要，是为了让孩子们提出更多的问题，培养他们的创造性思维；编《中国小学生百科全书》是为了培养小学生自主学习的能力，把家长从孩子的陪读中解放出来；编《中国中学生百科全书》是为了培养中学生的综合能力，助力他们成为知识丰富、全面发展的人，了解社会、善于处世的人，思维活跃、领先潮流的人；编《儿童安全大百科》是为了培养孩子的安全意识，让他们知道"知道危险最安全"；编《中国儿童地图百科全书》是为了培养孩子的全球视野和爱国精神；编《中国幼儿百科全书》是为了使幼儿在个性和社会性方面得到健康的发展，为其后继学习与终生发展奠定坚实的基础；编《中国幼儿百科全书·在家也上幼儿园》是为了实现幼儿园教育与家庭教育的完美衔接……

　　在"儿童本位"编辑理念的指导下，百科社编纂的每本书背后都有一份情怀，每本书都有色彩、有温度，都凝聚着编辑们对儿童的浓浓爱意和殷殷期盼。

百科版DK火了 [*]

中国儿童百科全书全速发展的同时，另一条产品线"百科版DK"也在迅速崛起。

在质疑声中起步

2008年，《中国大百科全书》二版接近完工，负责二版配图的美术设计中心开始酝酿向经营性部门转轨。当时，美编室主任是武丹，她是北京人，大大的眼睛，品书的眼光高。她来百科较早，先在财务部门工作，后来去了编辑部，1998年到美编室。她说，想与DK合作，打算从DK儿童百科系列产品做起。DK是国际知名出版品牌，产品质量好，装帧设计精美，和百科社的出版定位、品质是相合的，而且，数年前她曾经做过DK的《目击者》，效果不错。多年的交道，我相信她的眼光和能力。

* 写于2018年6月。

但在接下来走程序的相关讨论中，遇到了质疑声。最主要的就是和中国儿百的关系。那个时期，中国儿童百科全书的发行出现了下滑，再来一个外国的，还是同品种，会不会雪上加霜呢。咋一听，这疑虑也不无道理。

作为全社经营的决策者，我当然要尽可能考虑周全，包括可能的风险，但我也想到了可能的益处，这就是竞争。长期以来，尽管中国儿百获得了众多荣誉，取得了骄人的业绩，但还是要承认，有许多地方还可以向国际一流品牌学习；同时，从经营的角度来看，鸡蛋不能放在一个篮子里也是基本的常识。还有，我们不做，别人也会做。

我带着问题和思考去向惟诚汇报，他立即干脆利落表示了支持。我想，中国儿百是他亲手参与打造的品牌，是他最看重的，他都不怕，那我们还有什么好犹豫的呢。我对武丹和社委会说，放手做，百科和DK两个品牌强强合作，形成一个超级品牌，在市场上一定能火，而百科的编辑团队，也能获得国际水准的策划、编辑经验，回过来再做原创，就会有不一样的眼光和能力了。

在4+1板块优化，以及全社"5重3特"产品线设计和建设中，我们将百科版DK划为重要产品线之一，从队伍配备、资金调度、营销方略、政策鼓励等各个方面予以支持，助其做粗做强。

百科版DK火了

武丹带着百科视觉分社一帮年轻人干起来了。2009年推出《DK儿童动物百科全书》中文版，它不是简单的动物图片编目，它是对自然界的视觉展示。在这里，动物们绚丽的色彩、巧妙的伪装、独特的捕食方式、奇妙的生存之法,从非洲野羚的迁徙到锤头鲨鱼的喂养,一切适者生存、弱肉强食的生存法则都在眼前真实上演。童真的视角、全面的内容、权威的知识、精美的图片、令人捧腹的文字,让人耳目一新。不久,《DK儿童百科全书》中文版上市了。该书图文并茂、内容涵盖面广泛、知识量丰富,无论在内容编排上还是在版面的创新上,都有着独到之处,在全球已被译成12种语言在16个国家出版。书一上市,立即大受欢迎。

至2017年8月,百科视觉分社已经出版了百科版DK儿童百科全书系列、DK幼儿百科全书系列、DK儿童穿越时空百科全书系列、DK孕产育儿系列、DK家庭医疗健康等12个系列。主打系列——DK儿童百科全书系列销售册数达到200万册。《DK儿童穿越时空百科全书》在上市两年时间内创下了销售18万册、《DK幼儿百科全书·那些重要的事》半年内销售6万册的纪录。双方合作出版的图书种类已经超过160种,总印数超过400万册,总发货码洋3.41亿元,实现利润3700万元。2017年,实现销售和利润持续增长,年销售码洋历史性地突破亿元大关。

百科版DK在儿童科普品类中形成了巨大的品牌影响。百科版DK已成为亚马逊、当当、京东、天猫儿童科普图书搜索关键词。DK驻京人员表示,百科社出版的DK系列图书带动了所有引进版DK图书在中国的销售。2010年起,我社DK儿童图书连续获得中国出版最高行业协会——中国出版协会颁发的中国引进版图书优秀奖,入选中国童书博览会"年度好书榜TOP80"优秀作品、"中华优秀科普图书榜"等,许多新品位列当当新书榜前列。2015年,我社及DK中国联合获得了2015伦敦书展市场焦点成就奖提名。2016年8月17日上海书展时,《DK儿童百科全书》亮相中央电视台《新闻联播》。

骄人的销售数字和频频上榜,是以产品品质、品牌为先导的。

品牌是市场号召力,是竞争的法宝。选择合作伙伴,最主要的是品牌、品质、品种和百科社对路。引进必须基于本社品牌,将引进品牌和自身品牌结合起来运作。

百科社成立于1978年,英国DK公司成立于1974年,两家年龄相仿,DK的产品图文并茂,视觉冲击力强,又包含丰富的信息,很多书友将DK视为书籍品质的保证。从DK的众多产品中选择少儿百科类别,和百科社自身的品牌优势相融合,强强联合发挥出更大的效能。同时,一个品牌的形成需要一段时间,这就需要有持续性产品支撑,要不断地扩大品种,不断地推陈出新,一方面形成市场规模,另一方面让品牌不断与读者碰撞,起到强化品牌的作用。所以,百科社与DK的合作,从组织架构到选题支撑,都是建立在战略性、长期性考虑之上的。

在2009年出版第一本《DK儿童动物百科全书》时,社里在百科版DK的品牌定位上有不同意见。如,在是否坚持高标准精装以及定价高低产生了争论,定价128元,当时有的认为定价偏高,并且认为改为平装性价比会更高,但视觉分社的想法是,让中国孩子读到与国外儿童一样高品质的百科,让孩子真正感到读百科是一种享受,这不仅仅是在学习知识上,而且还有视觉上的、触觉上的、精神上的,从小让孩子们感到读书是一种高尚有品味的事情,所以坚持精装,目标消费人群就是收入在中上等水平、并且有一定文化水平的家长,认为随着中国社会经济的发展,收入水平和受教育水平普遍提高的家长们增多,这个理念一定能被接受。社委会最终支持了他们的意见。高端品质、风格的定位,从那时起,坚持到现在。

内容是决定品牌的关键因素。无论在图书的翻译还是编辑加工中都要坚持专业严谨的编辑流程。选择专业作者翻译;由从事儿童文学创作和儿童教育的人员进行文字润色;由编辑对所有的事实、数据、时间、专业词汇查证核实；由各个学科的专家进行本专业审定；之后，由专人对附录、索引、名词解释进行专项检查、编录及名词审定；最终在出版社三审后才能出版。有时编辑会为了一个术语，一个条目请教多位专家，耗费大量的时间，甚至直接影响到效益，但是做给孩子看的书，做品牌的书就是责任，所以宁可慢也要坚持质量，反而质量回赠、口口相传给品牌营造了更好的市场氛围。如《DK家庭医生》由英国DK出版集团携手英国医学会、美国医师协会联合策划，100位以上权威医学学术专家历时14年撰写、3次更新修订；中文版经中国大百科全书出版社策划，由北京协和医院郎景和院士、王以朋、张抒扬院长领衔，30位著名医学专家组成译审团队，历时4年完成。2016年4月，百科版《DK家庭医生》在中央电视台《读书》栏目中播出，荣获五星推荐图书。而好的市场效益更坚定了编辑们坚守好图书的品质。

随着社会的发展和素质教育的提升，儿童图书的内容形式产生了巨大的变化，越来越多的人包括家长们认识到科普阅读的重要性，现在的读者家长都是80后，他们更加注重阅读品质，注重品牌，品牌就是品质的保证，他们说，给孩子买字典就选择商务印书馆，给孩子买科普百科就选择百科社，这就是品牌的力量。

DK董事会全体到访

2015年7月1日，百科社编辑大楼十层会议室，我和同事们迎接了来访的英国DK公司董事会全体成员。他们是DK首席执行官约翰·杜希格、DK财务总监斯蒂芬·特威利格、DK全球市场与销售总监丹尼尔·谢泼德、DK全球出版人亚历克丝·艾伦、DK运营总监肖恩·霍奇金森，以及DK北京办事处销售代表郭志平等。

那时，百科编辑大楼装修改造已近尾声，外围工地还比较凌乱，好在内部已经完工。会议室是按照国际会议规格改造的，整洁、大方。美编室的同事们在会议桌上铺陈了绿植、鲜花，记事夹、纸、笔、水杯、咖啡、投影一应俱全，这些蓝眼睛高鼻子的老外一落座，这装修后第一次举办外事活动的会议室，还真有点国际范儿了。

我首先代表百科社致欢迎辞，在屏幕上打出一张设计图，说明这就是百科社编辑大楼，这一即将完成的大楼改造工程，主要是为了实现出版社全面的网络化，提高信息化水平。下次请各位来的时候应该就是这样一个漂亮的样子了。大家能看到图上灯光灿烂的那个地方，会是一个阅读体验区，介绍百科的重要产品，包括数字化产品，也包括百科和DK合作的产品，那个时候会有更多的人来阅读。

马汝军副总编辑向来宾展示了双方合作在中国市场获得的骄人成果，并提出了对于今后合作发展的几点希望。他介绍：近五年来，百科社引进了DK160个品种，总的印数已经超过了100万册，总的定价已到1.6万亿。《DK儿童百科全书》在五年的时间里重印了24次，现在总的印数已经超过了32万，总的销售已经超过了4485万人民币，付给DK的版税已经超过了500万人民币。之所以取得了这么好的成绩，除了本身DK图书的高质量之外，百科社还做了大量的在中国的本地化改造……

英国DK公司CEO杜希格先生对百科社在中国市场推广DK品牌、销售DK图书所付出的努力，以及在中国市场取得的成就表示衷心的感谢。他还表示希望继续加强双方良好、密切的合作关系，在共同出版上进一步合作，并且更多地交流、分享出版经验。DK全球市场与销售总监谢泼德也对百科社为他们提供宝贵的市场营销经验表示感谢。双方在会谈上还就数字出版、《DK家庭医生》的营销方案等具体问题进行了讨论。这次会谈肯定了以往的工作，表达了今后会在更广泛的领域进行更深入合作的愿望。

事后我得知，在北京短暂的两天行程中，这是他们到访的唯一一家出版社。百科社在2009年开始进行DK产品线的布局，2010年开始成规模与DK合作，使前些年在中国市场业绩黯淡的DK突然又火了起来，董事会全员造访，表达了他们对百科社的赞叹、新奇和对未来的期待。

从引进到走出去

以创新的思路，选择与中国市场相吻合的选题，并进行本土化编辑，是百科版DK系列一直遵循的原则。在现今图书市场中，引进版图书种类繁多，但细究其品质却良莠不齐。视觉分社坚持中外结合的原则，挑选能激发中国读者兴趣的选题，在编辑过程中不是单纯照搬原版内容，而是根据中国读者的知识结构对其进行编辑深加工。另外在封面、版式和装帧等方面积极创新，大胆尝试，使读者在获取知识的同时享受到高品质的视觉体验。

正是这些内容上的创新，使百科版DK儿童百科系列图书多年来在激烈的市场竞争环境下树立了良好的口碑与形象。DK公司国际出版及版权销售与市场总监艾玛·詹姆斯在多个场合中，对百科版DK系列给予高度评价，认为《DK儿童百科全书》、《DK儿童动物百科全书》、《DK儿童百科百问百答》等在中国市场上取得的巨大成功超乎预期。赞赏中国大百科全书出版社是一个专业性强，极具创造力，市场敏锐度高，并且干劲十足的团队。她还特别指出，好的图书封面设计是非常困难的，而中国大百科全书出版社不仅仅是单纯的引进出版，他们调研目标读者的需求与喜好，具有针对性地设计出适合中国图书市场的中文版图书封面，促使图书在中国市场上取得了更大的成功。

百科版DK火了，对方对百科视觉分社这支充满活力、创造力的专业团队十分看好，不但给予新书首选的特权，还建立起联系、对话机制，频频征求、听取意见，双方就进一步深层次进行合作出版达成共识。由百科视觉分社策划选题、英国DK公司在全球征集意见后编纂的《DK幼儿百科全书》、《DK儿童海洋百科全书》、《DK儿童艺术百科全书》英文版已全部出版，中文版也基本上同步由百科社出版。

目前，由视觉分社策划的"中国故事IP运营项目"已经立项，内容由"丝绸之路"、"海上丝绸之路"、"大运河"、"故宫"等组成，由著名学者撰写、著名画家绘画，建成全媒体数据库，可多用途开发使用。英国DK公司第一时间索要了方案，并表达了购买版权合作出版的肯定性意愿。

营销的主渠道在线上

百科DK版大卖，除了前述品牌、品质外，还有一个极为重要的因素，就是成功的营销。我的印象中，百科社的网络营销，说发端于视觉分社的百科版DK，也许有些偏颇，但至少，是它们带动、催热了全社的网络营销，这应该是确定无疑的。

视觉分社和社发行部都深知营销的决定性意义，早早就开始谋划布局了。根据百科DK权威、精装、定价较高的特点，从2009年第一个产品出版起，就将线上作为主要的营销渠道，反复揣摩、沟通、精耕细作，包括当当、京东、亚马逊以及天猫，成为销售的主渠道。

视觉分社团队成员中，文字、美术、摄影、影视、设计，专业齐全，自己设计网站、网页、各式宣传画报，圈粉无数。营销人员利用各种传媒铺路搭桥，利用微信大V店、网上社群，拓展线上销售渠道和品牌推广渠道。线下渠道主要是新华书店以及独立书店，纷纷加大进货量，有的还展开定制产品的合作。

这些年，百科社网上销售上升，2016、2017年网络销售在总销售中占比已达45%左右，而在这45%中，百科DK产品线占比达70%；DK产品线自身的销售，线上线下比例约为85∶15。可以想象，如果起初的营销策略仍按惯有轨道，以实体店开路、为主，那后面的结局是很难预料的。

与国际品牌密切合作，同时在网络时代的市场闯荡，武丹带领视觉分社团队与国际、与互联网接轨，分社多次获得百科社先进集体、中版集团"青年文明号"等荣誉。2016年初，杨振晋升分社社长，接过了接力棒。杨振毕业于中央美院，长发，文艺青年模样，他跟随武丹老师工作多年，看上去话不多，却是心中有数、胸有成竹的主。他新官上任三把火，新品迭出，产值嗖嗖上升，2017年视觉分社首次突破了亿元大关。

掌管百科版DK产品线的视觉分社，已连续多年成为百科社创收第一大户。

《中国中学生百科全书》为什么受欢迎 *

　　《中国中学生百科全书》一书由中国大百科全书出版社组织全国知名专家、一线教师和编辑出版人员经历数年编纂而成。本书的编纂严格按照我国义务教育法提出的注重培养学生独立思考能力、创新能力和实践能力，促进学生全面发展的要求，旨在全面培养中学生的综合能力。全书分为"史地大空间"、"文体新天地"、"数理加油站"和"成长充电器"四卷，收录的条目有5500个，图片有3000余幅，总计有380多万字，全部采用精装四色印刷。全书的编纂遵循了这样一个理念：把学生培养成为知识丰富、全面发展的人；了解社会、善于处世的人；思维活跃、领先潮流的人。在这一理念指导下，编纂过程中主要是注重了以下几个方面的把握。

　　首先，中学生综合能力的培养。从目前的教学来看，传授知识是一门一门传授的，而现在的考试越来越倾向于综合能力的运用，综合性、应用性题目越来越多，主要表现为"3+X"考试，其中"X"就是综合知识和综合能力。到目前为止，我们还没有发现一

*　2007年《中国中学生百科全书》座谈会发言稿。

本书专门来介绍这个"X";另外,孩子们升入大学以后,面临的是更加高级、更加专门的课程,这个时候学生能否听得懂、学得透,也在于学生自身的综合能力;进入社会以后,更加需要综合能力和综合素质,无论是面试还是工作,都需要各个方面的知识,比如语言表达能力、人际交际能力、知识运用能力等等。《中国中学生百科全书》就涵盖了众多的学科和知识门类,比如说思想品德、成长驿站、语文、数学、物理、化学、生物、地理、历史、音乐、风俗、美术、体育和军事等等。各个学科既选录了教材中的基础知识、基本概念和基本理论,也选录了相关的背景知识,拓展了相关的新知识,包括新技术、新成果、新发现、新事物、新理论、新概念等等。

其次,特别关注中学生的身心成长。中学生阶段就是人从儿童向成年人过渡的时期。这个阶段孩子们开始用自己的眼睛观察社会、观察别人,孩子们的世界观开始形成,行为、感情和意识都会发生变化。我们应该告诉孩子们客观地了解社会和人生,而不是任意地对待自己和社会。《中国中学生百科全书》是一部伴随中学生成长的百科全书,它告诉学生他自己是自己命运的主人。本书专门设计了"成长充电器"板块,用了很大的篇幅来关注中学生长大、成人过程中遇到的问题和疑惑,还介绍了二十一世纪人才应具有的能力、社交礼仪、最新的流行时尚、主要的大学概况,还有最新的专业、中外合作办学项目、最新的职业和二十一世纪最新科学难题等等。这些知识我们在市场调查的过程中,发现在其他的工具书中是很少涉及的。

第三,提供准确、权威的知识。百科全书的基本特征是内容的精准。虽然现在的网络非常发达,使用起来也非常方便,也拥有大量甚至是海量级的信息,但是网络上的信息不能等同于知识,网络上的资料也并不完全可靠,很大的一部分甚至是垃圾。而百科全书的知识是可靠的、权威的、准确的,同时和网络相比,百科全书还有明确的指向性。《中国中学生百科全书》就是把中学生关心的、需要了解的知识介绍出来，省去了在网络上繁琐的搜索和筛选的过程。

第四，注意掌握内容的可读性、实用性、方便性和快捷性。条目释文采取"切入点＋定性叙述＋详细介绍"形式，力求生动、活泼、自然、朴实，又不失科学性和严谨性。这样就把百科全书的传统特质和中学生的使用需求结合起来，比如说，人物尽量避免了过去的履历表式的叙述，不求全，重在体现其与众不同之处。另外，全书的图文比例1：3，以知识主体为基本单元，设计了若干个展开页，每个展开页都围绕知识主题的展开条，配以相关的图片，既发挥了文字的功能，又体现了图片的直观性，使全书动中有静，静中有动，让学生在掌握知识的同时更能够愉悦身心，快乐学习。本书知识体系的设计，以教委颁发的中学生新课程标准为核心，以知识主题词为主干，连接和扩展众多新知识点。还编制了分类目录和索引，方便学生快速地查找到学习所需要的知识，既注重阅读，也方便检索，可以使中学生在学习的过程中能够省心、省时、省力地找到所需要的知识和资料。

在这里，要特别感谢惟诚同志，他作为本书总的策划者，提出了编撰理念和思路，为全书的编纂奠定了准确的基调和方向。还要感谢本书的主编，广为中学生熟知和喜爱的知心姐姐卢勤，还有著名的特级教师王杏村先生，以及参与编写的教育专家和教育工作者，他们贡献的爱心、智慧和才华一定会使孩子们终身受益。在该书的编纂过程中，还倾注了编辑人员的大量心血和才智。为了能够让孩子们开学时看到本书，他们忍耐了暑期的高温，放弃了周末休息，文字反复推敲，封面十易其稿。在深夜当人们都熟睡的时候，编辑、出版人员还蹲在排版车间，和工人师傅一起讨论某一个色标的饱和度是不是达到了等等。

　　《中国中学生百科全书》出版后，编纂团队和出版社继续听取各方的意见，包括专家、老师、中学生朋友的意见，在吸取各方面意见的基础上，不断改进和修订，确保《中国中学生百科全书》与时俱进，质量上乘，成为陪伴中学生成长的好伙伴。

提问是创新的开始[*]

2001年，百科社为9～15岁的孩子编写出版了《中国儿童百科全书》，帮助孩子培养寻找知识的兴趣、方法和习惯。2005年，为6～9岁的孩子编写出版了《中国儿童百科全书·上学就看》，帮助孩子顺利实现从上学前到上学后的过渡。这两套书出版后，读者反响热烈，同时获得了出版界科技界许多奖誉。2006年初百科社总编辑徐惟诚提出新的思考：孩子实现了认知的过渡，对知识有兴趣了，这还不够，因为他们还只学会了寻找现有的知识，还应该在这个基础上创新，我们应该编纂《中国儿童百科全书》的第三套，即《中国儿童好问题百科全书》。这套书与前两套书不同，它要以孩子提的问题为主，书中要贯穿一个理念。他说："现在也有许多提问题的书，但大都是大人把知识改编成问题灌输给孩子，而我们要的是孩子自己的问题。我们把孩子的问题收集、整理出来，编成一套《中国儿童好问题百科全书》。我们希望孩子们看了这套书，不是没有问题了，而是还会提更多的问题。编这套书的目的，就是为中国培养一批有创新思维的孩子。提问是创新的开始，有问题就有

———————————

* 2007年培养创新型人才暨《中国儿童好问题百科全书》出版座谈会发言稿。

了创新的可能。有提问的愿望，将来有很多重大的发明，就会在他们手里出来。"

有了这一全新的编辑理念，编辑们开始思考，怎么才能让孩子提更多的问题呢？为此，编辑人员进行了大量的市场调研。注意观察身边的孩子是怎么提问的，每逢周末，到书店去了解孩子的阅读倾向。为了跟孩子进行全方位、全天候的接触，还参加了夏令营，选派编辑担任夏令营的辅导老师，与孩子进行"亲密接触"。跟孩子一起做活动、玩游戏、聊天。在这个过程中，开始了解孩子提问题的许多"秘密"。在中国，有一个奇怪的现象，年龄越大的孩子，问题越少，或者说越不愿意提问。通过与孩子交谈得知，年龄大的孩子有的觉得自己知道得挺多的，没什么好问的；有的孩子有疑问，但担心别人认为自己无知，不好意思提问；还有的是经常提问，但被家长或老师呵斥，得不到鼓励，不愿意问了。

但是，当这些孩子来到夏令营，离开了父母和老师，身心放松，一提问就得到鼓励和表扬时，他们的天性又忍不住冒了出来。他们观察着身边的人和事物，各种各样的问题如雨后春笋般层出不穷："鸡公山为什么叫鸡公山不叫鸡母山？""为什么男生小时候就有头发、眉毛，而胡子要等长大后才会有？""为什么黄瓜是绿色的却不叫绿瓜呢？""小狗撒尿为什么抬起一条腿？小猫为什么不抬？"……让带队的老师在穷于应付的同时又欣喜不已：孩子们的想象力、创造力都被激发出来了，他们变得敢提问、爱提问了。

但仅仅敢提问、爱提问还不够，还要会提问。古往今来的许多事例告诉我们，科学家们能不能做出大的发明创造、能不能取得重大的科学成就，在很大程度上取决于他们提出了什么样的问题。因此，编辑们又开始思考下一个问题：哪些问题才是好问题呢？

现在市场上关于提问题和回答问题的书非常多，各种各样的"为什么"满天飞，其中不乏严肃认真的知识读物，但仔细研究之后，编辑们发现，这些书大部分是大人根据一定的知识体系，把他们想要灌输给孩子的知识，变成一个个的为什么。这种问题不是孩子自己提出来的，大多也并不是孩子真正感兴趣的、想知道的。看了这种书，孩子只是知道了某一方面的答案，但不会激发他提问题的兴趣和探索世界的好奇心。

要知道孩子对什么感兴趣，还是孩子自己说了算。在鸡公山夏令营上，编辑们收集了300多个有趣的问题，但这还不够。于是想方设法，在全国范围内征题，尽量多收集由孩子们提出来的、原汁原味的问题。百科社举办了"同游百科园"读书活动，向《中国儿童百科全书》和《中国儿童百科全书·上学就看》的读者征集问题；举办了"来京务工人员子弟迎奥运夏令营"，跟孩子们做提问游戏；还跟《中国少年报》合作，在全国范围内举办"我给儿童百科全书出个题"大型征题活动，广泛征集问题，等等。这些活动在孩子们当中引起热烈反响，各种奇思妙想的问题从全国各地源源不断地寄到北京。通过这些活动，我们共收集到问题五六千个，为编好《中国儿童好问题百科全书》打下了坚实的基础。

同时，通过跟孩子的近距离接触和对市场的仔细研究，编辑团队确定了"好问题"的原则：收入书中的问题，不应该是大人设计的问题，而是孩子自己提出来的问题；不是大人希望孩子知道的问题，而是孩子渴望知道的问题；不是简单的"是什么"、"为什么"，而是孩子观察生活时想一想提出的问题；不是人人都问得出来的问题，而是别人想不到的问题。这样的问题才是好问题，这些问题是有启发性的。《中国儿童好问题百科全书》目的不在于教给孩子多少知识，而在于启发孩子提出更多的问题，培养创造性思维。

为了达到这样的目的，编辑们费了很大的工夫，来设计各种细节。

比如，该书不是按照知识类别设计成"植物卷"、"动物卷"、"科技卷"等等，而是在每一本书中广泛地展现各类问题，目的就是最大限度地开阔孩子的思维，不让他们局限在某一类别的问题上。

请孩子熟悉和喜爱的鞠萍姐姐担任主编，请她主持征题和审稿，确保书中的内容都是贴近孩子，受孩子欢迎的。

对提问的方式作了推敲，在展现问题时，不是简单直接地提出来，而是先把事物的矛盾和联系摆出来。比如，不直接问"鱼怎么睡觉？"而是问"鱼不会闭眼睛，它怎么睡觉？"不直接问"黄瓜为什么不叫绿瓜？"而是问"黄瓜是绿的，为什么不叫绿瓜叫黄瓜？"这样设计的目的是，让孩子看书时不是简单地找答案，而是问题更多，并学会从事物的联系、差异和矛盾中提出问题。

选取著名科学家小时候提出的著名问题（名人名问），作为每本书的第一个问题，为孩子们树立爱提问、会提问的成功榜样，以鼓励孩子们提出更多的问题。

还适当列选了一些找不到答案的问题、有争议的问题，甚至是看似荒谬的问题，比如"先有鸡还是先有蛋"、"我们能回到过去吗"、"有没有外星人"、"人可以瞬间转移吗"等等，就是要让孩子们知道提问是没有束缚的，什么问题都可以问，要大胆思考，勇于提问，要突破条条框框，没有任何束缚地去提问。

邀请资深科普作家、科普编辑解答孩子们提出的问题，每个问题的答案都不超过300字，简明易懂。答案中注重体现人们认识事物的过程，刚开始怎样认识的，为什么不对，正确的认识是怎样产生的；若人们对问题有不同的看法，也进行客观的介绍；目前还没有准确答案的问题，要向孩子说明，鼓励他去解决。我们希望通过这些努力，为孩子们思考问题、解决问题提供有益的思路。

采用小开本，轻便不反光的轻型纸，配卡通图，全彩印刷，以及低定价，就是想让孩子们购买容易，携带方便，阅读起来轻松有趣，同时保护视力。

还给这套书设计了一个开放式的封底，欢迎孩子们继续提问。

这套书2007年初出版了4本，一上市就受到孩子们的热烈欢迎。据中关村图书大厦的营业员介绍，这套书是大年三十上架的，每天都要卖几十本。这种火爆的销售状况，《新闻联播》在"新春图书销售俏"的新闻中作了报道。3月4日元宵佳节，"鞠萍姐姐"在中关村图书大厦给小朋友们签名售书，教孩子们怎么提问题。现场气氛热烈，孩子们争先恐后地提问，活动非常成功。接下来，鞠萍姐姐还在武汉、天津等地做了签名售书活动。2007年百科社又与中央广播电台合作，在他们的少儿栏目中播出了由鞠萍录播的好问题。

为了让这套书更适合孩子阅读，启发他们提出更多的好问题，2007年编辑们在总结前4本的基础上，又做了大量的调研工作。编辑们利用一切机会与孩子接触，在夏令营向孩子们提出征集到的问题，看他们的反应，以进一步熟悉他们的思维方式，了解什么样的问题对他们更有启发，他们喜欢什么样的构图。比如，编辑向一个小学三年级的孩子讲述"火星是红色的"这个问题时，孩子马上反问：火星是红色的吗？我怎么觉得是蓝色的？后来给他看火星的照片，他才相信。孩子的思维特别活跃，他马上就自己想出一个答案：是因为火星离太阳近，所以被太阳烤红了。由于孩子的视角和大人不同，他们想出来的答案和真实的答案可能相差甚远，但往往富有童趣。再有从配图上，孩子们更喜欢带有夸张、有独创性的卡通图。所以，后6本的编纂，编辑加进了许多贴近孩子富有童趣的语言；每一页的配图，编辑都提出设计方案，与美编共同设计完成。

现在，《中国儿童好问题百科全书》10册已经出版，我们希望这套书能达到当初的设计思想，达到我们的编书目的，让孩子们看了这套书，不是没有问题了，而是还会提更多的问题。

　　该书的编纂出版，一直围绕贯穿了惟诚同志的编纂理念和总体设计，还得到了中国出版集团的高度重视、大力支持和具体帮助，我们的工作，还始终得到了新闻出版署的指导和支持，斌杰署长等领导同志多次莅临我社研讨会，提出宝贵意见。该书的顺利出版还得益于主编鞠萍姐姐的倾心奉献，得益于广大小读者小朋友的积极参与，得益于众多编辑出版人员日日夜夜、殚精竭虑的劳动和智慧。在此，一并向他们表示崇高的敬意和感谢！

　　"提高自主创新能力，建设创新型国家，这是国家发展战略的核心，是提高综合国力的关键。要坚持走中国特色自主创新道路，把增强自主创新能力贯彻到现代化建设各个方面。"党和国家把建设创新型国家提高到了战略任务的高度，足以说明创新对一个国家、一个民族举足轻重的作用。作为出版人，我们的工作就是要自觉地为培养创新型人才服务，多出好书。

百科名家文库 *

内容、品牌、服务、知识产权、特定领域丰富的经验、规范的流程管理、资源获取和融合的能力、企业文化等等，都是出版社的无形资产。看不见、摸不着，却起着支撑发展的决定性作用。

出版企业经营是典型的轻资产经营。内容、人才等是最重要的资产，这一点，不会因时间推移发生变化。

如今发生变化的是，随着技术的进步、市场环境的不断成熟，对资产的管理和运营，需要更多综合、统筹考虑。比如内容这一块，重视开拓新资源的同时，如何盘活存量，精耕细作、明晰产权、数据化结构化等，亦是非常重要的方面。

"一锤子买卖" 不合算

确定了"4+1"选题板块以及原创的原则后，就是选题思路、产

---

* 写于2018年5月。

品的具体落实了。大众板块，无论从品牌影响力的角度，还是从营收的需要，我们都不想放弃这个市场。但恰恰是这一块，过去各自为阵、全面开花、倚重合作、捡到篮子里都是菜，品种杂乱、良莠不齐。这一下子猛地刹车，必须尽快有自主规划的新品上线。

《中国大百科全书》被誉为"中国现代最伟大的文化工程"、"一切才智之士的知识背景"。第一版74卷本是中国第一部大型现代综合性百科全书。全书以条目形式全面、系统、概括地介绍了社会科学、自然科学、文化艺术、工程技术等66个学科和领域的科学知识和基本事实。共收7.8万个条目，计1.26亿字。第二版作为第一版的修订重编版，在继承第一版的编纂原则和编写理念的基础上，介绍知识既坚持学术性、准确性，又努力做到深入浅出，在尽可能选择参与第一版、今仍健在的专家撰写条目的基础上，又聘请了近年来在各学科、领域崭露头角的中青年翘楚加入作者队伍。30年来，《中国大百科全书》的作者合计3万余人。中国科学院和中国工程院的院士1100余人，中国社会科学院首批学部委员47人中的25人，以及荣誉学部委员中的多数人参加了编撰工作。可以说，目前中国自然科学、科学技术和人文社会科学的名家巨匠、有代表性的重要专家学者，多数参与其间。这些名家所撰写的各类条目，为我们留下了弥足珍贵的财产，甚至许多名家的文字已成为时代的绝响。这些名家所撰写的知识主题涉及各个领域，他们以精当简洁的文字，系统概了一门学科的全貌，虽然篇幅短小，但充满深厚的学识积淀。

《中国大百科全书》被誉为"没有围墙的大学"，是文化传承的重要载体，其社会效益毋庸置疑。然而，它同时也是一种图书产品，除却文化属性，又兼具了商品性，理所当然地需要遵循市场规律，在坚守社会效益的同时，追求经济效益的最大化。产品市场营销的规律表明，任何产品都有其生命周期，都会经历被认知、成长到成熟、衰退的过程。在产品进入成熟期后，其销售量和利润、社会影响力达到顶峰后会逐步降低。《中国大百科全书》第一版面世之后的十多年时间里，各卷有的未曾再版，有的虽曾再版，并有了电子版，但也是简单的再复制，且随着时间的流逝，很多信息已然陈旧，简单再版，已无法满足读者的需要，其市场价值和社会效益必然大打折扣。同时，《中国大百科全书》前期的人力和资本投入相当巨大，如果仅靠单一产品走完自己的生命周期，顺其自然退出市场，无异于"一锤子买卖"，站在企业经营的角度，这样的投入产出模式当然是不合算的。

百科资源的珍贵性

中国大百科全书资源的珍贵性是无可比拟的。首先，许多是名家所写，不但水平相当高，而且，随着前辈大家的辞世，越来越多已成绝笔。其次，涉及面广，文史经哲、天文地理，体系完整，海量知识，无所不有。再者，权威、准确、精炼。这三点，决定了它具有很高的公信力，具有产品再造的基础和先天优势。还有一点，对于经营来讲也是极其重要的一点，就是知识产权归属清晰，百科社自身拥有支配、使用权。综合以上因素，百科社对这个资源的开发利用，应是顺理成章的事。可现实却是另一个样子。

既然利好多多，那么，为什么过去对利用百科资源，进入惠及面更广的大众领域又鲜有问津呢？

这其中的原因很多。比如资源的调度、"灯下黑"的惯性等，但最大的问题是编辑难度。将百科全书从全本做成简明本、精萃本，还是依循原有体裁、体例进行编辑加工，百科社的编辑基本上是轻车熟路，难不倒的。但要做成大众读物，只有两条路，一是简单将部分词条抽取、归集，弄一个花哨些的封面，取一个通俗的书名，这当然省事，但不但没解决前述百科全书的问题，还将其优势也舍弃了，铁定死路一条。另一条路是将简明、严谨、统一着装、主要供查阅检索的大部头百科全书开发成活泼、轻便、养眼、可供阅读的知识读本，这当然符合大众读者需求，但是，体裁样式花开两朵、各表一枝，这中间的跨越，摆明了几乎就是一种重新创作，对于长期从事百科全书编辑的百科人来讲，这确实很难，费力、费时，市场前景也不太明确。

调研、分析一番后，从总体把握，利大于难。所以向社委会提出，发动各编辑部，特别关注发挥百科名家资源的优势，利用百科知识资源打造面向大众读者的新品牌，使百科资源效益最大化、品牌效益最大化。

深耕以求效益最大化

在大众板块，社委会讨论通过了"中国大百科全书·百科名家文库"、"中国大百科全书·普及本"、"文明史话书系"、"百科地图产品线"等选题构想。并会同分管社委以及相关编辑部商议、研发。

"中国大百科全书·百科名家文库"，是以百科资源为基础开发的人文系列图书。大百科的编纂，凝结了我国一代著名学者的智慧，汇聚了一个时代的人才精英，如今，很多作者已经离世，他们的思想和研究成果以文字形式留存下来。文库本主要是在忠实于他们专门为百科撰写的概观性文章和条目的基础上，从大众阅读的需要进行编辑加工，配以彩图和美观的版式，以分册方式分门别类出版，以示对大家、名家的纪念和敬意。

该项目交由文教部承办，主任赵焱主持调研，草拟方案，设计样张等，社委会、社选题小组、营销发行等多方论证定稿。赵焱研究生毕业于武汉大学新闻专业。后来机构调整，文教部连人带项目并入社科部，赵焱出任社科部首席编辑，在这个项目上倾心尽力。

调研中发现，由于高中阶段即文理分班教学，到了大学，课程的专业分工很细，课程设置专门化，各个专业之间壁垒重重，穷年累月，学生视野势必变得狭窄。这既不利于学生整体素质的提高，专业上也难于培养真正有创新能力的人才。

针对这一现象，大中小学都开始提倡素质教育。素质教育核心是健全人格的培养、眼界的拓展与文化品位的熏陶。许多院校有意识扩大学生的知识面，培养复合型人才，采取了一些改革措施，力图改变以往比较单一的专业培养模式，如要求学生在完成本专业课程之外，必须选修外专业一定比例的课程，主要是供全校选修的人文类"通识课"。但并不是所有大学都具备这样的教学能力，特别是理工医农类学校相对缺少这方面的教学资源。百科社开展在校读者调查显示，超过半数的学生为学习目的购买专业外书籍，希望通过阅读丰富自己专业范围以外的知识，91%的学生表示比较有兴趣或很有兴趣进行专业外的阅读，但实际阅读量并不充足。这一方面可能由于繁重学业占据一定的阅读时间，一方面可能由于现有书籍不够吸引学生阅读，适合非本专业学生阅读的读物也不是很多，可能选题偏窄，有些内容又可能偏深，无论数量还是质量，都还远远不能满足需要。从2000年起，由北京大学校长许智宏院士牵头，组成了一个在学术界和教育界都有影响力的编审委员会，联合了十所重点大学，策划了一套"十五讲"大型书系。由北京大学出版社出版。涵盖文、史、哲、艺术、社会科学、自然科学等各个主要学科领域。其中人文学科占选题的60%。2001年底启动。它的特色依然是教材，兼顾社会上一般青年读者，是名家高品位的学科普及讲座。目的是引发不同专业学生的跨学科思考和学习的兴趣，帮助学生扩展学术的胸襟和眼光，进而增进人格素养。北京大学出版社2006年还曾出版"人文社会科学是什么"系列，其目的亦是为了普及、推广人文科学知识，定位是为大中学生提供一套高质量的人文素质教育教材。15万字概括一个学科，图文并茂。复旦大学出版社2002～2006年曾出版"名家专题精讲系列"。该丛书的特点是，全部由一流名家撰著，选定一个主题，取其最具研究心得的代表作十篇，汇为一编，因而书名均冠以"十讲"、"十论"。

"百科名家文库"定位于知识普及读物。基础知识，学科入门，或主题性著作，出自名家之笔；读者对象为大中学生及同等教育程度者，研究者。另外，涉及中国古典传统文化部分，亦可作为外向型图书向国际推广。特色是，作者权威性，名家大家，无可替代；著作经典性，能经受时间考验，具有深厚积淀，长期的研究参考价值和收藏价值；百科风格，多种知识点的链接，帮助理解主题，拓展知识面；生动的配图和精美的装帧设计，丰富阅读感受，加深阅读记忆；百科自身资源再利用，成本投入相对较小。

编辑部初步拟出100多个概述性条目或专题，形成选题127种。首要原则是名家大家，内容具有相对稳定性，较好配图。因自然科学更新快，所以以社会科学文学艺术为主。

考虑其中又以历史、宗教、哲学、艺术史类的内容具有相对稳定性，经选题小组讨论第一批启动的有：《中国哲学史》，作者张岱年，哲学家，北京大学教授，曾任中国哲学史学会会长，《中国大百科全书·哲学》编辑委员会委员，"中国哲学史"分支主编。《西方哲学史》，作者张世英，哲学家，北京大学教授，《中国大百科全书·哲学》编辑委员会委员。《中国历史》，作者田余庆，历史学家。北京大学教授，兼任国务院古籍整理出版规划小组成员等职，《中国大百科全书·中国历史》编辑委员会委员；戴逸，历史学家，中国人民大学清史研究所名誉所长，教授，兼任国家清史编纂委员会主任、北京市文史研究馆馆长等职，《中国大百科全书·中国历史》编辑委员会委员。《世界历史》，作者吴于廑，历史学家，武汉大学教授，曾任武汉大学历史系主任、副校长等职，《中国大百科全书》总编辑委员会委员，《中国大百科全书·外国历史》编辑委员会副主任。《唐史》，作者胡如雷，历史学家，曾任河北省社会科学院历史所隋唐史研究室主任、中国唐史学会副会长等职，《中国大百科全书·中国历史》隋唐五代史副主编。《明史》，作者许大龄，明清史专家，北京大学教授，《中国大百科全书·中国历史》明史副主编。《清史》，作者戴逸。《元史》，作者韩儒林，历史学家、蒙古学家，南京大学教授，曾任中国科学院哲学社会科学部学术委员，中国蒙古史学会副理事长、中国元史研究会会长等职，《中国大百科全书·中国历史》编辑委员会副主任、委员，并兼任元史分支主编。《南北朝史》，作者周一良，历史学家，北京大学教授。曾任中国史学会理事、中国日本史学会名誉会长等职，《中国大百科全书·中国历史》编辑委员会常务副主任、委员，并兼任三国两晋南北朝史主编。《宋史》，作者邓广铭，历史学家，北京大学教授，曾任中国宋史研究会会长等职，《中国大百科全书·中国历史》编辑委员会副主任、委员，并兼任辽宋西夏金史主编；漆侠，历史学家，河北大学教授。曾任中国宋史研究会副会长等职，《中国大百科全书·中国历史》辽宋西夏金史副主编。《辽、金、西夏史》，作者蔡美彪，历史学家，中国社会科学院近代史研究所研究员。《中国大百科全书·中国历史》编辑委员会委员，兼任辽宋西夏金史副主编。《秦汉史》，作者田余庆。《辛亥革命史》，作者刘大年，历史学家，曾任中国科学院学部委员，中国社会科学院近代史研究所所长、中国史学会执行主席等职，《中国大百科全书·中国历史》编辑委员会委员。《三国两晋史》，作者田余庆，周一良。《先秦史》，作者刘起釪，先秦史学家，中国社会科学院荣誉学部委员；安金槐，考古学家，曾任河南省文物考古研究所所长等职；胡厚宣，甲骨学家、商史学家，中国社会科学院历史研究所研究员；李学勤，历史学家、古文字学家。清华大学教授，兼任中国先秦史学会理事长等职，《中国大百科全书·中国历史》编辑委员会先秦史主编。《五代十国史》，作者张泽咸，汉唐史专家，中国社会科学院研究员、荣誉学部委员。《十六国、隋史》，作者唐长孺，历史学家，武汉大学教授，《中国大百科全书》总编辑委员会委员，《中国大百科全书·中国历史》编辑委员会副主任、隋唐五代史主编。《宗教演化史》，作者郑建业。《佛教》，作者赵朴初。《中国佛教》，作者赵朴初。《基督教》，作者陈泽民。《考古学》，作者夏鼐、王仲殊。《戏剧》，作者谭霈生。《中国戏曲·曲艺》，作者张庚、陶钝、沈彭年。《中国文学》，作者周扬、刘再复。《美术史》，作者艾中信，中国现代油画家、美术评论家。中央美术学院教授，《中国大百科全书》总编辑委员会委员，《中国大百科全书·美术》编辑委员会主任。

百科全书通俗化

　　"百科名家文库"图书主体取材于名家为《中国大百科全书》撰写的某一知识门类的概观性文章或某一学科领域重要的条目，精当简洁的文字，系统概括了一门学科的全貌。这既保证了内容权威性和严肃性，也满足了读者对名家名作的期许心理。同时，为使之更具普及性及观赏性，编辑做了大量的知识诠释、扩展、美装工作。编辑根据原文的发展脉络，提取了相关的历史人物、事件、地理、宗教、传说、著作、政治、经济、军事、科技、文化等诸多知识点，进行了大量知识链接，通过对正文知识点和背景知识的补充说明，帮助读者加深对名家文字的理解并扩充知识面。这些链接涉及人物、历史事件、组织机构、版本、著述、名词术语、典章制度、名胜古迹、传说故事、地理风物、小知识问答等诸多方面，不拘一格，知识点选取的角度除了必需外，还力求新鲜、生动、有趣，让读者"窥一斑而知全豹"。在版式上将正文中的链接知识点及链接注释文字，以同种颜色表示，其他趣味性、历史性等知识点也以另色字体表示，以利于读者识别和阅读。知识链接的来源也大部分取自《中国大百科全书》一版和其他自有资源。书中还配有大量图片，通过图片形象地阐释和扩展知识，并通过高雅精致的设计满足读者的审美需要。

可以说，"中国大百科全书·名家文库"是将百科全书通俗化、深入大众并适应时代潮流的一种有意义的探索和尝试。百科社希望，通过名家文字的引领，能帮助读者找到通往智慧之门的捷径，并通过形象、通俗的知识拓展，图文并茂，让读者享受到知识所带来的愉悦。

在新产品的研发过程中，习惯了百科全书模式的编辑面临一些始料未及的困难，对编辑的理念和技巧、制作的技术等提出了一系列挑战。首先，最大的问题是现有文字表达方式和体例结构是适于百科全书编纂要求的，与其他阅读方式和当今人们的阅读习惯和审美需求距离较大，不能拿来就用，必须进行改造。其次，百科的文字言简意赅，名家的文字字数有限（少的只有万八千字）。丰富其信息含量，使其具有可读性，这就意味着补充链接文字量大于正文，而且如何把握链接文字，也是需要开动脑筋的，编者必须把握当今读者的阅读心理，以读者关注的兴趣点和乐于接受的表达方式来选取信息和表现信息。编辑要对内容进行推敲与整合、链接、编写，配图、版式的设计也起着至关重要的作用。图片是另一种方式的知识延伸，既是对正文和链接文字形象的补充，也是具象化的知识点，同时也起到充实和美化版面的作用。此外，处理复杂的图片、条目和正文的关系，将多种元素有机地统一在一起，既不能喧宾夺主，又须层次分明，兼顾漂亮美观，自成风格，需要编辑开放思维，打破固有观念，努力创新，力辟蹊径，苦心积虑谋划布局。

名家文库在数年间衍生出四个系列。第一个是2007年动议开始设计做的百科名家文库，四色，小16开，包括中国历史、外国历史、哲学、宗教等。接着又根据发行部建议，做了大字图文版，精装小开本（小32，黑白），以及综合中国历史概述条和断代史长条的厚精装《百科名家·中国历史》（小16开，黑白，配图），还有《百科名家·中国哲学史》、《百科名家·西方哲学史》、《百科名家·宗教史》等后续设计。《百科名家·世界历史》、《百科名家·中国历史》达到十几次重印。

按照百科资源梯次开发、普及化、通俗化这一总的思路，继续总结、推广"百科名家文库"的探索，又开发了几大编辑部共同编辑完成的百册本《中国大百科全书》普及版，在农家书屋、馆配中都很受欢迎。还有由对外合作部统筹、若干编辑部完成的《人物中国》书系等。

百科资源的再利用，在保证权威性的同时，又降低了生产成本，解决了知识产权问题，还有一个重要的方面，这不是简单的归集、简单的重复使用，而是新形式的内容再现。

贴近市场和读者，需要思维和实务两方面不断创新，这大大锻炼了编辑自主策划能力，提升了编辑的内功。随着百科核心资源数据库的建立，以及社委会推出的各种鼓励性政策，对百科资源的有效利用，已经成为各编辑部选题谋划、内容编辑时的重要思路。

中国地区百科全书编纂的成功范例 *

　　百科全书是提供标准知识的权威的工具书。它代表一个国家和地区科学文化发展的最高水平。《广西大百科全书》是广西最基础的科学文化建设，是广西标志性的科学文化工程。它以全面、系统收载广西各个领域的基本知识、基本资料和基本情况为主要任务，在着重介绍广西地理环境、历史、民族、文化遗产、科学技术、人文社会、经济知识（或情况）的同时，全面地反映了广西社会主义经济、文化和各项事业的发展，尤其是改革开放以来的巨大成果，对于继承文化、创新理论、普及知识、咨政育人、对外交流、促进广西建设、树立广西新形象，都具有十分重要的意义。

　　中国大百科全书出版社组建于1978年，是由党中央、国务院批准成立的。邓小平同志亲自题写社名。它的主要任务是出版《中国大百科全书》，以及专业百科全书、地区百科全书等。《中国大百科全书》和地区百科全书都列入了国家重点出版规划。所以地区性百科全书自出版社成立以来进行了一系列的探索。《广西大百科全书》的出版，不仅仅是对广西文化建设的贡献，也是中国地区百

*　原载2009年2月25日《光明日报》。

科全书编纂史上的成功典范。其主要的贡献是：

第一，《广西大百科全书》不仅是广西第一部多卷本的地区百科全书，而且也是中国第一部以门类分类的多卷本地区百科全书。中国地区性百科全书的编纂始于1989年，至今20年里已先后出版了30多部省（自治区）、市（包括直辖市、地级市）等的地区性百科全书，但是它们多数是一卷本的，少数是两卷本的，总字数多在200～400万字。《广西大百科全书》总字数2100万字，它不仅是当前中国规模最大的地区性百科全书，而且是统一设计、统一编纂、统一体例、统一流程、统一出版，五个统一。一个编委会、一个编辑部用五个统一来做全程的编纂，而且全部是彩色印刷而成的。它使中国地区百科的编纂工作大大地提升了一步，标志着中国地区百科全书的编纂工作进入到了一个新的阶段。

第二，它在向世界地区百科全书的编纂水平看齐。世界地区百科全书的编纂始于19世纪末，至今有100多年的发展历史。几乎各个国家或多或少地编有各种类型的地区百科全书。其中以苏联的编纂水平为最高，它不但编有《莫斯科百科全书》、《明斯克百科全书》等一系列一卷本的百科全书，而且编纂有一系列多卷本的百科全书，14个加盟共和国都各有一套。《广西大百科全书》的出版，不仅表明了中国地区性多卷本的百科全书的编纂开始启动，而且标志着地区性百科全书的编纂水平开始赶上了世界水平。比如说苏联各加盟共和国的百科全书规模从6卷到14卷不等，同《广西大百科全书》的卷数是相当的，但是他们有的用了7年，有的甚至用了14年的时间来编纂。而《广西大百科全书》在保证质量的同时，仅用了3年零2个月的时间编纂完成。这在全国乃至世界都是一个惊人的速度，而且质量还能做得那么好。事实证明，《广西大百科全书》的编纂从工作方针到整个流程都是正确的，是非常高效的，它的编纂水平已经不亚于世界水平。

第三，《广西大百科全书》在内容、流程和体例等方面都有一系列的创新。比如说在科技内容的反映上，国外的地区百科全书很少去反映或者说没有，过去国内的一些地区百科全书一般来讲，也只选刊些科研机构。从《广东百科全书》（第一版）和《广西百科全书》（1994年版）开始，为了反映科学技术是第一生产力，编纂者不但在世界地区百科全书中最早刊登科技成就，而且将科技专门设立为一个分编。《广西大百科全书》在继承这一优良传统的基础上又有了新的发展。它不但充分反映科技成果，还把科技成果推广和转化为生产力等第一次列为分支学科，设立一批条目给予反映，还把科技与教育结合在一起单独立卷，这些都是创举。可以这样说，在世界与中国地区百科全书中，《广西大百科全书》是至今反映科技内容最多、最全面的地区百科全书。

《社会卷》、《政治·法制·军事卷》、《当代人物卷》都是世界地区百科全书编纂的一个难点。世界地区百科全书和国内一些地区百科全书都程度不同地采取了回避的态度，或者整个都不设社会方面的条目，或者整个不设政法方面的条目，或者整个不设当代人物的条目，或者轻描淡写地去列几个条目。但是《广西大百科全书》突破了这些难点，它不但单独设为分编，还单独立了卷，《社会卷》、《政治·法制·军事卷》、《当代人物卷》。因此，在中国和世界地区百科全书中《广西大百科全书》目前是反映社会内容、政法内容和当代人物内容最多、最丰富的地区百科全书。其中《当代人物》卷是全书最敏感的内容之一。《广西大百科全书》在掌控标准方面是做得非常好的，人物卷不仅收录了党政军的领导干部，而且收录了作出重要贡献的科技人员、教师、能工巧匠、全国劳动模范等，由于收录人物的标准严格、适当，并经各方面的反复酝酿和讨论，工作做得非常仔细和充分，加上人物分编和编辑部在具体执行上严把标准关、质量关，不徇私情，所以至今没有引起纠纷，这与自治区党委、区人民政府、组织部、人事厅的大力支持和严格掌控是密不可分的。

为了保证质量，《广西大百科全书》的流程专门设有质量验收一环。每个工作前段完成后都安排这样的程序。如编委会主任李纪相书记、沈北海部长专门到编辑部来听取总编纂许家康的报告，对各分编的框架条目质量做了验收，并请孙关龙顾问发表意见。当听到有些分编框架条目设计还存在一系列问题时，他们当即要求有些分编返工，有的分编补课。又如《全书》的12篇概述文章，都成立有概述文章编写组，先分头拟定编写提纲，分发到各分编编委会去讨论，然后再集中到编辑部审定提出修改意见，每篇提纲至少是这样三个来回。提纲定下后，拟定出的稿子经反复讨论、审阅和修改，少的来回三四次，多的达十几次。这些措施有力地保证了《全书》的质量。

体例的创新也是多方面的。《广西大百科全书》在配图上有了很大的突破。《全书》对重要的景点、动植物、事物等都选配了图组，以图说话。为了提供尽可能多的知识点，专门做了很有难度的主题索引，除约3.5万个条目标题以外，还标引了条目释文中包含的知识主题近7万个。这些都丰富了地区性百科全书的编辑体例。

百科全书有了民文版 *

《中国大百科全书》民文版提上日程

2009年的一天，我去辞书培训班授课，与新疆人民出版社党委书记、总编辑李维青相识。她提出，《中国大百科全书》知识可靠，内容全面、系统，又能查阅检索。有了这套书，就等于拜了一批好老师。希望可以进行《中国大百科全书》民文版的合作。

这当然是一件大好事。说起来，百科社在支持民文出版、重视民文版百科全书的推广与使用方面，之前之后都做过一些工作。2006年，我社与民族出版社合作翻译出版了蒙、藏、维、哈、朝5种文版的《中国儿童百科全书》（9～15岁），这种多文种出版使更多少数民族小读者也有了自己的百科全书，在民族地区反响强烈。2008年，百科社与民族出版社发起，又与多省区多家民族出版社合作翻译出版蒙、藏、维、哈、朝、彝、壮7 种文版的《中国儿童百科全书·上学就看》（6～9岁）。这是首次7种民族文字图书同步出

---

* 写于2018年3月。

版，也是国内民族文字整合出版文种最多的一次。该书出版后，深受广大少数民族地区少年儿童的喜爱，累次加印，仅维文版的加印就达6次。2014年授权出版维吾尔文、哈萨克文《中国幼儿百科全书》（0～3岁）、《中国少年儿童百科全书》等。少儿类百科系列的各类民文出版，百科社都无偿授权，并就与专家沟通、知识描述、体例等提供帮助指导，让少数民族儿童和汉族儿童一起，同在蓝天下，共同享受阅读百科全书带来的快乐，为提高少数民族未成年人思想道德素质和科学文化素质发挥作用。

然而，我国历史上还没有出版过民文版成人百科全书。从《中国大百科全书》自身看，从第一版到第二版，过去三十几年中，除了中文简体，还有繁体字版、局域网版等，英文版也在设计中，进入了台湾、香港地区，以及欧美国家，但尚未出版过民文版。而这样一部集全国学术界智慧，全面阐述人类优秀文明成果，突出介绍中华传统文化精粹，以及国家改革开放以来各方面新进展、新成就的知识宝库，理应由各民族人民共同享有。如能成功，不仅是增添、完善了《中国大百科全书》版本，最为重要的是，这座全面、准确、权威的知识宝库能落户少数民族地区，为少数民族人民所用，有利于更好地发挥《中国大百科全书》的文化传播影响力。对于正本清源、以正视听、提高科学素养、以科学知识抵制愚昧、增强中华民族大家庭凝聚力、共同进步、共建美好家园、促进少数民族地区兴旺发达、国家长治久安，都具有长远而积极的影响。

当时百科社已经启动二版简明版的编辑工作。简明版是在2009年4月出版的《中国大百科全书》第二版基础上经过精选、压缩、改编、资料更新而成。全书共2000万字，分为10卷，其中正文9卷，附录索引1卷，约3万个条目，配图1万幅。我们向新疆人民出版社建议选用简明版译民文版。

从那以后，两社时常互通消息。2011年上半年，新疆人民社社长等负责人数次来社会商。当时二版简明版已进入收官阶段。双方约定：将简明版译为维尔文、哈萨克文两个民文版本，由中国大百科全书出版社和新疆人民出版社联合出版；百科社向新疆人民社无偿提供该书所有汉语文字资料和电子版高清图片，新疆人民社组织译者翻译；翻译中遇到学术、体例、文图等问题，由百科社派员解答、指导。

"献给自治区成立60周年的厚礼"

2011年11月12日，乌鲁木齐街头，来来往往的人们，裹着厚厚的大衣，路面的积雪，印满了大大小小深深浅浅的脚印。位于城中延安路的新疆维吾尔自治区新华书店，人头攒动，温暖如春。

下午4时，《中国大百科全书》第二版简明版发行仪式暨维吾尔文、哈萨克文版翻译启动仪式在书店大堂举行。这是刚刚问世的二版简明版在全国举行的首个发行仪式，我代表百科社向自治区党委宣传部、自治区新闻出版局、自治区社科院、新疆大学、自治区图书馆等单位赠送了该书。这一刻还开启了我国首次使用少数民族文字翻译出版《中国大百科全书》。我代表百科社与新疆人民出版社总社签订了维吾尔文、哈萨克斯文版翻译出版协议。

自治区党委宣传部常务副部长吕焕斌出席仪式并讲话。他说，希望广大翻译和出版工作者注重学习、注重积累，潜心做翻译，扎实做出版，把《中国大百科全书》第二版简明版的维吾尔文版和哈萨克文版打造成经得起历史和人民检验，能够留存于世、传之久远的精品。我和新疆人民总社社长分别发言，介绍了百科全书的权威作者和精湛内容，以及民文译本组织实施方案等。

少数民族人口在新疆总人口中占绝对多数。维吾尔族是新疆的世居民族。根据2010年第六次全国人口普查，维吾尔族总人口数突破了1000万，占全疆总人口比例超过了48%。新疆人民出版社主要服务于本地区，设有若干民文编辑部，其中以维文编辑部人员最多。维青在信中说："民文版《中国大百科全书》由社长主抓，维文编辑部具体承办，全社支持，社会影响很大。"

《中国大百科全书》维吾尔文、哈萨克文版入选了国家新闻出版总署"十二五"重点出版规划和新闻出版改革发展项目库的重大出版项目。

新疆维吾尔自治区非常重视，为了确保该项目的顺利进行，专门成立了《中国大百科全书》维吾尔文版和哈萨克文版的翻译出版工作领导小组、翻译出版工作学科专家审定委员会和工作委员会，具体领导、组织实施相关翻译出版工作。同时制订了详细的工作流程和进度安排，明确了翻译者和责任编辑的职责任务，制订了出版技术指标和参考资料依据指导相关工作。中国大百科全书出版社也全力配合，就名词统一、索引设置、翻译过程中容易出现的问题、敏感条目的处理原则以及资料更新和文字改动、配图等工作，提出了许多建议并多次沟通联系。这是一项巨大而艰巨的工程，对译者、编者和出版者都是巨大的考验。首先，涉及社会科学、文学艺术、自然科学和工程技术所有学科，其专业水准、术语规范等，译本要准确无误，这需要组织一支学科齐全、既懂专业又精通汉维双语的专家翻译队伍，这在新疆乃至全国历史上还没有过，过程中时常需要组织科研攻关。其次，庞大的体量、各学科组织协调、复杂的百科全书结构、精细的体例、译文的准确度、印制质量等，对编辑出版人员也提出了很高的要求。还有技术支持，维文编辑平台、字体字库等的开发，以及资金筹措等。历时4年多，可谓艰辛备尝。在与新疆人民社的同行交流中，他们多次表示，这项大制作，给队伍带来了全面的锻炼和提高。

2015年9月22日，新疆秋景如画，瓜果飘香。在这收获的季节，《中国大百科全书》维吾尔文版首发仪式在乌鲁木齐举行。维文版《中国大百科全书》总计20卷，采用了汉文版同样的装帧设计，典雅精致、庄重大气。首发式上，新疆维吾尔自治区副主席田文讲话："《中国大百科全书》维吾尔文版的出版，是献给自治区成立60周年的一份厚礼，饱含着全国学术界、出版界对新疆各民族读者的深情厚谊，是献给新疆少数民族的一份文化大餐，必将在新疆出版发展史上留下浓墨重彩的一笔。"

在《中国大百科全书》网络版总体内容设计中，我建议可以考虑在其中专门构建"民文板块"，在《中国大百科全书》维吾尔文版和哈萨克文版出版后，将其整体内容纳入中国大百科全书网络版上线运营，以后其他民文版可陆续进入；同时，可以考虑推出少年儿童百科全书民文网络版，将我社已在少儿百科领域的授权民文出版物全数纳入，并不断增添新品。总之，使《中国大百科全书》真正成为中华民族大家庭共同享有、方便使用的百科全书。

第一个中美文化出版交流合作项目 [*]

在中华人民共和国的出版史上，出现过许多具有重要历史意义的闪光点。中国大百科全书出版社出版的《简明不列颠百科全书》中文版，是中华人民共和国和美国建交后第一个文化出版交流合作项目，邓小平同志曾于1979年、1980年和1985年三次接见该项目中美有关人员，赞扬说这是个好事情，鼓励引进、出版这一世界著名百科全书为中国现代化服务。

中美建交后第一个文化交流合作项目

1979年1月，延续七年、一直在高度保密状态下进行的中美建交谈判有了结果，中美关系正常化的消息突然公布，立即成为轰动世界的第一号新闻。这一外交事件，宛如一个巨大的杠杆，撬开了历史的一页。正如邓小平1979年1月29日率团访美，在白宫南草坪

---

* 原载2005年9月1日《中国新闻出版报》。

卡特总统举行的欢迎仪式上所讲的："中美关系正常化的意义远远超出两国关系的范围，中美关系正处在一个新的起点，世界形势也经历着一个新的转折。"1979年11月，邓小平在人民大会堂北京厅接见了不列颠百科全书公司副总裁F.吉布尼先生，果断决策翻译出版《简明不列颠百科全书》，并提出了一系列指导方针。后来，邓小平又两次会见不列颠公司领导人，中央领导还将《简明不列颠百科全书》中文版赠送来访的英国首相撒切尔夫人。这在中国对外交流史上是罕见的。这是中美建交后第一个文化交流合作项目，中国第一次以现代百科全书形式向她的人民全面介绍西方文化科学。美国新闻界用"惊人的百科全书"为题，一时成为报道的热点。封闭多年的中国，将科学地、历史地、实事求是地评价自己、评价世界、评价世界文明成果、评价西方先进的科学文化，中国开放的决心和态度，令世界注目。

有关社会主义市场经济的著名论断第一次正式向外界披露

中国改革开放的总设计师邓小平在接见美国不列颠百科全书出版公司副总裁吉布尼时，有关社会主义市场经济的著名论断第一次正式向外界披露。正是在这次会谈中，邓小平首次提出了"社会主义也可以搞市场经济"的著名论断。中共中央文献编辑委员会编辑的《邓小平文选》第二卷231～236页，记录了邓小平会见吉布尼和加拿大麦吉尔大学东亚研究所主任林达光等谈话的一部分，题目为《社会主义也可以搞市场经济》（1979年11月26日）。刚刚结束十年文革浩劫的中国，一场关于检验真理标准的大讨论如惊蛰春雷，震动神州大地。邓小平同志以马克思主义者的勇气和胆识，倡导解放思想，实事求是，一切从我国社会主义初级阶段的实际出发，建设有中国特色的社会主义。1979年11月26日，邓小平与吉布尼会谈时指出："我们革命的目的就是解放生产力，发展生产力。离开了生产力的发展、国家的富强、人民生活的改善，革命就是空的。""说市场经济只存在于资本主义社会，只有资本主义的市场经济，这肯定是不正确的。""社会主义也可以搞市场经济。同样地，学习资本主义国家的某些好东西，包括经营管理方法，也不等于实行资本主义。这是社会主义利用这种方法来发展社会生产力。"[①]小平同志高瞻远瞩，领导全党坚持市场取向的改革，党的"十四大"确定我国经济体制改革的目标，是建立社会主义市场经济体制，这是一个伟大的创举。20多年过去了，中国经济体制改革取得了重大进展，生产力大大解放，繁荣昌盛的中国令世人瞩目。

中美第一个承诺版权和版税的文化项目

1979年1月，邓小平同志率领的中国政府高级代表团，就《中美高能物理协定》与美方会谈时，知识产权问题曾一度使谈判陷入僵局。美国方面提出一个强硬的条款，即中国必须承诺全面保护美国公民的知识产权，并表示在知识产权的问题上决不会作出任何退让。当时，中方对知识产权这个字眼还很陌生，中国还没有知识产权法律，也未加入知识产权国际公约。中国代表团在华盛顿紧急进行内部磋商，邓小平态度明确地指出：无论从眼前看还是从长

---

① 　邓小平.邓小平文选：第二卷［M］.北京：人民出版社,1993,231.

远看，中国都应该建立知识产权保护制度，这个问题不仅影响中美关系的大局，更重要的是，它也是中国改革开放和自身社会发展的需要。这次磋商成为中国知识产权保护的历史性开端。《简明不列颠百科全书》中文版协定签约时，中国的著作权法尚未出台，中国也还不是知识产权国际公约的成员，协定对版权和版税的承诺，意味深长。这是中美建交后第一个承认美国公司版权并支付版税的文化项目。美国媒体报道为"突破性事件"，"一个特别重要的事件"。它表达了改革开放的中国对知识产权的尊重和保护，昭示着中国遵循国际规则、以法治国的走向。

中国学者第一次撰写《不列颠百科全书》条目

1771年在苏格兰爱丁堡问世的《不列颠百科全书》，两个多世纪以来，连续修订，编风严谨，长期以来，以其学术性、权威性、国际性享誉世界，对西方文化和社会产生深刻影响，其作者大都在国际学术领域卓有建树。但由于众所周知的原因，在有些条目，尤其是中国内容方面，难免存在研究不够，甚至偏见的情况。邓小平在接见吉布尼时提出，外国的部分搬你们的就是了，中国部分中国自己来写。这一编辑方针充分体现了解放思想、实事求是的精神。美方接受了中方的意见，在《不列颠百科全书》200多年历史中，第一次由中国学者撰写条目。中国内容条目上升至10%以上。中国学者以求真务实、科学严谨的态度，以丰富的文化底蕴，简约精到的文笔，向世界介绍了中国灿烂的文明。中国学者的参与，展现了改革开放后中国学术界的崭新风貌和世界水准，赢得了世界的尊重，为世人更多、更客观地了解中国开启了一个新的窗口。

第一个获得国家图书奖的引进版图书

签约后的编辑出版工作异常艰苦。刚刚起步的中国大百科全书出版社,办公地点分散,资金匮乏,同时,由种种顾虑、疑虑、思想不统一造成的困难很多。在邓小平和其他中央领导同志的亲切关怀、署领导的指导支持下,社委会全力开展工作,组建了以经验丰富的老同志为首、年富力强的中青年为主体的编辑部。经过中美双方通力合作和我国数以千计的专家、学者、编译、出版人员的辛勤耕耘,1986年《简明不列颠百科全书》中文版(10卷)首发,创下了销售17万套的佳绩。1999年《不列颠百科全书》国际中文版(20卷)出版,获得极大成功。2001年《不列颠百科全书》国际中文版以优良的品质,从众多图书中脱颖而出,荣获第四届国家辞书奖特别奖和第五届国家图书奖荣誉奖。

2004年,启动译制该品牌书系的最新产品《不列颠简明百科全书》(2卷)和修订《不列颠百科全书》国际中文版,前者在今年北京国际图书博览会前夕出版发行,后者的编辑工作已经全面展开,预计2006年出版。

综上,作为中国改革开放的标志性事件,它所创造的数个第一,其影响已远远超出了书籍本身。

我国百科类图书出版的国际合作及版权贸易*

百科类图书出版

百科全书是科学发展的总体表现形式 百科全书诞生已有2000多年。知识将百科全书与科学紧密联系起来。科学发现、发掘和拓展知识，而百科全书则积累、整理和记录知识。英国哲学家F. 培根（1561～1626）创立了科学的知识分类，创建了现代科学的基础，他的知识分类也逐渐成为现代百科全书框架设计的基本依据。从古代、中世纪，到近现代，百科全书伴随着科学一路走来，形影相随。百科全书是科学发展的产物和重要标志，是现代科学的必要组成部分。"百科热"正是当今科学技术日新月异发展的印证。值得注意的是，百科全书对于人类知识的总汇，是在研究的基础上，对知识的总体综合。这一特性，对于今天的科学研究具有重要意义。

近代形成的以分门别类为特征的实验科学，把自然界的各种

---

* 原载《China Publishing》2005年10月。

过程和事物分成一定的门类进行研究，使人类在认识自然界方面获得了巨大进展。但是，把自然界的事物和过程孤立起来，撇开广泛的总的联系去进行考察，这种"只分不合"的方法有着明显的局限和缺陷。20世纪六七十年代以来，已有许多科学家和哲学家反复指出，必须以整体的综合来克服这种缺陷。百科全书恰恰是能承担这一任务的一个合适的领域。综合与汇合、收集等有很大区别，它不是将已有的成果归到一起，而是对总体认识的概括性规定。在综合中，对原有的认识不仅要"去粗取精"，而且要进一步升华，达到高一层次的认识。

百科全书具有明确的时代性　百科全书必须从人类科学发展的全局出发，全面地汇集、综合时代性的成果，具有明显的时代特征。这一点，几乎所有的百科全书都要遵循，如D. 狄德罗（1713～1784）主编的法国《百科全书》，就明确地贯穿着时代性，体现着鲜明的时代精神。后来各国出版的百科全书，虽然对时代精神的表现程度不同，但都是努力把时代性作为必要的依托。《不列颠百科全书》及其他版本的百科全书更多地注重已有成果的概括。

中国第一部现代综合性百科全书《中国大百科全书》，经2万多专家、学者、出版者历时15年辛勤耕耘，于1993年问世。煌煌巨帙，权威可靠，获得了国内外学术界、知识界、读书人的高度赞扬。该书的出版，带动了中国百科类图书的研究、编纂和出版，形成了持续十几年至今仍方兴未艾的"百科热"。《中国大百科全书》的出版反映了我国科教兴国的战略和改革开放政策，鲜明地体现着当代中国的时代精神。

百科类图书出版的当代趋势　随着时代的变迁，百科类图书的基本性质、编排方式、编写方法、表达样式也发生了多样化的演变。今天百科类图书出版的走势具有"数字化和数据库化"、"轻型化"、"专业化"、"通俗化"趋势。数字化技术轻松实现了激光照排纸介印刷、光盘出版、网络传输。采取数据库化形态是百科全书等工具书发展的方向,以数据库结构方式组织的内容具有良好的检索性;多媒体数据库形态的百科全书,可以同步运用多种媒体符号形成全息信息;数据库形态的百科全书有可能提升到具有一定的人工智能,成为智能知识库,从而做到因人施教,按需索求。"轻型化"体现在图书部头趋小和出版介质电子化两方面。百科全书自古以来素以大而全为旗帜,随着现代生活节奏的加快,以及几十卷的大型综合性百科全书市场逐渐饱和,百科全书出现了压缩本、几卷本或单卷本,从书架走向案头;电子化称得上是百科全书"脱胎换骨的革命",载体材质之轻,存储量之大,使百科全书尽显海量内容的优势。在学习专业、研究领域、工作岗位越来越细分的今天,"专业化"百科全书以其针对性强、使用方便,价格便宜受到越来越多的欢迎,展示了良好的市场前景。"通俗化"使百科全书广为普及,并花样翻新衍生出众多百科类读物。读者对象上更为注重普及型成年人、中学生和少年儿童,尤其是儿童类百科读物大量涌现,表现形式上图文并重,甚至图为主文为辅,有的还加入了越来越多的时尚元素,声光影像,应接不暇。

"百科热"的喜与忧　　"百科热"契合了时代的需要、社会的需求、读者的口味,当然也让出版人获取了丰硕的销售业绩。"百科热"的实质是"学习热"、"知识热"、"文化建设热",其正面效应值得充分肯定。但是在十几年持续走热中也出现了令人担忧的问题:一是缺乏评价标准。百科全书作为全能型工具书,在市场具有极大的吸引力,趋之者众。在众多冠以百科名号的图书中,粗制滥造、假冒伪劣时有发生,水平和质量下滑。国外对百科全书的评价标准已形成体系;中国有关管理部门和行业组织,正在就工具书的评价和准入进行讨论和研究。二是知识产权保护。编撰出版一部高质量的百科全书，需要作者、出版者花费大量人力、财力、物力，以及相对较长的时间，是高智力、高投入出版行为，理应获得相应的市场回报。然而，近年来，百科全书已成为盗版侵权的重灾区，严重影响了作者、出版人和读者的利益，破坏了正常的出版秩序。百科全书出版的有序发展，亟待这些问题的治理解决。

百科类图书的国际交流与合作

《不列颠百科全书》中文版创造了中国出版史的数个第一 这是中美建交后第一个文化出版交流合作项目，也是中国"文化大革命"后第一个对外文化出版交流项目。《不列颠百科全书》以其学术性、权威性、国际性享誉世界。1979年11月，邓小平在人民大会堂北京厅接见了不列颠百科全书副总裁吉布尼先生，决定翻译出版《简明不列颠百科全书》，并提出了一系列指导方针。后来，小平同志又两次会见不列颠公司领导人，中央领导还将《简明不列颠百科全书》中文版赠送来访的英国首相撒切尔夫人。中国第一次以现代百科全书形式向她的人民全面介绍西方文化科学。美国新闻界用"惊人的百科全书"为题，一时成为报道的热点。

中国改革开放的总设计师邓小平在接见美国不列颠百科全书出版公司副总裁F.吉布尼时，有关社会主义市场经济的著名论断第一次正式向外界披露。

《简明不列颠百科全书》中文版协定签约时，中国的著作权法尚未出台，中国也还不是知识产权国际公约的成员，协定对版权和版税的承诺，意味深长。美国媒体报道为"突破性事件"，"一个特别重要的事件"。它表达了改革开放的中国对知识产权的尊重和保护，昭示着中国遵循国际规则、以法治国的走向。

美方接受了中方的意见，在不列颠百科全书200多年历史中，第一次由中国学者撰写中国内容条目，中国内容条目增至10%以上。

经过中美双方通力合作和我国数以千计的专家、学者、编译、出版人员的辛勤耕耘，1986年《简明不列颠百科全书》中文版（10卷）首发，创下了销售17万套的佳绩。1999年《不列颠百科全书》国际中文版（20卷）出版，获得极大成功。2001年《不列颠百科全书》国际中文版以优良的品质，从众多图书中脱颖而出，荣获第四届国家辞书奖特别奖和第五届国家图书奖荣誉奖，成为第一个获得国家图书奖的引进版图书。

百科类图书的版权贸易 中国的版权贸易上升较快，近两年年均交易量已达1万件左右。根据"开卷"提供的数据，2004年市场动销的百科全书品种中，引进版百科全书占一半以上。

百科类图书版权交易呈现如下特点：首先，百科类出版物由于拥有强劲的市场号召力、较高的码洋，吸引越来越多出版社的注意，成为众多出版社引进版权的重头戏。其次，品牌出版物是出版社引进的首要考虑。世界著名的百科系列大量进入中国市场。如《不列颠百科全书》系列、《世界百科全书》、DK系列、拉鲁斯系列、探索系列、牛津系列、剑桥系列、史努比系列、迪士尼系列等。同时，中国几部大型百科全书，如《中国大百科全书》（74卷）、《简明中国大百科全书》（12卷）、《中国烹饪百科全书》等相继成功走向海外。第三，少儿类百科科普读物成为引进主流，并取得良好的市场销售业绩。引进的百科类图书中约三分之二属于少儿类，动销量排在前三位的分别是属于DISCOVERY系列的《学生探索百科全书》、《牛津少年百科全书》和《少年探索者百科全书》。不过从发行码洋看，当首推《不列颠百科全书》系列。

百科类图书国际合作具有广阔前景 中国和西方国家依托

各自的文化背景和科技社会发展状况，形成了各具特色的百科图书。作为科学发展、学术水平和文化状态的总体表现形式，百科类图书尤其是百科全书是各国文明的优秀成果，应该也值得全人类共享。

百科全书在传播知识、推动科技进步方面起着无可替代的作用。在当今科技全球化、经济全球化快速发展的进程中，国际交往日益频繁，百科类读物尤其是百科全书的交流与合作，有利于各国人民相互了解、共求发展。

百科类读物有着良好的商业价值，对版权贸易具有特殊的意义。一般来说，百科类读物投资大，周期长，从"比较成本"角度看，以引进的方式操作比较经济，输出方则由于百科读物含金量高而获得较高的版税。

国际奥委会总部邂逅惊喜 *

2009年10月8日下午，瑞士洛桑，微风细雨，秋色渐浓。繁盛的林木灌丛，黄红绿黛青蓝紫，投映在湿润洁净的地面上，光影绰绰，五彩斑驳，如一幅超长的、画风飞逸的水粉，从城东铺向了城西。

我和百科社《城市周报》主编许丽君、社科分社社长滕振微、少儿百科分社副社长陈光来到了奥委会总部。前两天，应荣格集团总部邀请，百科社代表团到达瑞士，与集团亚太地区总裁托马斯等进行会谈，参观、学习、了解荣格在数字化出版、办公室革命等方面的新进展、新经验，交流进一步合作的具体构想，并就新一期五年合作签约。出访前，我们特别将访问洛桑国际奥委会总部列入顺访日程。

2001年7月13日，在莫斯科举行的国际奥委会第112次全会上，国际奥委会投票选定北京获得2008年奥运会主办权。随后，国际奥委会主席萨马兰奇先生宣布，北京成为2008年奥运会主办城市。消息传来，整个中国沸腾了！2002年7月13日，北京市政府和北京奥组委共同制定并正式公布实施《北京奥运行动规划》，提出

---

* 写于2009年10月8日。

了"新北京、新奥运"两大主题和"绿色奥运，科技奥运，人文奥运"三大理念。这是中国第一次举办奥运会，且争取多年，来之不易。随着规划的实施，以及时间的进度，各项准备工作紧锣密鼓有序展开，全国尤其是北京，铆足了劲，要办出一届尽显中国实力、扬中国风范的成功的奥运会。

这时的百科社，也意欲发挥出版所长，有所作为。赵焱任主任的文教部主持并实施了《奥林匹克百科全书》的编纂和出版。百科术语中心张新智主任及时跟进，制作光盘版。北京体育大学奥林匹克研究中心、中国体育博物馆、国家体育总局信息所、田径管理中心等单位的学者们与百科社通力合作。2007年夏，我和同事们拜访了中国奥委会主席、国际奥委会副主席何振梁先生。请何老为《奥林匹克百科全书》写前言，国际奥委会主席萨马兰奇写了序。经过坚持不懈的努力，至2008年3月，新版《奥林匹克百科全书》于北京奥运会举行前夕上市，获得了广泛好评。奥林匹克运动是一门领域宽广的学问，它与政治、哲学、经济、社会、文化、教育、艺术、道德、大众传媒以及自然科学等诸多因素交织在一起，相互作用，形成了一个庞大的知识体系。奥林匹克运动是人类社会的一个缩影，认识它有助于认识人类自己。《奥林匹克百科全书》的编纂，是中国学者和出版人对奥林匹克体育精神的独特贡献。那时我就想，应该将《奥林匹克百科全书》送交国际奥委会总部，留作永远的纪念。

代表团一行在雨中撑着伞，沿葱郁的林中小径走向国际奥委会总部建筑群。小径两边散布着来自世界各地的体育雕塑作品，都是各国赠送给国际奥委会的，件件韵致独特。白色建筑是奥林匹克博物馆，入口正前方耸立着两排八根大理石圆柱，入口右侧燃烧着1993年采集的奥运圣火，入口左侧是由六块人体腹肌造型组成的动态雕塑，不断展开、旋转、合拢，引人注目。

奥林匹克博物馆的地上部分为展览陈列，地下部分是奥林匹克图书馆，拥有数万种著作和杂志（我们注意到中文书籍很少，且主要是台湾出版的繁体字），数十万份照片资料。还有奥林匹克研究中心，收藏着从国际奥委会创立至今最详尽的体育资料，是世界上最大的体育运动研究和服务中心。我们将百科社出版的《奥林匹克百科全书》及光盘捐赠给博物馆，博物馆工作人员给我社发了捐赠证书，并高兴地告知我们，展览厅已经摆放了许多文字的奥林匹克百科全书，但还没有中国的，这次北京奥运会举行，中文《奥林匹克百科全书》出版并能陈列于总部，真是太好啦。

据工作人员介绍，按照国际奥委会要求，各奥运会举办城市的重要资料都要翻译成法文或英文呈送图书馆，因此图书馆收藏了近30年来各个举办城市开展奥林匹克教育活动资料。她打开一间储藏室，介绍说为了长久保存好这些资料，这屋子是以特殊材料制作的，温度、湿度都严格控制在安全标准之内。在这里，我们意外地发现了由北京奥组委呈送的英文版资料中，有2007年在北京市招投标中，百科社胜出而组织编辑的北京奥运志愿者培训教材、手册。而这培训教材的主要编辑，就是陈光。我们惊喜不已，而陈光更是激动万分！自己费尽辛苦亲手编辑的书籍、资料，竟然越过千山万水，永久收藏在这世界最大的体育学术研究重地，想一想都美得不行啊。

和平发展，龙象共舞 [*]

——《中印文化交流百科全书》编纂出版记述

　　2014年夏花盛开之季，《中印文化交流百科全书》中英文版正式出版了。在中印两国政府部门指导和中印联合编审委员会领导下，中印专家学者和出版人员辛勤耕耘，历时三载，2010年12月温家宝总理与印度总理M.辛格联合发表的《中华人民共和国和印度共和国联合公报》中确定的两国重大文化交流项目得以如期竣工。这是源远流长的中印文化交流在新时期继往开来、深入发展的新成果，是献给中印友好交流年、纪念和平共处五项原则发表60周年的珍贵礼物。

　　这份礼物鲜活而内涵丰富。封面由著名装帧设计家吕敬人先生设计。中心位置为中国传统生命树与印度传统菩提树形象结合的金色图形，两种植物的互生象征了中印两种文化交融衍生的关系。周边的织纹压凹图形取材于印度卷草纹、中国唐草纹，以及中国佛教的万字不到头和印度教常使用的花草图形。色彩底色为中国和印度都喜爱的红色，上配以蓝色元素。采用装饰布上压凹、烫金、丝网印刷等工艺技术，典雅精致。内文全彩印刷，近800个条

＊　原载2014年6月6日《新闻出版报》。

目，4000多个知识主题，1310幅图片。对二千多年间中印双方在贸易、科技、宗教、哲学、语言学、文学、艺术、交通、外交、民俗、学术等多领域的交流进行全面梳理、探讨、提炼和总结，力求系统、准确反映两千多年来中印两国物质文化和精神文化交流的多彩历史和累累硕果。正文后编制了中印近现代文化交流大事记等多个附录，以及条目分类目录、外文索引、内容索引等多个检索系统。

一、填补空白，学术研究和出版领域的新贡献

1. 本书第一次联合中国和印度的知名专家学者集体编纂，他们的研究方向和成果涵盖中印文化交流研究领域的方方面面。专家学者们对中印文化交流的历史进行跨学科、全方位的梳理、整合并作理论提升，开国内外该领域整体综合研究的先河。全新的视野和角度，引发了若干对学术发展、学科建设具有深远意义的研究创新，如对历史分期的调整和重新界定，建立新的学科分类框架、知识体系等。

2. 本书是首部中印文化交流学术工具书。以往国内外关于中印文化交流的研究成果多为个人专著或见诸于报刊上的散论。本书首次在学术研究基础上，以条目形式系统、准确反映中印两国文化交流历史与现状，兼具查检功能和系统学习功能。百科全书以全面、精准和权威著称，对学科框架和分类体系有高标准的规范，奉行精确的知识表述和客观公正的立场，同时，还有无处不在的参见和检索工具，使用者可从不同的角度，将一个个相对独立的知识点串联、并联、网结，满足不同的研究和学习需求。百科全书这些特质和要求，从一个方面促进了学术整理和研究的深入、创新、跨

学科跨领域发展。

3.跨国联合编纂,探索百科全书编纂新模式。本书由中印双方联合编纂,中方出版中文版,印方出版英文版。跨国联合编纂,采用什么样的编纂工作机制,如何协调两国专家步调一致等在我社尚无先例可循。出版社经过充分调研并与印方反复磋商,同时在实践中不断探索完善,最终形成一套行之有效的方案。

第一,成立中印联合编审委员会,主持全书的编纂工作。委员会采用对等原则,由各自的政府牵头部门官员和专家组成。第二,建立联合编审委员会会审重要问题机制。重要问题,如内容框架、条目总表、编纂体例等由联合编审委员会会审确定。联合编审委员会可通过电子邮件等方式交换意见,必要时轮流在中印两国举行会议。第三,建立日常交流、联络的工作机制。双方各有专人负责编纂过程中日常事务的交流、联络工作。第四,总体框架、条目总表、编纂体例等由双方共同拟订,经双方讨论后确定。第五,条目的撰写根据双方占有资料和研究成果情况分工负责。条目要客观反映双方专家的观点;如有不同观点,可在条目中同时表述。第六,审定稿方式为:双方分别组织专家审定所负责的条目后,交由对方翻译成本国文字并审定。实践证明,上述编纂工作机制是科学有效的,它保证了编纂工作的按计划高效进行。可以说,本项目的实施,是中印两国开展重大文化项目合作的成功范例。

二、精心施工,确保质量和进度

2011年上半年,中国大百科全书出版社受国家新闻出版总署(今国家新闻出版署)委托,作为中方执行机构具体负责与印方组织编纂出版《中印文化交流百科全书》。项目的实施历时三年，经历了调研与编辑出版方案设计、全书总体设计、组稿与撰稿、文稿翻译与专家审稿、编辑审稿与成书加工、发稿印制六个阶段。

1. 组建队伍。出版社高度重视此书的编纂出版，接受任务后，立即着手开展相关工作，首先是组建专家队伍和编辑出版队伍。经过深入调研，组建了以中国社会科学院名誉学部委员黄心川为名誉主编，中国社会科学院亚太与全球战略研究院研究员、中印文化交流研究专家薛克翘为主编的编纂骨干队伍。其中包括中国社会科学院、北京大学等科研和教学单位的中印文化交流史、宗教史、科技史、语言学、藏学等方面的顶级专家学者。从实践看，这支队伍政治理论素质、学术研究水平、文字水平等综合素质高。尤其是联合编审委员会4位中方专家委员，都具有深厚的学术功底和很强的责任心，且特点突出：本书薛克翘研究员对全局的统筹和学术把控能力强；葛维钧研究员撰写和审定条目严谨细密；刘建研究员中文和英文水平高，译校条目稿、挑错和纠错能力强；姜景奎教授组织协调和谈判能力突出。他们在编纂过程中优势互补，配合默契，在保证全书学术水准上，在协调印方、推动进度上，发挥了重要作用。

组建了以社科编辑部为主体，美术中心、出版部等相关部门人员参加的编辑出版队伍。他们大部分参加过中国大百科全书第一版、第二版和一些专业或地区百科全书的编辑工作，经验丰富，学识水平较高，业务能力较强，能打硬仗，而且都是多面手。主任编辑滕振微从项目谈判、方案设计、人员调配，到编辑加工、组织协调，全流程参与；本书责任编辑韩知更和王宇，除参与组织协调和审稿、编辑加工外，前者还参与图片编辑工作，后者还负责专名统一工作；本书编辑严峻、余盼兮、朱建毅等，除参与审稿、编辑加工外，还分别负责内容索引工作、条目汉语拼音索引工作、条目外文索引工作，等等。上述两支队伍是我们能高质量按时完成此项目的关键力量。

2．总体设计。总体设计是编纂百科全书的首要环节，总体设计水平如何，决定着百科全书质量的优劣。百科全书的总体设计包括编纂方针、内容分类框架、条目总表、编纂体例的制定等。它是一项科学而又复杂、难度大的工作。百科全书兼具工具书的查检功能和一般图书的系统学习功能，涉及完整知识体系的构建和繁复的检索系统的设计。功能越多，设计的复杂程度越高，难度越大。它的复杂和难度大在《中印文化交流百科全书》中表现得尤为突出，原因主要有二：第一，编纂前期印方没有与中方对应的专业出版机构介入，这给双方的出版业务沟通、交流带来困难。如对百科全书的规范性要求，理解上存在较大差异。第二，中印两国历史传统、文化背景、价值观念等方面有差异，增加了编纂工作的复杂性和难度。

为做好总体设计工作，出版社采取走访专家、与专家座谈等多种方式，听取意见和建议，提出了本书的编纂方针和原则：第一，客观反映中国与印度双向的、源远流长的文化交流历史。条目设置、条目内容都应该体现出中印文化双向交流、相互影响、相互促进的客观情况。第二，中印内容比例适当。考虑到中印文化双向交流的客观情况和中印两国关系的现实情况，涉及中方和涉及印方的内容要适当平衡。第三，古今内容比例适当。大体以18世纪为界，分为古代和近现代两个时期，古代和近现代的内容应有一个适当的比例。

根据以上编纂方针和原则，出版社组织专家设计了内容分类框架和条目总表，并在此基础上形成知识条理化、体系结构较为严密的条目标题分类目录。

总体设计的一项重要工作是编纂体例的制定。百科全书的编篡，需要众多专家和编辑的合作，需要制定大家必须共同严格执行的编纂体例，使众多作者撰写的数百上千个条目形成一个有机的整体。编纂体例涉及条目标题、条目定义或定性语、条目分类编写提纲、年代、数字、文字表述、参见、索引、插图等条目要素。根据百科全书的普遍规范要求，结合中印文化交流研究领域的特点，以及中印双方专家对百科全书的认知程度不一的实际情况，出版社组织编辑和专家制定了简洁明了、易于理解和操作的编纂体例。

环环相扣，规范工作，确保总体设计目标的实现。

在组稿阶段，采取个别访谈或小范围座谈的方式，向作者反复宣讲总体设计思想和编纂体例各项规定。在专家审定稿阶段，协调组织十多次国内专家审稿会议，并在会前逐条审读文稿，根据编纂体例要求对照检查，提出修改意见，在会上与专家交流、商讨。特别是重点审查文稿中涉及的敏感问题，会商专家妥善处理。例如，地名条目涉及的边界问题，对人物的评述中印双方有差异问题，等等。

在成书加工阶段，针对时间紧迫等现实情况，文字编辑与图片编辑密切配合，一审、二审和配图采取流水作业方式进行。 一是审订条目内容。主要是核订事实、资料、观点、提法等。对人名、地名、作品名、组织机构名、术语等全面进行核订、统一。尤其是注意把握以下问题：古代中国地名、古代印度地名、古代西域地名括注今地名。今地名的国别是否准确；印方专家撰写的中国人物、著作等方面的条目，在定性语、评价上是否与中方既有结论吻合，等等。发现问题及时与专家商议解决。二是解决交叉统一问题。主要解决相关条目在内容上的交叉统一问题。如对同一人物、事件等的叙述上，年代（如生卒年、执政年份、事件发生时间等）、提法是否有矛盾。三是条目写法的规范问题。编纂体例虽对每类条目编写提纲和文字表述做了统一要求，但因语言和思维方式等方面的差异，印方专家撰写的条目往往在很多方面，如内容的先后次序安排、文风等与体例要求有差距，编辑花相当多的时间和精力进行修改。四是配图问题。由于本书内容涉及的时间跨度达两千余年，很多分支如"中印哲学交流"等历史图片资料缺乏。为此，美术编辑、责任编辑、专家多方多渠道收集，最终收集到2000多幅图片。为从中筛选出有价值、符合出版质量要求的图片并恰当配到相关条目中，组织文字编辑、美术编辑与专家先后召开五次专题会议。五是全书合成后的专项检查。上书人员名单、前言、凡例、概观性文章、正文、附录、索引等全书各要件合成统编后，所有参与此项目的编辑出版人员集中进行专项检查，检查内容包括专名（人名、地名、作品名、组织机构名、术语等）、图题图注、数字用法、条目标题分类目录、条目标题汉字笔画索引、条目外文标题索引、内容索引、书眉、版式等，发现并解决了部分遗漏问题、不统一问题。统筹安排编辑出版人员，按照总体设计尤其是编纂体例和编辑出版流程等规范有效地开展各项、各环节的工作，使本书的质量和出书时间有了重要保障。

三、以小见大，编纂中的故事一二三

在编纂出版过程中，中方专家、编辑出版人员与印方专家精诚协作，密切配合，忘我工作，书写了许多令人感动和难以忘怀的故事。这一个个小故事，透视出文化人的责任担当和深厚情怀。

1. 正月初一的邮件

"除夕之夜一直在赶工，审校印方条目译稿，初一未休息，未会客，继续工作。下午完成一批条目校对工作，写了下面编校随记，发给有关人员和出版社王宇，提醒一些注意事项，如译名统一等问题。"这是《中印文化交流百科全书》中印联合编审委员会中方委员、中国社会科学院研究员、年近七旬的刘建2014年农历正月初一下午给有关编纂出版人员的"编校随记"的开头语。从"除夕之夜一直在赶工"、"提醒一些注意事项"等字句，可以看出老学者为编好《中印文化交流百科全书》所做出的牺牲，体现了其令人钦佩的敬业精神和严谨的工作作风。

2. 工作会议餐桌上响起生日歌

2014年1月21日晚，北京友谊宾馆友谊宫，紧张、高效的第三次中印专家编纂工作会议圆满完成所有议程后，中印双方专家和编辑出版人员在用工作晚餐，畅叙友情。突然，餐厅灯光频频闪烁，餐桌上印方专家邵葆丽教授面前出现了一个精致的小蛋糕，在欢声笑语之中，邵葆丽教授激动地吹熄蜡烛，"祝你生日快乐"歌声响起。原来，细心的中国大百科全书出版社领导在会议间隙的交流中，得知21日是邵葆丽教授的生日，特意安排了这个简朴而温馨的生日祝福仪式。在三年多的编纂过程中，两国相关人员结下了深厚的友谊，大家友好合作，卓有成效地推进、完成了全部工作。

3. 端午节假期有意义的"聚会"

2014年6月3日，端午节假日，北京西北三环四通桥上车水马龙，周边的便道上行走着面带笑容的出行度假的人们。而在四通桥西南角友谊宾馆的一间会议室内，十几位专家和编辑出版人员正在聚精会神地审阅书稿。由于此时正值《中印文化交流百科全书》发稿前的专项检查、出版倒计时的最后阶段，为保证出版时间，编辑部与专家商议，大家决定放弃节日与家人欢聚的机会，而在友谊宾馆"聚会"。在三年的编纂出版过程中，为使本书高质量地按时出版，专家和编辑出版人员经常牺牲节假日时间，"聚会"商议编纂重要事项、讨论修改条目。大家觉得，这种牺牲小我，但成就事业的"聚会"很有意义。

四、此书的编纂出版有一些成功经验和创新，值得总结、记录、借鉴和推广

1. 本项目由国家领导人确定、政府主管部门组织实施

2010年12月，国务院总理温家宝访问印度期间与印度总理辛格联合发表《中华人民共和国和印度共和国联合公报》，确定两国联合编纂《中印文化交流百科全书》。2011年4月在中国海南举行的博鳌亚洲论坛上国家主席胡锦涛与印度总理辛格再次确认此项目。

为落实两国领导人的决定，2011年5月，国家新闻出版总署（今国家新闻出版署）与印度外交部签署了双方联合编纂出版《中印文化交流百科全书》备忘录，其中约定国家新闻出版总署和印度外交部分别作为两国的牵头部门负责此项目的组织实施。之后，国家新闻出版总署委托中国大百科全书出版社具体负责编辑出版工作。

中印两国数十位专家学者参与编纂，历时三年编纂完成。

2. 本书的编纂出版是出版参与公共外交的创新

本书是一项政府文化主管部门、专家学者、专业出版机构多方联合参与的传播中国主流文化的重大公共外交项目。为准确反映中国的主流文化，中方立足于以我为主，有效引导印方的编纂工作方法。制定编纂方针原则、内容框架、选条标准、编纂体例等重要事项，都是中方提交文本，印方修改补充，双方专家讨论确定。80%以上的条目由中方专家撰写，其中全书的骨架——各分支学

科的概述条全部由中方专家撰写。对于印方专家撰写的条目，在导向、学术问题上，专家、出版社、政府部门层层把关。对于争议问题，如一些重要人物和著作的评述问题、一些地名条目涉及的边界争议问题等，中方在坚持原则的基础上，与印方反复协商解决，暂时无法达成共识的，采用搁置或删节的处理办法。

3. 本书的编纂出版是文化走出去在内容和途径上的创新

中印文化交流的历史源远流长，两国在物质文化和精神文化等领域的双向交流频繁，在交流中很多因素相互适应、作用、融合，在丰富对方的文化内涵、推动对方的文化乃至社会发展方面起了很大的促进作用。对中印文化交流的历史、特点进行系统总结和描述，揭示中国文化的核心内涵与影响力、开放性与包容性，以百科全书为载体进行传播，是文化走出去内容上的创新；而中印两国联合编纂，同时出版中文版和英文版，是实现中国文化走出去途径和方式上的创新。

《中印文化交流百科全书》的编纂出版，寄托了两国政府、领导人，以及两国人民世代友好、和平发展的美好愿望，我们庆幸能够参与这项意义非凡的工作。李克强总理和辛格总理在2013年签署的中印联合声明中确定了新的重大文化交流项目——"中印经典互译工程"，中国大百科全书出版社作为执行机构已正式启动工作。当今的国际环境下，和平共处五项基本原则焕发出更加强大的生命力，承载了更加丰富的时代内涵。我们愿意继续努力，积极参与国家公共外交，推动文化交流，做一些实实在在的工作，为实现和平发展的美好理想贡献出版人的力量。

第二编：编文校雠，叩问成学
——编辑问学及编辑实战

编辑不仅是技术活，也是一门学问。正如庖丁解牛，新硎初试之前，须明了牛的骨骼、筋节关窍、内脏结构。烂熟于心，了然于胸。动手时便意由指使，游刃有余。如无解牛之思，则可能刃崩刀折，庞然大物血肉模糊而不倒，何其尴尬。

编辑之学，就是庖丁心中之牛、手中之刃。

法国17世纪，上层人士常把名媛贵妇的客厅变成社交场所，嘉宾通常是戏剧家、小说家、诗人、音乐家、画家、评论家、哲学家和政治家。法国"百科全书派"经常在此聚集，他们编纂的法国《百科全书》推动了启蒙运动，书中宣扬倡导的自由、平等的民主原则，不久后照直写进了在法国大革命中诞生的《人权宣言》。

■《吉欧福林夫人的客厅》，法国画家 C.G. 莱蒙尼尔创作，1812
藏于马尔梅松城堡博物馆

编辑研"学"正逢时 *

    中国已成为出版大国，但还未成为出版强国，这是官方和民间一致的研判。表现为学术出版方面有国际影响力的成果很少，文献被引率还很低；大众图书匮乏叫得响的超级样本，世界畅销书排行榜榜上无名；教材方面，除汉语语言学习类外，鲜有被其他国家广泛采纳者等。造成这种局面的原因一般认为有多个方面，如发展和增长方式相对粗放，质量和效益有待提高；体制机制改革面临攻坚；科技融合还处于起步阶段；尚未形成一批管理水平高、综合实力强、能够深度参与国际竞争与合作的出版企业集团，等等。这些当然都是言之确凿、言之有理的。除此之外，个人认为，在探问出版不足之原因，以及大兴出版强国之举措上，还有一个不容忽视的方面，这就是编辑学研究。

一、编辑是"学"吗？

    编辑能称之为"学"吗？这样的疑问时有耳闻。究其根源，首

先是对编辑认识的偏差。有人认为，编辑只是一门涂涂改改、剪剪贴贴的技能，和严谨高深的科学相去甚远。同时，在很长时间里，出版人称自己的编辑出版工作是为他人作嫁，这本是自谦，是美德，但久而久之，也可能形成一种依附性心理，一种被动型姿态。曾几何时，编辑职称国考面临质疑，编辑专业在学科体系的设置中也是"不显山不露水"。更有甚者，现在随着网络和智能机器人的出现，有人已将编辑列入行将消失的职业清单。编辑尚且如此，更惶论编辑学。将编辑作为独立的"学"去研究，认识上存在盲区，行动上缺乏主动。

人类在长期的社会实践活动中，对一个个专门领域深入观察、总结、研究、提炼，揭示其规律，形成系统知识，逐渐形成了一个个"学"，如文学、社会学、传播学、化学、天文学、生物学等。再以"学"之认知指导实践，推动发展。认知和理论对实践具有能动作用。这种能动作用表现为：正确的认知可以指导实践走向成功；错误的认知会导致实践失败；迷惘的认知会导致实践举棋不定、左右摇摆，或只能停留在经验的层面原地踏步。中国出版呈现出"是大国不是强国，有高原没有高峰"的现状，受多方面因素制约，但也和长期未能真正重视将编辑作为"学"进行独立、严谨之学术研究，在此基础上以科学的认知和理论指导实践发展，不无关系。

实际上，编辑成"学"是客观存在的。它是人类文明长期积累的必然结果。重视编辑学研究，是当今社会发展的迫切需要。

二、编辑学的基础

编辑是历史久远、当今炙手可热的专门领域，有着研"学"的厚实基土和丰富养料。

书籍是人类最伟大的发明。而有书籍就有编辑,编辑和书籍同根生。编辑的古老性,甚至可以追溯到西周和春秋之间,刻辞甲骨、简策,后来还有帛卷,经编联、编订、选存后入藏,成为书籍。中国最早的名编是老子、孔子。相传老子曾任周室官吏"柱下史",司职图书保管。孔子一生喜书,见过"百国春秋",晚年勤读《周易》,留下韦编三绝的励志典故。人类的文明与文化,少部分以物化的方式延续下来,更多的是蕴藏在书籍中,一代代记录、传承,几千年来未有间断。而不同历史时期,都有一批学问深厚、功力独到的编辑,成就了众多传世经典名作,这类例子不胜枚举。

随着科学技术的发展和人类社会的进步,书籍的载体、形态发生了巨大变化,形成了种类众多、各领域全面覆盖、枝繁叶茂的大家族。进入数字化信息化时代,人们的阅读方式逐渐多样化,书籍的物质形体有可能会逐渐消融在比特数码中,但书籍的本体不会消失,反而会有更迫切的需求和更大的扩展空间。书籍的本体即内容,即知识。书籍可以理解为知识的代入词,或者同义词。从这一意义上书籍不但不会消逝,且将乘上技术的翅膀,借助网络的神力,化形飞向世界各个角落。人类进入了一个知识无处不有、阅读无时不能的时代。与此相对应,编辑工作领域也不断拓展,新的工序、工种、岗位不断涌现、分化、重组,职业队伍不断扩大。当下新媒体编辑异军突起,网络编辑、数字编辑、复合型编辑炙手可热、供不应求便是明证。现在,许多理工类信息类传播类院校开设编辑专业课程,热火朝天方兴未艾,也从一个角度说明了当下社会所需。

编辑的核心作用可以概括为:评价(去伪存真、慧眼识珠)、选择(遴选择优)、优化(化平淡为神奇)、推介(精准服务)。编辑是具有鲜明特征的专门性领域。编辑以书籍形式整理、记录、积累、传播知识和思想，其成果覆盖、影响着社会所有领域、行业、专业，其中也包括助力无数学科的建立。助推人类的认知和实践走向一个个巅峰。一部编辑出版史，就是人类文明的发展史，社会昌明富强的进步史。编辑理所当然应该有自己的"学"。事实上，在漫长的编辑历程中，编辑思想、理论、编辑学文献和素材、编辑制度、运作规程等，都已经有所存在。

三、高新技术对编辑学的推进

高新技术的发展，将进一步强化编辑的作用，推动出版产业转型发展，编辑学研究提上了更加紧迫的日程。

行业、职业的兴衰更替，和科技的发展密不可分。当今技术的发展速度和应用范围，超出了人们的预期，超出了以往任何时代。数字化信息化技术给出版业带来的冲击和变革前所未有。在中国，数字出版在出版社的萌动，始于上世纪90年代，即将数字技术应用于如创作、编辑加工、印刷复制等某些环节。随着技术的发展，又先后试水录音带、录像带、CD光碟、VCD光碟、DVD光碟、电子图书、数字杂志等新型数字出版物，以及互联网、计算机、MP3播放器、MP4播放器、手机等承载出版内容的新型载体，当今，又跨入了全面应用数字技术，改变编辑模式和经营模式的阶段。

2015年8月《纽约时报》的科学团队研发了机器人Blossom，它通过海量文章大数据分析，能够预测哪些内容更具有社交推广效应，并帮编辑挑选出适合推送的文章和内容，它甚至可以独立制定标题、摘要文案、配图等。根据《纽约时报》内部统计的数据结果显示，经过Blossom筛选后推荐的文章的点击量是普通文章的38倍。

很快，同年9月10日，腾讯财经开始用机器人写出第一篇稿件，是国内首次使用机器人写稿。它根据算法在第一时间自动生成稿件，一分钟内将重要资讯和解读送达用户。

目前，雅虎、美联社、新华社等的部分财经、体育新闻已由Wordsmith编写，导入最新的数据之后，该软件在一分钟内最快可以生成2000篇报道。这种速度显然不是人类编辑能比的。

再看最新的进展。目前互联网巨头都声称在研究机器学习。前不久Google的AlphaGo下围棋战胜了李世石，就是一个很经典的机器学习案例。而机器学习技术在出版上的应用具有广泛的前景。如大数据时代海量信息的提取，这些信息有用，但同时又是非结构化的文本。过去提取这些有用信息需要用户手动地写正则表达式（regular expression），但通常写正则表达式是复杂、费事又费力的工作。而现在，机器学习技术在实验室已经可以达到系统智能生成最有效的正则表达式，这将极大地便利用户提取有用信息，也将极大地方便知识的提取和生产。也就是说，可以预见不久的未来，编辑过去的一些传统性工作，将可能越来越多地由机器人、计算机软件，如智能正则系统等之类完成。

那么，是否就可据此断定编辑职业行将消失呢？其实，这种担忧大可不必。编辑的服务领域是读者，是人的精神世界，而人的精神世界是最为复杂、微妙的，且跟随时代的脚步千变万化，永远也不可能穷尽。而有着固定程序、物化的机器人，很难适配人类复杂多变且个性色彩浓郁的精神需求。机器人写稿都是比较程式化、格式化、数据性、数值性的新闻，如财经、体育新闻和报导，这也颇能说明问题。当然，高新技术尤其是智能技术的发展和应用，不仅仅是提高出版效率的问题，还必将推动传统编辑和出版社角色的转换，那就是升级专注于内容的深度分析、深度加工，以及知识的多样化、个性化、柔性化服务，其余的一些低端、初级、重复性、数值性工作将由机器人、软件完成。机器人、软件等将成为编辑的高级助手和工具,但具有相应能力的编辑仍然处于主导、不可替代的位置。

在媒体高度发达、信息泛滥的当下,内容质量成为竞争胜出的关键。而内容质量的决定性因素是编辑含量,是编辑核心职能发挥的程度。举凡一切依赖内容生存的载体、平台、管道,凡一切需要生产和传播知识的领域、学科、机构,都有质量期望,都离不开编辑和编辑活动。同时,面对山呼海啸、泥沙俱下的巨量信息,步履匆匆的人们也更需要简洁、高效、优化、定制的内容,需要最适宜自己的精神食粮,这就离不开编辑评价、选择、优化、推介的工作。随着新技术的不断融入,知识需求的广度、深度、多样化、个性化不断拓展,成功转型的编辑和出版社大有用武之地,注定会创造更多精彩和传奇。

突破困局、提升生存的质量和发展的速度,媒体融合以谋求发展的更大空间、更长远目标,是目前出版业不可回避的现实。而解决这些问题的前提,是对规律的认知,是对相应学问、理论、知识的探索和掌握。作为出版的中心环节,编辑学研究已迫在眉睫。

四、学问、学科(科学)、学科建设

编辑学之学,有"学问"的学、"科学(学科)"的学、"学科建设"的学多解。这三个层面,都有大量工作可做。

学问。通常泛指知识。说这个人知识丰富便说他有学问。如前所述,有书籍便有编辑,有编辑便有编辑活动,便会产生和积累大量编辑知识,也要应用大量其他相关学科知识。

　　当今世界变化太快，知识呈现爆炸式增长，编辑需要具备的学问多多益善，包括政治立场、文化素养、职业道德、知识广博、技能娴熟等。数字化时代内容创新和科技创新相融合，对编辑提出了更高更全面的要求。要想避免边缘化，防止淘汰，谋求新的发展，编辑要自觉做到主动学习、善于学习，出版社要自觉成为学习型组织，培养复合型编辑人才。

　　学科（科学）。相对独立的知识体系。从学术角度看，学科是自然科学和社会科学概念的下位概念，指一定科学领域或一门科学的分支，是自然科学和社会科学系统内某个子系统的集合。如社会科学中的法学、新闻学等。学科的形成需要一个较长的时期。人类在活动中获得经验，积累和消化经验形成认识，通过思考、归纳、理解、抽象，认识上升为知识，再经过运用、验证进一步上升到科学层面形成知识体系，进而确立学科。研究认为，确定一门学科，有其客观标准。一般有四条，一是具有了本学科自己的一套术语，二是建立了本学科自己的理论体系，三是形成了本学科公认的代表性人物，四是有代表性著作。尽管编辑的历史非常悠久，还是当今信息化全媒体时代的热门，但是，有关其理论体系、基本内容乃至研究对象等，仍在讨论和发展之中。自来致力于编辑工作者，以其功力编辑书籍者居多，将其识见写成专著者少。在实务操作中，当然也产生了许多编辑见解，但大都散见书录、序、跋、凡例、解疑、论辩、书信、文章中，未成系统[①]。从这个角度说，编辑研"学"，还需要付出艰巨的努力。编辑学是研究编辑工作规律的一门学问，是将编辑工作积累的经验、方法加以总结、概括，提到理论高度，提示它的基本规律，使之条理化、系统化、规范化，来自实践，指导实践。从这个意义上讲，编辑学并不是种种日常编辑工作

---

① 　潘树广.编辑学［M］.苏州：苏州大学出版社，1997.

之大全,它是一门具有学术意义,综合性、理论性、实用性很强的学科。编辑工作的对象、主体、客体、性质、任务、类型、作用及编辑的基本规律,编辑工作的各种方法、程序和整个出版过程,各种出版物的编辑特征等,都是编辑学研究的题中之义。

时代、事业呼唤编辑学研究的推进和突破,研学应该提上紧迫的日程,进入有规划、有组织、有机制,主动、主导的轨道。从学科特点、现状和需求看,可以考虑:首先,基础研究和当今的难点、热点相结合。基础研究如对象、主体、客体、规律等;难点、热点如双效益、媒体融合等。其次,编研一体化。研究和实务紧密结合。研究人员、机构设置、课题来源、成果应用都要遵循此原则有所安排。第三,制订框架和目标,分解为若干方向,具体化为若干课题,并落实人员、任务、资金、政策等。第四,建立一支基本队伍,有专业、素质、兴趣、时间等要求。第五,建立合作协同机制,包括和新技术新媒体的合作协同,突破原有传统行业和传统研究格局,创出新意。

学科建设。这一词组中的"学科"和前述"学科"含义上有一定关联,但具有明显的教学、科研、育人、就业等功能性需要。如业务隶属范围的界定、学科的设置与就业对口、政策落地、资金衔接等。单从教育角度,我国编辑出版专业教育已经历了三十多年发展,培养了大批专业人才,为新闻出版事业发展做出了重大贡献。然而,和其他学科比,编辑出版教育起步较晚,时期短,问题不少,如教学重理论轻实践;师资缺乏相关行业背景;人才培养未能随行业发展与时俱进;学科隶属模糊、不规范等。

一直以来,我国的(编辑)出版学科归属存在很大争议。主管机构和出版界人士曾经为争取一级学科设置进行过多次研讨、呼吁和沟通,未果。目前在高校学科设置中,一部分学校将之作为二级学科,基本归属在新闻传播学和图书馆、情报、档案管理这两个一级学科名下；一部分学校将之挂靠在一些二级学科之下，且开设专业的名称五花八门。这种混乱也导致了课程设置的混乱，开设的课程不能集中反映（编辑）出版研究生专业的基本特征等。综观英美（编辑）出版学科的设置归属，在英国通用的学科专业目录"共同学术编码系统"（JACS）中，（编辑）出版学是与信息服务、宣传研究、媒介研究、新闻学相并列的一级学科。在美国的"教育项目分类"（CIP）中，（编辑）出版学也是一个与"传播与媒介研究"、"新闻学"、"广播电视和数字传播"、"公共关系、广告和应用传播学"相并列的一级学科①。英美编辑出版教育开展较早、课程体系比较完备，新技术新媒体跟进较快。其学科归属以及课程设置或许可有一定借鉴。

综上，笔者认为，编辑成"学"已是社会发展的必然趋势，而在信息、技术日新月异的今天，编辑研"学"无疑正逢时。愿更多学界与业界的有识之士参与到编辑学研究当中，助推其更快、更好地发展。

---

① 张志强.英美国家的出版学学科归属及对我国的启示［J］.中国出版，2009,9.

"无冕之王"的消逝 *

　　全球互联网的出现，给"传媒"这个词增添了崭新的内涵。人类从来没有像互联网时代这样看好自己，踌躇满志。"给我一台计算机，我就能改变世界"。人们兴致勃勃不厌其烦地建立一个又一个网站，随时随地随心所欲散发号称新闻、信息之类的文字、图像和声音。

　　人们在享受瞬间通达五洲四海、统领全球的快感的同时，也使传媒者的队伍空前壮大了。传媒神秘的面纱不复存在。好事者甚至已经将传媒者重新定义为"内容提供者"（Content provider）。有胆子更大的，竟然说国际互联网的出现，将使新闻记者这一行业消失。

　　听起来，这是多么的不恭。想当初，英国新闻记者经过长期顽强斗争，于18世纪在英国议会中获得旁听权和报道权，因为当时英国议会中有贵族、僧侣、平民（资产者）3个阶级的代表，新闻记者在取得上述两权后被谑称为"第4阶级"；因其职能具有某些特权，显得似乎凌驾于其他3个阶级代表之上，又被称为"无冕

＊　原载1999年9月15日《新闻出版报》。

之王"。打那以后，新闻记者成为享有独特地位和异乎寻常权力的"天之骄子"。新闻记者职业令人神往、炙手可热。这种热度百年来在世界各地有增无减。现在忽然就说，"无冕之王"要消失了，这确实令人难以置信。

前不久在英国多伦多大学的一次学术交流活动中，有位名叫P. 高丁的社会学家，在由笔记本电脑控制的巨大屏幕上，打出一张挤满数据、令人目眩的图表，然后，平静地预告了互联网时代新闻记者职业的终结。接着，他又为新闻记者指出一条出路：新闻记者转变为社会学家。

起初，我有点怀疑高丁教授的用意，因为社会学家和新闻记者的关系素来有点特别。新闻记者和社会学家的工作对象都是社会现象，他们实际上在做着同一件事情，但历史总是由新闻记者写第一页，占了先机，尽显风流，招人妒忌也是自然的事。然而，社会学家高丁基于大量事实、数据之上，进行精密、严谨的分析，又让人不得不服，那结论让人不得不深思。至少，它揭示了一个无可争辩的事实：由于国际互联网的出现，由于"内容提供者"的出现，新闻记者面临前所未有的窘迫、前所未有的危机、前所未有的挑战。

但我相信，新闻记者还将存在。一个世纪前，"新闻事业"的创始人普利策告诫记者，要采访"与众不同的、有特色的、戏剧性的、浪漫的、动人心魄的、独一无二的、奇妙的、幽默的、别出心裁的"新闻，后人称之为有价值的新闻，这一要义在互联网时代更显重要。新闻并不等同于信息，是具有新闻价值的信息。如果记者把自己等同于互联网上所谓的"内容提供者"，确实就没有存在的必要。因特网时代的新闻记者和"内容提供者"们具有许多重要区别，区别之一应是记者要学习社会学家（还有其他学科的"家"们），加大分析的比重、深度和科学性。开放的、善于借势而上乘风前行的人将永远立于不败之地。

219

名编"两痴"*

　　书稿经由编辑发现、挖掘、加工整理，成为书籍。出版后，有些似棉花掉落水中悄无声息，有些虽轰动一时却只昙花一现，也有些得以长久传诵，随着时光流转，味道愈加醇厚，定格为人类文化发展的坐标。这些书籍的推手，不乏星光耀眼的名编辑，当代的如巴金、韦君宜、邹韬奋、范用、姜椿芳……

　　为什么他们能够编辑出传世的长寿书？带着好奇心一路寻访他们的足迹，渐渐发现，他们有着迥异的经历、不同的性格，亦有着普通人的衣食住行喜怒哀乐，但他们的共同点也引人注目，比如"书痴"和"情痴"。

　　一、书痴。沉迷于书不能自拔者也。书痴一生以书为伴，一生和书血肉相连，打下了解不开的死结。具体表现在：

　　——爱书。对书用情至深，书成为了生命的一部分。

　　方成曾经以"无题"为名画赠范用，画中的范用慌张逃窜至空中，手抱几本比自己身体还大的书，头向后张望，惊恐又有些庆幸

＊　2014年11月第三届韬奋出版人才高端论坛"出版社名编辑内涵分析"发言稿。

的表情似乎在说,什么都没有了幸好还有书……爱书,与书须臾不能分离,在书香中孜孜不倦地阅读。一个人的视界、格局、文化品位、审美情趣,就是在爱书读书中养成了。

——识书。世间的书稿千百万,何稿可以入名编法眼?他们的基本功之一是识货,也就是人们通常所说的慧眼独具。余秋雨的《文化苦旅》,书稿曾遭数家出版社退稿,后来辗转与东方出版中心编辑王国伟相遇后得以付梓。1992年出版后热销至今,全书凭借山水风物来寻求文化灵魂和人生真谛,探索中国文化的历史命运和中国文人的人格。获得了全国金钥匙图书奖、上海市优秀图书一等奖、台湾最佳读书奖等。王国伟谈及当初见到书稿时的感受说,"书中释放出来的生命信息和良好的文化感觉,一下子抓住了我的心","我如获至宝,心中已深谙此书的价值"。可见,决定出版行为的,是编辑的眼光、价值取向和审美趣味,是编辑与作者心灵、情感的感应,归根到底,是编辑与作者素质的平等与交流。用一位嗜酒如命的老编辑的话说,就是没钱喝酒也不出价值无聊的书。

——成书、美书。名编们不止爱书如命,还辛勤耕耘,做出一本本尽量完美的书。《林海雪原》是曲波所创作的一部长篇小说,1957年出版。描写的是解放战争初期东北剿匪的战斗。此书一直被视作"革命通俗小说"的典型代表,并被誉为"新的政治思想和传统的表现形式互相结合"的典范,它更是整个"十七年文学"发展之中不可替代的重要小说作品。2019年9月23日,《林海雪原》入选"新中国70年70部长篇小说典藏"。然而,当年人民文学出版社编辑龙世辉从一大堆来稿中发现曲波寄来的稿件时,他仔细阅读后发现作品题材很好,但原稿问题相当多,文学性不足,语言粗糙,基本上还停留在素材阶段。他邀约曲波面谈,从写作常识到全书结构、人物、情节、遣词造句,仔仔细细不厌其烦地讲解。书中的白茹这个人物，以及"少剑波雪夜萌情心"等情节，就是由龙世辉建议加上的，他有时甚至亲自动手，对书稿进行重新改写。此书出版后，引起了极大轰动，感动了无数国人的心。

范用的出版生涯中，有几本书常常为人提起，一本是巴金的《随想录》，一本是陈白尘的《牛棚日记》，一本是《傅雷家书》。他曾经说，"我最大的乐趣，就是把人家的稿子编成一本很漂亮的书，封面要很好看，内表也要看得舒服，使读者愉快地欣赏着作者的才情，爱不释手。"①为了给书穿上有灵魂的衣裳，范用钻研、总结出一套心得："严肃文学作品装潢精致，精装本的护封大都取冷色调，十分庄重。通俗文学作品则开本矮小，封皮色彩鲜艳，纸张也较粗糙。全书包括用纸、装帧，整体和谐。书衣不会自己美，书穿了合适才美得起来。"②范用2010年辞世，人们用巴金先生专门给范用的题词概括他的一生：愿化作泥土，留在先行者温暖的脚印里。

二、情痴。具体讲就是祖国情、作者情、读者情。一往情深，痴情不改。

——祖国情。名编辑不一定是政治家，但他思想上是成熟的，不唯上，只唯实，关注国家命运和前途，把握历史走向，独立思考，追求真理，探求真理，并为之奋不顾身，奋勇向前。正如邹韬奋先生所言：正义所在，全力奔赴。

1979年4月，《读书》杂志创刊，在陈原、陈翰伯、范用，以及《读书》执行主编史枚、倪子明等老出版人力挺下，创刊号刊登了李洪林文章《读书无禁区》。此题最先是陈原在讨论选题时提出的。"他说，可否即约李洪林写《读书无禁区》，切中时弊，大胆些，

---

① 吴禾编.书痴范用［M］.北京：生活·读书·新知三联书店，2011.
② 范用.叶雨书衣自选集［M］.北京：生活·读书·新知三联书店，2007.

得罪些小人无妨"①。"读书无禁区,真理不是权力的奴仆",此文因为喊出了大家心里隐藏多年的声音一时传播深远,成为中国改革之初思想解放运动的重要标志之一,《读书》杂志也因之大放光彩。

1977年底,66岁的姜椿芳在静夜奋笔疾书,起草《关于编辑出版〈中国大百科全书〉的建议》。由于文革7年秦城监狱生活的摧残,他患上了高血压、动脉硬化、青光眼——他的视力已经极差。写在纸上的字迹,忽大忽小,忽高忽低。还在秦城监狱铁窗内,无数个不眠之夜里,一个问题在姜椿芳脑中挥之不去,中国为何发生"文化大革命"这场浩劫?他想到法国哲学家狄德罗,以及狄德罗、孟德斯鸠、伏尔泰、卢梭等结成的"百科全书派",他们主持、撰写的法国《百科全书》,成为冲破欧洲1000多年封建和神学统治的时代号角,点燃了18世纪启蒙运动的火炬。灾难深重的中国,也迫切需要"用唯物主义的观点对中国全部历史、文化和古籍作出新的叙述和概括,使我国广大人民提高社会科学和自然科学的知识水平,远离愚昧。大百科全书将是我国人民实现四个现代化必不可少的工具。它是历史赋予的任务,刻不容缓"。姜椿芳写下自己长期的思考,以及出狱2年来大量调研形成的工作方案,在中国社会科学院《情况和建议》上刊出。姜椿芳的建议,立即引起了社会各界人士的广泛关注。同年5月,邓小平、华国锋、叶剑英、李先念等几位中央常委悉数圈阅,同意编纂《中国大百科全书》。一项影响深远的国家文化基业,就此拉开了大幕。《中国大百科全书》第一版历经15年编成,结束了泱泱大国没有自己百科全书的历史,全面记述中国博大精深的文明成果,同时汇集世界最新科学文化成就,体现了彼时中国知识界最高研究水准,反映了"文革"结束后,

---

① 董秀玉.范用与《读书》初创[M].北京:生活·读书·新知三联书店,2011.

励精图治、振兴国家的知识力量。《人民日报》1993年9月6日发表长篇报道，称"这是中国人自己的第一部大百科全书，它跨越了十年浩劫的文化沼泽，架起了通向21世纪的文化桥梁，铸就了一座中华文化的丰碑"。

——作者情。作品的出版将作者和编辑紧密联系起来，有眼光的编辑非常注重建立稳定、优质的作者群。

范用"对作者既热情恭敬诚挚亲切，又能对话交流融洽无间，他尽心尽力把他们的文章尽早发表，把书做得最好。他的真诚和努力，也使作者们都信任他、尊敬人，视他为最好的朋友"[1]。正因如此，当《读书》创刊时，他带进了一大批如朱光潜、钱锺书、沈从文、艾青、叶圣陶、巴金、萧乾、王若水、王蒙、冯亦代、夏衍、黎澍、戈宝权、许觉民等优秀作者，他推荐了老文化人漫画家丁聪，丁先生创造了《读书》的装帧风格，一画就是三十年。

上个世纪80年代初，已近70高龄、患有严重眼疾的姜椿芳，总是亲自去送聘书，而且在送聘书时，一定要向受聘人恭恭敬敬地鞠上一躬。这一做法后来形成了出版社的传统。这绝对不是一种简单的外在形式，而是表达了编辑对作者的尊重。在中国大百科全书出版社，随便问一个第一版时期的老编辑，他肯定记不清那些年他有多少次半夜爬起来，去火车站排队给专家买车票，或者接来京的专家，肯定记不清，他帮专家查过多少次资料……《法学》卷花甲之年的责任编辑张遵修，还曾为专家请过保姆。一天，她去某位学者家中取稿，发现屋子挺乱，一问才知保姆不辞而别了。为了让作者能专心写稿，她立刻去帮他张罗请保姆之事，要请一个既让人满意、又开价不高的保姆，还真不是一件容易的事。当她把合适的

① 董秀玉.范用与《读书》初创[M].北京:生活·读书·新知三联书店，2011.

保姆带到作者家中时，那位老学者激动得半天说不出话来，最后只说了一句：咱们的大百科，怎么能不是世界上最好的呢！

　　——读者情。读者是图书从生产到消费整个链条的最终一环，出版的终极目的，是为读者服务。编辑对读者满腔热忱，与读者共情，贴近需要做好服务，与读者建立起互相信赖的友好关系是至关重要的。

　　2001年问世的《中国儿童百科全书》畅销至今，2003年获第六届国家图书奖、第五届国家辞书奖特别奖、第五届全国优秀科普作品奖（图书类）一等奖、第六届全国优秀少儿图书奖。2006年获2005年度国家科学技术进步奖（国家科学技术进步奖首次授予图书）、2006年度全行业优秀畅销品种（少儿类）、2006年度最美少儿图书、入选2007年国家新闻出版总署向青少年推荐百种优秀图书目录、入选首届"三个一百"原创图书。数十种报刊累计上百次报道。中央电视台焦点访谈、新闻联播专门进行了报道。而这一品牌编辑团队的领衔人，是著名的儿童教育家、老出版人余心言（徐惟诚），儿童读物专家贺晓兴，以及韬奋奖得主吴希曾、百科社首席编辑程力华。他们说：给儿童编书，就要有"儿童本位"，坚持原创，为中国儿童编写自己的百科全书；以儿童为本，"蹲下来"编书，同他们平等对话、对视、交流，以童心童趣编书，编出他们真正需要、真正适合他们的书。一切从小读者的需要出发，他们深入调研小读者的性情特征，反复琢磨小读者的认知规律，提出了"培养孩子寻找知识的习惯，寻找知识的方法和寻找知识的乐趣"的编纂理念；在知识表述上实现了三个转变，以图为主的《中国儿童百科全书》不是简单的字少图多，而是在知识的表述形式上实现了由条目向主题的转变、由知识块向知识点的转变、由以文为主向以图为主的转变。引导儿童寻找知识。要让儿童有兴趣在书中寻找知识，《儿百》在每个主题页的设计上，都力图为儿童创造一个认知的环境和想象的空间，并充分利用概述的少量文字引导儿童去读图；为使知识的解读既权威准确，小朋友们又读得懂，作者队伍由科学家、儿童教育学家、儿童心理学家、科普作家、教师（包括幼儿园老师）、儿童文学作家、编辑等共同组成；从封面设计，到每一个内文页，都由内容编辑和美术编辑精心设计，图文的比例、摆放位置、图形、色彩、字型及大小，一切元素都从儿童认知特性，以及培养对美的欣赏出发考虑，还认真考虑了孩子们阅读的舒适性和安全性，特意将书角做成圆角，虽然会增加一定的成本，但它很安全，不会划伤孩子的皮肤，获得了家长和孩子们的一致喜爱。

结语：

名编们大都有浓厚的"痴书"、"痴情"倾向和特征，这当然已不仅仅是个人偏好，而是尊重知识和文化，饱含人文关怀的美好情感，这使他们在精神上更独立，在境界上更纯粹。权贵不能控制他们对真理的追求，商业的冰冷规则不能消融他们对书业的温情和浪漫。他们在"痴书"、"痴情"中不断修炼、长期积累，于一生书缘中，成就了众多脍炙人口的好书，也成就了自己不凡的人生。

工匠精神与学者型编辑 *

多年前，曾近距离观一个艺术类评奖，从琳琅满目的绘画书法作品中挑出一批，再从中评出若干名次。奖项的角逐很激烈，争执不下时，就有权威专家发言，称某作品"匠气了"，于是，众人便作沉默状，某作品就落选了。

看来，这个"匠"不是一个肯定的字。我觉得奇怪，因为似乎同从小学的一些词语有出入。当即产生了好奇，遂查字典。典曰：匠，指有专门技艺的人，如木匠；某一方面有突出成就的人，如巨匠。匠人，旧指手艺工人。匠心，巧妙的心思。还罗列了大量与匠有关的中国成语，都是极好的褒意，如别具匠心、能工巧匠、匠石运金、匠心独运、神工意匠等，包括人人从小便可朗朗读来的三个臭皮匠，顶个诸葛亮。大意都是赞美有专门手艺的人，将手中的活儿做到了极致，在某些方面有突出成就。

唯独不见"匠气"。遂上网搜索，这回有了。网曰：匠气，指某一方面技能熟练，但平庸板滞，缺乏独到之处。看到这，不由感叹中国文字的玄妙。

---

* 原载《中国编辑》2017年增刊。

再细想，比如中国古代春秋时期的鲁班，被中国土木工匠们尊称为祖师。他在经年的劳作中发明了钻、刨子、铲子、曲尺（矩，鲁班尺）、墨斗、锯子等，从那以后的2000多年中，这些工具的使用成倍提高了工匠们的劳动效率。又比如300多年前英国的J.哈里森，被称为西方匠人的典范。他费时40余年制作了5台航海钟，其中的"哈氏4号"航行64天只慢了5秒，远远小于法案规定的最小误差2分钟，精准解决了航海经度定位问题。却不知为何，在后来的世事流变中，在中国，匠字的面目就变得有些模糊、暧昧，甚至揶揄起来。在辞典上还看到一个成语：一代宗匠，释义明明白白讲是形容一个时代的人们所尊崇、敬仰的著名文学家。但是，现在有谁会用这个词呢？用的都是一代宗师。似乎只有师才尊贵才高大上，匠则平凡呆板底气不足。在我们的传统文化里，"匠"本来是一个有着高级含义的字，而现在在现实生活中却似乎又夹杂着模糊、暧昧的意味了。

近来，"工匠精神"一词突然大热。源于李克强总理政府工作报告讲话："要鼓励企业开展个性化定制、柔性化生产，培育精益求精的工匠精神"。他在此处提及的"工匠精神"本是针对中国制造业，却瞬间在全国各行各业火起来，并登上了年度十大流行语榜单。为什么？有人说，这是中国特色，伟大人物一说便放之四海而皆准。但明眼人都明白哪有那么简单。现如今，机械化自动化高度发达，为什么还要推崇尊荣于手工业时代的工匠？而且一石激起千层浪，迅即引爆、形成连锁反应、一呼百应？其中定有深刻的社会原因。当今社会普遍心浮气躁，人们以各种短平快，追求即时利益，结果产品质量不保，失信于用户，企业竞争力下滑，产业发展堪忧。而中国正处在发展的关键时期。在这个当口上提出工匠精神，并迅即得到全社会的追捧，有民族文化传承基因里的东西，这就是心灵净化、精神回归和补充的自我需要。总理引爆了一个思考，引爆了对国人传统文化的心灵回归，我们需要一些精神的东西。像当下讲新长征一样，不是走两万五千里那条路，而是开始新的长征，比如说"一带一路"、"天宫2号"，最重要的是一种精神。我们需要精神的力量。精神的力量是一种暗物质、暗能量，看不见，却无处不在，其力无穷。人们需要精神的补充，才能解决许多问题。

出版界也开始大力挖掘、崇尚工匠精神。这当然是恰逢其时的。生产精神食粮，必须克服浮躁，必须精益求精。我认为，培养和推崇学者型编辑，将有利于落实工匠精神，扎根出版业，并传承下去。

不过，我这儿讲的学者型编辑，同过去通常的概念有所不同。

过去对学者型编辑的理解，指学问好，主要指对某学科如哲学、经济学、天文学之类功力深厚，学术有成，在这些学科领域写了多少论文、出了多少本书。百科社曾经有一位编辑，进社不久就显现出惊人的文学天分，不久就创作了一部小说叫《祖先的爱情》，我读了，写得很好，外界评价也不错。我觉得他称得上是一个学者，因为他写的小说不是简单地谈情说爱，也有很多学理和哲学的思考。

但是，我认为，学者型编辑还应该指在编辑学上有突出造诣。理由如下：

首先，编辑是一门学问。随着当代出版技术、市场、产业的蓬勃发展，编辑成学，在业界已是共识和公论。编辑学，是从业的编辑人员最需要钻研、安身立命的基本学问。学者型编辑，当然也应是深谙编辑学门道者。如范用等编辑家、出版家，之所以能推出一部部享有盛誉的佳作，打造出一个个传世名品，试想，没有对编辑出版基本规律、种种学问了然于心，没有那几刷子，他们怎么可能将编辑出版事业干得这般风生水起、荡气回肠。其次，强化其他学科而忽略对编辑学修炼的评价，在实际工作中，可能导致"偏科"，重"学术"而轻本职，编辑工作的效果可能就会大打折扣。所以，冠名学者型编辑，学识丰富中，必定应包含编辑学学问的扎实、充盈，包含对学术态度、科学精神的坚持。

学者型编辑的基本素养有几个层面。第一个就是认同。首先得认同自己的身份和职业。

首先要把编辑专业作为学问来做，学者型只是一个定语，我们的岗位、职业就是编辑，首先是对自己身份、岗位的认同，这是学者型编辑最重要的一点。一旦我们认同了，对它有一种自豪感，有一种平常心，才能抵制住很多诱惑，才能执着。只有执着，才会花时间，肯专注，有沉淀，才可能成为编辑领域的行家里手。

现在讲工匠精神，很多人讲到向日本学习。在日本根本没有工匠这个词，相对应的是职人，就是职业的人，还有一个词是人前，是走在前面的人。这是什么意思呢？我曾经看过他们的作品，30年做一个盘子，因为要用手去打磨，所以他手上的指纹都没有了，他说没关系，我的作品就是留给世界的指纹，是人类文明的指纹。当你对自己的职业很自豪的时候，你才会有这样的执着。

过去长期以来编辑是为旁人作嫁衣，对编辑的认同往往来自对学者型编辑的定位，就是他是哪一个专业比如哲学、经济学的学者型。其实，出版界出了很多大家，像王云五、邹韬奋、姜椿芳，等等，他们在编辑出版领域做出了卓越的成就，我认为他们是当之无愧的学者型编辑。

第二个就是敬畏。敬畏是什么？可能是责任心，再加上一点精神的信仰，构成了敬畏。我们从工匠精神里能找到它的踪迹。真正追求工匠精神的人，对于成品，他们认为要从材料就开始重视，认为所有材料都是有灵性的，对待他手里的材料，都是有敬畏之心的。敬畏，应该说，是学者型编辑和普通编辑的区别之一。

第三个就是文化。很多人觉得文化是不是等于学术？我很认同刘震云的话，他的母亲是80多岁的农村老太太，没上过学，也没念过什么书，但他觉得母亲是有文化的人。文化并不是说这人读了很多书，有很多学问，当然学问是文化很重要的部分，但并不是完全等同的。文化有几个层面，第一个层面是价值观、价值取向。中国的传统手工艺里边，有很多有意思的现象。我们会看到很多图案，其实在中国，对图案寓意有很多讲究的，有图必有意，有意必吉祥，这就是真善美，我觉得我们做书也是这样的。如果没有美好的价值取向，你有再多的学问，也无益于社会。历史上有这样的事，有的人学历很高，但是干的坏事比谁影响都大。作品、出版物里边的价值取向、文化内涵、影响力应该是正向的，这是文化的第一个层面。第二个层面是科学的精神，要客观公正，要有去伪存真的勇气。第三个文化的层面是学习进取，一个学者型编辑肯定是不断学习的人，而不是一个只生活在自己世界里的人，这一点相当重要。

综上，最终归结起来，学者型编辑的基本素养，都会外化为不同寻常的眼力。眼力是什么？就是眼界和能力。这由四个环节构成：一是评价，二是选择，三是优化，四是推介。不同的眼力，决定了所从事工作的成色和走向。编辑的工作和作品是什么，就是出版物。出版物的品质、生命周期、影响力、是否传世，都决定于编辑的眼力，最终构成了对社会奉献的程度。

出版物质量的恒定性和时代性 *

出版物质量，是出版物性质、水准的界定。

出版物具有可观、可流通、可交换的商品属性，但长期以来出版物更被视为精神产品，这当然是从其内容来自人脑所思，其功能主要是对知识的记录、积累，以及对人的教化、培育、怡情等而言的。随着信息化技术的发展、数字化出版的兴盛普及，相当部分出版物的物质形态将逐渐消失在比特中，但其内容将更加丰富，传播将更加广泛，精神属性将愈加凸显。

人们的生活、工作、学习离不开出版物的滋养；人类社会发展、文明进步离不开出版物的催化；对出版社而言，出版物更是立身之本，是当家的核心资产。在世事流变、价值多元、文化强国的今天，对出版物质量的追问和坚守，尤显重要。

出版物质量一般认为包括内容质量、编校质量、设计质量、印制质量等。内容是出版物的主体、核心和灵魂，是出版物衡量的主要方面。本文侧重对内容质量的探讨。

---

* 2016年10月23日科技读物编辑委员会研讨会论文；原载《新体制、新业态下保证和提高出版物质量》（论文集），2016年。

一

出版物内容，任何时候都必须遵循某些基本规范。这些规范，是出版物性质的内在规定，具有共性、持续性、恒定性。包括文化规范、科学规范、法律规范等。规范乃标准之意。它们是判断出版物质量的基本准绳。

文化规范。文化，乃"人文化成"一语的缩写。文化是人类创造的物质财富和精神财富的总和，包括人类、民族和国家的历史、习俗、生活方式、文学艺术、科学技术、行为规范、思维方式、价值观念、社会制度等。人创造了文化，文化同时也塑造着人。健康的、优秀的文化能够丰富人的精神世界，增强人的精神力量，促进人的全面发展，从而对民族、社会和国家的发展产生深远的影响。

出版物无疑是人类文化创造中最精彩的华章，是人类最伟大的发明。它既是人类文化活动的产物，又是文化发展的推手。它本身就是文化的有机组成部分，积累、传承和传播文化是它的天职。出版物内容的文化规范，就是指出版物必须具有一定文化内涵，其文化品格、文化含量、文化影响力应该呈现正向。

当代诺贝尔文学奖得主、德国作家H．赫赛说："我们现在急需的智慧，都存在老子的书中。"老子的书《道德经》是公认的中国古代思想巨著，从公元前几个世纪问世，2000多年过去了，老子的学说应用未曾中断、历久弥新。它影响了中国和世界，是除《圣经》外被译成外国文字发行量最大的文化名著。其"道法自然"，论述了修身、治国、用兵、养生之道。核心思想就是要尊重、遵循事物的基本规律。《史记》、唐诗、宋词、元曲、《战争与和平》、《巴黎圣母院》、《童年》、《假如给我三天光明》等众多往时之作，有的甚至已有上千年历史，为什么时至今日，仍然为广大读者所热爱，就是因为其真善美的文化内涵，引起了人类情感的共鸣。

科技类出版物例子也很多。爱因斯坦《狭义与广义相对论浅说》，开启了宇宙新时代和人类利用核能的新篇章。袁隆平《杂交水稻育种栽培学》总结的理论和方法解决了数亿人吃饭的问题。《寂静的春天》在上世纪60年代为人类环境意识的启蒙点燃星星之火，警示世人；推动美国政府制订法律，成立环境保护局；促成联合国召开"人类环境大会"，各国共同签署"人类环境宣言"，开启了环境保护之旅。这就是好书的价值，这就是文化的力量。

以科学的理论武装人，以崇高的精神塑造人，以优秀的作品鼓舞人，可以视为出版物文化规范在当今的一种表述。无论市场竞争多残酷，经济效益多迫切，出版物的文化规范、文化品格是始终不能放弃、不可偏离的。

科学规范。科学，意即反映自然、社会、思维等的客观规律的知识体系。书籍的基本功能就是记录、整理、表述、传播知识，出版物的科学规范，包括选取的知识内容具备符合客观实际的真实属性，即客观、准确，要坚持真理、反对虚浮、拒绝伪科学。

有时候，这种实事求是还是需要付出勇气和担当的。上世纪80年代中期《中国大百科全书·法学》卷发稿前，有人心有余悸，提出对"无罪推定"条目应当加些批判。主编张友渔坚持认为，"无罪推定"等原则是资产阶级革命初期，反对封建司法专横所提出，在历史上具有进步作用，不必加什么批判。于是，"无罪推定"条原样出现在《全书》第一版上。而这一原则后来已被收入1997年修订的《中华人民共和国刑事诉讼法》中。

出版物的科学规范，还包括知识表述的规范性，包括事实、数据的准确可信，包括文字、术语、图表、数字、计量单位等符合相关的国际、国家、行业标准。有时这需要付出大量辛勤的努力。炎黄子孙常以发明火药而自豪，殊不知在《中国大百科全书》第一版出版前，我国所有历史典籍都没有记载过火药诞生的准确年代，国际上关于火药并非始于中国的言论时而有之。《全书》的《军事》、《化学》、《航空航天》等卷在编辑过程中，许多条目都涉及火药，而且各自提出了不同的依据。为了解决这个历史遗留问题，《全书》先后组织了三次全国性跨学科研讨会，征询了数百位专家的意见，查阅考证了数百万字史料，按古代配方进行了模拟实验，还拜访了英国著名科技史专家李约瑟教授，经过几年潜心研究，火药诞生于公元808年以无争的史实，出现在《全书》第一版上。

充溢关爱生命的人文情怀，又贯穿严谨求实的科学理性精神，这是出版物内容质量亘古不变的标尺。

法律规范。法律包括宪法、法律、行政法规。宪法是国家根本大法。法律是从属于宪法的强制性规范，是宪法的具体化。行政法规是国家行政机关（国务院）根据宪法和法律，制定的行政规范的总称。法律是保证人民权利和利益、调整社会关系、维护国家秩序、发展各项事业的利器，是对全体社会成员具有普遍约束力的社会规范。法律对人们的行为是否合法或违法及其程度，具有判断、衡量的作用，国家以强制力制裁、惩罚违法行为。

我国出版物内容的法律规范，官方法律文件规定主要见于《图书质量管理规定》、《出版管理条例》和《著作权法》等。2002年2月1日开始实施，至2016年2月6日历经四次修订的《出版管理条例》第二十五条规定，任何出版物不得含有反对宪法确定的基本原则；危害国家统一、主权和领土完整等十项内容。第二十六条规定，不得含有诱发未成年人模仿违反社会公德的行为和违法犯罪的行为等的内容。第二十七条规定，出版物的内容不真实或者不公正，致使公民、法人或者其他组织的合法权益受到侵害的，其出版单位应当依法承担责任等。

《著作权法》是当今社会发展不可缺少的法律制度。在知识经济大发展的今天，人们的知识产权观念空前加强，同时，版权产业在经济转型中发挥着越来越重要的作用。《著作权法》保护作者权益，满足公众文化需要，促进知识的创造、积累与交流，调整和平衡作者、公众、集体、国家之间的利益关系，助力文化事业繁荣、版权产业快速发展。《著作权法》是和出版业关系最为密切的法律，出版社经手的每部文稿、图片、每本出版物，都可能涉及著作权问题，包括作者的精神权利和财产权利，有的还涉及出版社的邻接权利、公众的合理使用权利等。尊重知识产权，履行著作权法条令，是出版物法律规范不可或缺的组成部分。

《规定》、《条例》、《著作权法》等划出一条红线并以法律之剑守护。遵纪守法，维护国家安全、社会安定，保护知识产权、维护创作者权益是出版物质量的最起码要求，是任何时候都不可逾越的一条警线。

二

文化是人类历史的积淀，但文化同时又是在人类不断地丰富、创造中前行的。文化扎根于社会土壤。每一个时代的文化，都会打下时代的烙印，都是对时代的社会制度、科技艺术、意识形态、情感道德等的反映。文化有着鲜明的时代性。

古人用"慈母手中线，游子身上衣，临行密密缝，意恐迟迟归"的诗句描写母爱慈绵，但现在人们无论在哪都是买衣服穿了。古代屯守边关远在千里之外的将士难与家人联系，便有"烽火连三月，家书抵万金"的描述，但现在计算机网络、无线移动终端大普及，邮件、微信，只须动动手指，随时随地瞬间可达。时过境迁，许多事物都起了变化，所以，今人对以往意境的理解和感受很难如那时深刻。在变迁的社会进程中，出版物必须不断吸纳、融入、反映新的文化，这是每个时代的呼唤。

今天的世界和中国正在发生巨变，社会更文明、经济更繁荣、科技更发达、精神更丰富。"中国梦"、"中国奇迹"，当代中国正经历着历史上最为广泛而深刻的社会变革，也正在进行着人类历史上最为宏大而独特的实践创新，具有鲜明时代特征的新文化不断涌现。

科技的发展，更是日新月异。1925年英国工程师J.L.贝尔德发明了电视机，在伦敦一家小商店表演时，画面分辨率仅30行线，扫描器每秒只能5次扫过扫描区，画面本身仅2英寸高，一英寸宽。1939年，美国无线电公司开始播送电子式电视，瑞士菲普发明第一台黑白电视投影机。同一年，美国权威杂志《时代》周刊还冷嘲热讽，预言"电视机肯定比不过收音机，因为人要坐下盯着屏幕，大部分美国人可没那个闲工夫"。可那以后电视机从电子管、显像管、晶体管，到集成电路、数字电视，一次次变革式发展，于上世纪六七十年代在美国普及，上世纪八九十年代至本世纪初，也走入了中国的每一个家庭。

互联网始于1969年的美国ARPA网和NSF网，最初主要目的是为用户提供共享大型主机的宝贵资源。随着接入主机的数量增加，越来越多的网络串联起来，以一组通用协议相连，形成逻辑上的单一且巨大的全球化网络。这个网络中有交换机、路由器等网络设备，各种连接链路，种类繁多的服务器和无数计算机、终端。随着技术的快速发展，互联网在通信、信息检索、电子商务、客户服务等方面的潜力不断被发掘。人们不仅于其中共享信息资源，还将其作为知识创造和传播的媒介、通信和交流的工具、商业活动的平台。时至今日，计算机和互联网构成了当今信息社会的基础，渗透了每个人的生活。与之相关，当下最典型的还有微信和手机，人们在使用了微信和手机后，激发出了那么多欲望，而这些欲望又在不断推动新的发明、新的创造。

前段时间央视报道，杨培东在人工光合作用上取得划时代的突破。当今，温室效应，气体二氧化碳的含量至少已经达到了过去300万年里的总和。杨培东通过学科交叉，构建了一套由纳米线和细菌组成的独特系统，该系统可以捕捉到尚未进入空气中的二氧化碳。这一过程模仿自然界的光合作用。这一系统有潜力从根本上改变石油和化学工业，因为这一体系可以完全再生的方式生产化学品和能源，而非以前那样去地下开采。这一突破开辟了新的研究方向，解决由二氧化碳引起的全球变暖这一当今科学难题。

这样的例子不胜枚举。解决社会变迁中的困扰，不断提升人类生存、发展的质量，人类创造的精神文明、物质文明总是与时俱进，具有鲜活的时代特征。紧跟时代前行的步伐，捕捉时代跳动的脉搏，应当成为出版物内容质量的题中之义。

三

优质的出版物，是恒定性和时代性的结合，是继承基础上的创新。

文化有着千古不变的主题，如人性、人的情感、道德、美。崇德向善、真挚的情感等，都是人类任何时候共同的珍爱和向往。文化具有恒定性，因而具有延展性、继承性。

文化又是不断发展的，在人类不断的新发现、创造、创新中鲜活着蓬勃向前的。创新起源于拉丁语，包含"更新"、"创造新的东西"、"改变"之意。人类永远的追求，是对未知事物的探索、发现，将不可能变成可能。创新是人类特有的认识能力和实践能力，是推动民族进步和社会发展的不竭动力。人类就是在继承的基础上不断创新，创造出反映本时代精神气质、社会生态、科技艺术、情感道德的文化。

保障出版物品质，要坚持遵循基本的文化、科学、法律规范，弘扬真善美，贬斥假恶丑。立足国情，充分认同中华文化，认同国家和民族的自身价值和巨大生命力。努力延续文化基因，萃取思想精华，展现精神魅力，以强烈的价值情感、道德力量，感召世人，影响社会。近来"工匠精神"一词大热，指工匠秉承对自己的产品精雕细琢、精益求精、追求完美的精神理念，着意打造优质、卓越的产品。在自动化、数字化、智能化发达的今天，为什么还要大力提倡源自以往生产方式的工匠精神呢？说明任何时代，包括工业化、智能化大发展的时代，精雕细琢、精益求精、铸造卓越的价值取向不但不会过时，反而有着更加迫切、更加现实的需要。

保障出版物质量，还应当吸纳时代变化。出版是文化的接力。出版物要及时捕捉、反映我们这个时代鲜活的社会、政治、科技、艺术、情感、道德和美。反映人民关切，记录社会巨变，描绘万千气象。据悉已有出版同行行动起来，收集了国家十三五规划及各省十三五规划，进行计算机处理，进行大数据分析，从中牵引出一系列具有时代特征的出版选题思路。

保障出版物质量，必须不断创新。美国著名质量管理专家J. M. 朱兰博士提出产品质量就是产品的适用性、即产品在使用时能成功地满足用户需要的程度。管理大师P. F. 德鲁克认为"质量就是满足需要"。"适用"、"需要"，都有贴近当下之意，与时俱进之意。从这个角度上讲，也说明和要求出版物质量必须是动态的、发展的，必须随着时代的变迁、社会的发展、技术的进步而不断丰富。

贴近现实，推陈出新、求新。包括及时发现、记录、整理、传播各界创新成果，也包括对出版物自身在内容生产、表述、载体、传播等方面的创新。即使是古代经典，也需要结合时代，创造新的阅读文本、阅读样式，以推进中华优秀传统文化创造性转化和创新性发展。创新决定一本书的效用及市场生命力。在出版同质化严重的今天，创新更是出版社具有竞争力的重要方面。

传承、创新，有文化、有温度、有品质。生产和传播这样的出版物是出版业繁荣的根基，出版人当努力为之。

数字时代的选题创新——网络出版物 [*]

　　随着网络环境的改善和数字阅读人群的快速增长，网络出版势必成为出版的主流形态。如何顺应这一潮流对数字出版物进行探索，是现实而迫切的重要课题。

一、网络出版环境

　　在网络环境下，出版行为是由行业主管部门、内容生产商（非数字内容的作者和数字内容作者）、内容制作商（数字内容的制作单位）、内容提供商（数字内容的出版或发布单位）和内容运营商（数字内容发布和服务单位）、内容销售商（网络书店、网络信息服务单位）、技术支持商（网络环境及运营的软硬件保障）、内容消费者（特定用户、非特定用户及个体读者）八个环节组成。在这个产业链中，内容的生产、制作、销售及消费行为与纸介质出版物相

---

* 　原载《图书选题创新讲演录》，2006年度香山论坛。

比，发生了根本性的变化，因此，网络出版的选题就不能照搬传统出版的套路，要依据产业链中各个环节的特性重新定位和策划。

二、网络出版物的基本特征

信息资源的系统化　由于基于网络环境下的数字出版物不受存储空间的限制，因此，海量存储一度成为数字出版物的基本特征。随着信息处理技术的进步，海量信息的系统化、有序化和结构化的进程正日益加快，越来越多的在线数据库经过多年来对库存数据的深度加工和处理，已基本完成信息资源的系统化工作。因此，系统化的数字内容资源正在以纸介质出版物无法比拟的存储优势，发挥着越来越重要的作用。

信息资源的动态化　这里指内容信息的动态化，动态化在数字出版物中主要表现在以下几个方面：一是内容信息的组织和关联是动态的，二是数据的修改和更新是动态的，三是用户阅读的读取方式是动态的，四是内容信息发布和推送是动态的，五是读者和用户的需求是动态的。

1.内容信息的组织和关联　电子出版物和网络出版物在很大程度上彻底改变了传统出版的概念。交互技术和海量存储环境的支持，为基于数字技术的内容表达提供了一种动态、实时的信息组织方式及知识拓展、关联的方法，从而使得数字内容的表达超越了传统图书单一的表现形式，可以将数字化的图片、文字、音频、视频以及动画和VR等虚拟现实的表意素材集成起来，有机地整合成一个知识表达和检索体系，从而为读者和用户提供一个动态的、由多种媒体形态表达和多种信息组织结构的内容信息系统。

2.数据的维护和管理 在数字环境下,数据的修改和更新是动态和实时的,由于数据源和信息源来自不同的渠道,且这些信息整合到一个知识系统中,就需要对这些内容信息的科学性、权威性、可靠性、稳定性、安全性进行鉴定、检验、管理和实时的维护。这些工作都是动态的,如此才能为整个内容信息系统提供可靠的质量保障。

3.用户内容信息的消费方式 在数字环境下,尤其是在有线网、局域网、无线网的环境下,读者和用户查询、阅读、读取的方式是动态的,因此,选题和技术支持都要根据读者对内容信息的动态消费形式来策划和制定。

4.内容信息发布和定制推送 在数字环境下,内容信息的发布方式与传统出版物不同,都是实时在线发布的。发布方式主要有两类:一是基于有线网和局域网环境下的发布方式,主要是内容信息的高度集成和信息的非线性导航及有效检索;二是基于无线网和移动网的内容信息发布方式,由于受显示技术和信息发布形式的影响,这个环境中的信息发布主要采用动态收集和分析读者与用户需求,并应用主动定制和信息实时的动态推送技术来实现。

5.读者和用户的需求分析 为了更好地为读者和用户服务,就需要对读者和用户的阅读需求和信息消费形式进行动态的采集和分析,才能更好地适应读者需要,更好地满足用户和读者的信息消费需求。

信息消费内容的个性化 网络环境下,由于制作、出版、复制、发行和传播方式的便捷性和实时性,数字内容信息的提供商和出版商可以根据读者和用户的实际需求,根据用户具体需要定制数字出版物。这种定制的方式,一般可通过读者和用户在网络环境下使用信息的在线行为,实时动态地将用户使用信息的构成方式和具体内容及行为等资料收集起来,并针对性地系统集成相关的拓展性信息群,完成个性化的信息定制,从而促进信息的个性化消费。比如，学生考试前集中复习的阶段，就不再需要系统的阅读，而需要专题性、关联性和拓展性的学习资料，在此阶段，可由有经验的老师，对基础性的资料进行系统的重组，以满足这个阶段学生的实际需求。又如，行业的职业培训，会关注本领域本专业的发展方向、规范标准以及人才、产品的准入标准。这些都需要对原有集成的资料进行标引、分类、跟踪、更新，才能满足特定读者的特定阅读需求。

除内容构成的个性化外，信息的消费形式也在悄然发生变化。最近改版的中文在线就是一个很好的例子。改版后的界面中，用户对每个信息组群中的信息源可自定义，同时，每个组群的版面占位也可自由移动。这就为用户提供了一个自定义信息列表和菜单的功能。这个系统的进一步开发，能对不同信息源中的信息组成模式加以定义和描述，从而实现真正的信息定制消费。

内容信息的专业化　基于网络的数字出版最主要的编辑优势在于能提供个性化的定制服务，而要完成这种个性化的服务，首先要解决的是基于专业化的资源深度加工问题和主题性或专题性的知识系统集成问题。这就需要依靠基于元知识的知识库，并根据特定的知识主题或专题，由专业编辑对库内的信息进行整合，使之成为能满足用户需求的系统知识库，并能及时地为读者提供有价值的和关联性的知识检索，从而使读者的知识序列得到延伸，知识结构得到健全。

三、网络出版物的读者及信息消费特征

从目前我国数字阅读人群的结构比例来看，主要集中在12—

50岁年龄段人群。其中，12—20岁主要以娱乐和游戏为主；20—30岁以信息查询为主；30—40岁以专业知识的深度查询为主；40—50岁以兴趣阅读为主。从以上情况不难看出，数字阅读人群对数字内容信息消费的形式，可以分成两大类：

一类是以休闲娱乐为主，相应选题主要集中在单机版或网络版的游戏和音乐及影视作品中，消费工具主要以游戏机、电视和VCD、DVD播放机等信息家电和网络为主。其产值占数字内容产业的90%，约为40个亿。拉动相关行业产值约400个亿。

另一类则以内容信息消费为主，其代表如清华大学的学术期刊数据库、万方的科技数据库、中国大百科全书出版社的术语数据库、高等教育出版社的教学资源数据库等以及多年来出版的各类单机版的CD—ROM。这些内容信息，构成了国民基础素质教育和技能教育的基础，也是我国数字化信息资源建设的核心。这类数据库的读者对象主要以信息的深度查询为主，以知识的关联性交互式拓展阅读为主。消费工具以计算机和网络为主。这类读者是数字内容出版物的消费主体，其信息消费特征是按需消费，而这个"需"，不仅要满足某一个体的一时之需，还要长期保持满足这种需求的能力，还要满足一个专业、一种职业和一个行业需求，正因要可持续性地长久满足这种需求，因此才赋予数字出版物，尤其是基于网络的数字出版物无限生机。

四、网络出版物制作和编辑要求

基于网络环境或计算机单机环境下的数字出版物，由于其底层的技术支撑环境和阅读人群的特定消费模式，其选题从策划到实施，都与纸介质图书有着本质不同。传统出版物选题策划注重于一本书、一个专指性较强的读者群，编辑行为至完成书稿的编辑加工就结束了，无需持续跟踪读者需求，并持续不断地满足这种需求。传统出版单位在产业链中是单纯的出版商，而数字出版单位则已发展成为内容信息生产商和供应商，有的还成为内容信息的运营商和服务商，其中最为重要的就是将出版的概念拓展到了内容服务。因此，数字环境下的出版选题，要求出版社和编辑尽快完成角色的转变、观念的更新，钻研并掌握数字出版的特殊规律，以适应新的形势。

网络出版物制作　在网络出版物的制作过程中，需要对多种素材进行采集、加工、组合等，是各项工作的集成。这就需要为各类素材建立相对独立的素材编辑制作系统。

在整个制作系统中包括各制作子系统：文字录入系统、图形图像处理系统、动画制作系统、视频处理系统、音频制作系统和创作编辑系统。

1.文字录入系统。文字信息是非常重要的媒体信息。在制作过程中，文字的录入、校对、编辑、加工等工作仍十分必要。该子系统可由普通的计算机和文字编辑软件组成。

2.图形图像处理系统。图形图像是多媒体中常用的两类媒体信息。该子系统由图形图像输入设备、图形处理软件、图像处理软件和图形图像输出设备组成。

3.动画制作系统。"动画"是一组连续图形的组合。利用动画这种生动逼真的表现形式来展现事物的运动过程，会得到很生动的效果。目前，动画制作系统主要是以软件为主。

4.视频处理系统。包括视频的采集、压缩、剪接、回放等。视频信息的加工处理是制作系统中最重要的一个环节。

5.音频制作系统。利用声音信息使人机之间的交互更容易、更自然。音频还是多媒体信息中不可缺少的一个部分。音频制作包括音频采集、后期加工、音效合成、MIDI制作等多种工序。

6.创作编辑系统。是利用现有的多媒体创作工具及程序语言，将各种类型的素材文件按照一定的顺序编排起来，改变经过素材制作系统处理的素材文件的零散性及非连贯性，使它们彼此之间按照内在逻辑联系进行搜索、查询和跳转，制作出最终的多媒体应用系统。多媒体技术、超媒体技术和全文检索技术是主要的支持技术。

数字出版物编辑要求　数字出版物的兴起，造就了一种全新的数字化职业——多媒体编辑，一种兼具艺术性与高技术特色的创造性职业。多媒体编辑人员要求文理兼通，需要计算机、通信、文学、艺术、影视、编辑等各领域知识，并有所侧重、各尽所能、通力合作。他们由包括非计算机专业人员在内的各类人员组成，主要有以下几类：

1.总体设计人员：艺术上有导演技巧，并熟悉多媒体编辑创作工具。对应用的领域有充分的了解，能对系统所表达的主题内容的精确性负责，还要承担脚本编写工作，负责完成所表达内容的组织工作。写出能够用多媒体信息表现的创作脚本。

2.美术音乐设计和创意人员：懂得如何创造在屏幕上显示的电子美术和在计算机上出现的电子音乐。普通的美术音乐设计人员可担任，但应学习计算机及多媒体的有关知识，才有可能做出切实可行的创意来。美术编辑除了决定节目的整体外观，包括背景颜色、字体格式及使用界面的复杂度等外，还要决定个别区域所使用的视听要素，完成分镜头制作。

3.视频编辑：熟悉计算机视频软硬件的使用，负责视频材料的收集、制作、编辑。

4.音频编辑：熟悉计算机音频软硬件的使用，负责语音、音乐材料的收集、制作、编辑。

5.文本编辑：熟悉文字处理软件的应用，负责文字编辑。

6.图形动画编辑：熟悉图形、动画软件的应用，负责图形、动画的制作。

7.图像编辑：熟悉图像软件的应用，负责图像的制作。

8.程序设计人员：熟悉各种计算机语言，具有程序设计能力，按出版需要编写程序。熟悉多媒体的表现手法，熟悉创作工具的性能。能将总体设计编写的脚本转化成能在计算机环境下使用的交互式多媒体，确定信息表现形式和控制方法。这些工作包括需求分析、任务确定、内容组织、创作概念形成和流程绘制等。最后，在计算机上利用创作工具将其实现。

网络环境下选题策划创新[*]

一、问题的提出

2017年6月22日新京报刊文："你看的《人类简史》可能是山寨的。""我居然读了一本假书。"在豆瓣一位买到《人类简史：我们人类这些年》的读者如此感慨。大量吐槽出现在豆瓣和亚马逊等平台，该书豆瓣评分低至2.5分，并被打上"山寨"字样。

人们发现，《人类简史：我们人类这些年》山寨了《人类简史：从动物到上帝》。后者是以色列新锐历史学家Y. N. 赫拉利的作品，2012年出版后受到世界学术界瞩目并很快翻译为近30多种文字，畅销全球。中信出版社在引进版权后，分别于2014年、2017年印行前后两版，经过张小龙、罗振宇等互联网圈名人推荐后，火爆网络，据报销量已突破百万册，成为现象级畅销书。"山寨版"由某出版社2016年5月出版，腰封标红并加大加粗推荐语：一部让你大开眼界的奇作！然而真正让读者"大开眼界"的是，本书山寨了

＊　2017 ～ 2019年编辑培训班课程讲稿摘要。

中信出版社出版的以色列作家赫拉利的《人类简史：从动物到上帝》。封面上，前者与后者版式设计类似，主标题一样，英文副标题仅一词之差。在京东、当当、亚马逊线上，它与后者出现在同一页面或相邻推荐位置。"山寨版"作者"亚特伍德"的名字颇具迷惑性，作者是位中国人却取外国笔名，大量读者因此被误导，购买之后看到内文，才发现这是一本"骗钱的山寨书，还不如百度百科加中学课本"。"做这本书的人明知无底线还要做。你看作者名字就知道，亚特伍德，就是丫特无德的意思"，一位业内人士说。记者打通策划人白丁的电话，白丁说："我们不是跟风，这在行业内很常见。"

中国的图书品种2017年起总体规模突破50万种。出版业快速发展的同时，问题也是显而易见的：中国出版发展很快，已成为出版大国，但还未成为出版强国，这是官方和民间一致的研判。表现为：学术出版方面有国际影响力的成果很少，文献被引率还比较低；大众图书匮乏叫得响的超级样本，世界畅销书排行榜榜上无名；教材方面，除汉语语言学习类外，鲜有被其他国家广泛采纳者等。新书一版一次的印量减少。许多"新书"是改头换面旧作，重新起名重新设计封面而已。选题同质化，注水书大量存在。假冒书屡禁不绝，时有出现。

问题的存在有许多宏观、微观、客观、主观原因。但是要改变现状，作为出版物直接生产者的编辑出版人员责无旁贷。选题策划，决定着出版物的质量高下及市场生命周期，是产业健康发展的基石。

选题即经多方分析、考虑而选中主题后拟实施的出版项目。选题是出版的源头。

选题策划，即开发出版资源精心安排选题的设计过程。选题策划是出版物编辑过程的最初阶段，是对出版物影响至关重要的阶段。具有把握出版方向、落实出版方针、保障生产秩序、保证和提高质量、塑造出版单位品牌形象等作用。选题策划是根据市场需求和自身条件在总体上对出版物进行构思，包括作品的内容及其表现形式、出版物的形态结构等。使选题从模糊到清晰，从笼统到具体，从粗糙到精细、周密、详尽。

主要流程包括信息采集、梳理、选题设计成型、组稿。中心环节是选题设计成型；信息采集梳理是基础，防止闭门造车；组稿是组织作者创作作品，将选题意图落于实处。全程策划主要是对出版物内容与形式的设计，还包括实施方案与营销方案的设想，资金投入与产出的预测。涉及编辑、复制、发行全过程。

网络环境即指网络工具与网络资源的组合，即多样的网络技术工具和信息资源相互合作和支持的场所。特征为信息显示多媒体化；信息传输网络化；信息处理智能化；学习环境虚拟化。

网络环境下的选题策划创新，即编辑人员结合、运用网络工具和网络信息资源，扣住网络环境特征，构思、拟订出版项目的创造性活动。

互联网+时代，挑战与机遇并存。从业人员辨识时代深处的变化，更换思维，创新工作，是产业能够持续发展的迫切需要。

二、以融合为特征的新经济蓬勃发展

中国已跃居新经济发展前列。始于上世纪60年代末美军"阿帕"的互联网改变了世界。90年代在欧美进入互联发展的快车道。互联网1994年接入中国。如今，在全球包括中国，互联网已经无处不有，无时不在。互联网向各行各业渗透。互联网大受欢迎，成本低廉是最根本的原因。优点很多：信息交换不受空间限制；信息交换具有时域性（更新速度快）；信息交换具有互动性（人与人、人与信息之间可以互动交流）；信息交换的使用成本低（通过信息交换，代替实物交换）；信息交换的发展趋向于个性化（容易满足每个人的个性化需求）；使用者众多；有价值的信息被整合，信息储存量大、高效、快速；信息交换以多种形式存在（压缩、兼容、视频、图片、文字等等）。计算机、互联网技术强劲发展，如机器学习、智能终端、云计算服务等，互联网的优势愈加得以强化。

2017年12月4日，《世界互联网发展报告2017》、《中国互联网发展报告2017》两本蓝皮书在第四届世界互联网大会上发布。报告显示，截至2017年6月，全球网民总数达38.9亿，普及率为51.7%，其中，中国网民规模达7.51亿，居全球第一。中国31省区市互联网发展指数得分，广东北京浙江江苏和上海分列前五。2016年，中国数字经济规模总量达22.58万亿元，跃居全球第二，占GDP比重达30.3%。以数字经济为代表的新经济蓬勃发展。2017年度世界互联网发展指数指标体系选取了涵盖5大洲的38个国家。从总体指数来看，美国得分57.66，中国得分41.80，韩国得分38.86，日本得分38.11，英国得分37.85，排在前五位，基础设施方面，新加坡、芬兰、瑞典排名前三，在产业发展方面，美国、中国和英国分列前三位。

融合经济出现增长新热点。全球移动互联网爆发式扩张正在接近尾声，互联网发展正进入从"人人互联"向"万物互联"转变跨越的新阶段，人工智能、区块链、量子通信等新技术蓄势待发，物联网、云计算、大数据领域发展迅猛，5G时代在全球渐行渐近，数字红利仍将持续释放。中国网络空间研究院院长杨树桢表示，未来，我国互联网发展将从加速普及转向质量提升，人工智能将成为网络信息技术发展的新"蓝海"，内容付费将成为互联网媒体盈利增长新热点，数字经济发展方兴未艾，应抓住新一轮经济全球化趋势进一步拓宽发展空间。

2017年12月3日下午，由全球互联网之父R.卡恩等44名世界知名专家联合评出第四届世界互联网大会"世界互联网领先科技成果"面向全球发布。14项成果入围年度世界互联网领先科技成果名单。与互联网相关的基础理论和技术有：作为世界首台并行规模超过千万核、计算性能超每秒10亿亿次的超级计算机，"神威·太湖之光"自2016年6月正式运行以来，已在众多科学及工程领域取得100多项应用成果。而每一个理论和技术，都可以在将来改变人工智能、工业物联网等多个领域。新成果更注重考察产品和商业模式，如由微软中国开发的微软小冰。2014年5月29日微软亚洲互联网工程院发布人工智能伴侣机器人微软小冰，2017年8月22日，微软小冰第五代正式面世。微软小冰构建了以情感计算框架为核心的对话式人工智能，甚至具备了创作能力。微软小冰集合了中国近7亿网民多年来积累的、全部公开的文献记录，凭借微软在大数据、自然语义分析、机器学习和深度神经网络方面的技术积累，精炼为几千万条真实而有趣的语料库（此后每天净增0.7%），通过理解对话的语境与语义，实现了超越简单人机问答的自然交互。在本届互联网大会上，"5G技术的商用"已经成为了一个高频词，5G核心技术的突破和未来物联网的实现，也得到了前所未有的关注。华为3GPP 5G预商用系统今年的正式发布，将极大推动全球5G产业链成熟；美国高通公司的5G调制解调器芯片组，成功实现了全球首个正式发布的5G数据连接，对提升消费者的移动宽带体验至关重要。而中国的北斗卫星导航系统，则将高精度定位技术提高到了厘米级，对5G应用意义重大。IPv6成第四届世界互联网大会热词。IPv6为"互联网协议"，是IETF（互联网工程任务组）设计的用于替代现行版本IP协议（IPv4）的下一代IP协议，号称可以为全世界的每一粒沙子编上一个网址。IPv6不仅能够解决IPv4地址不足的问题，而且也有可能解决多种接入设备连入互联网的障碍，为万物互联时代奠定了网络基础。IPv6可以精准定位地址。未来IPv6地址会和电话号码一样，从号码前几位就知道用户是从哪里注册的，就显示出用户的身份信息，因为每一个地址都是真正独一无二的。领先科技成果的发布，预示着下一代互联网将要发生的"大爆炸"。

"互联网+"呈现出基本特征：跨界融合；创新驱动；开放生态；广泛连接；法制经济。"互联网+"不仅仅使互联网移动了、泛在了、应用于某个传统行业了，还有无所不在的计算、数据、知识等，造就了无所不在的创新。

三、出版的新机遇

1. 人类社会生产方式和生活方式发生了巨大变革。

新旧行业此消彼长、转型、转产等；生活方面如共享出行、网购等。互联网、新能源、知识经济驱动美丽经济、健康经济、流量经济、共享经济等新经济的诞生，催生了大量新兴职业。

2017年天猫双11成交1682亿元，8年增长了超过3000倍。11日上午9时00分04秒，2017天猫双11全球狂欢节成交额超1000亿元，无线交易额占比91%。2017天猫双11的交易峰值达到每秒32.5万笔，支付峰值达到每秒25.6万笔，是去年的2.1倍。此外，第7分23秒，支付宝的支付笔数突破1亿笔，这相当于5年前双11全天的支付总笔数。11月11日全天，2017天猫双11全球狂欢节总交易额达到1682亿元人民币，移动端成交占比90%，覆盖220多个国家和地区。1682亿元的交易额，与去年比增长39%，比2009年双11的交易额增长了超过3000倍。

移动支付5年用户增10倍，交易金额世界第一。近年来移动支付在中国高速渗透普及。2016年，中国移动支付交易金额超过208万亿元，世界第一。截至2016年12月，中国手机网上支付用户由2012年9月的数千万增超10倍到数亿；网民移动支付的使用比例高达67.5%。2017年，中国两大移动支付龙头阿里支付宝、腾讯移动支付的活跃用户已分别超5.2亿、6亿。截至7月底，微信支付登陆了超过13个境外地区，支持12种外币直接结算。

业内人士认为移动支付可以让金融更普惠、商业更智能、社会更高效、信用体系更完善，未来一部手机走遍世界极有可能成为现实。

第三届第四届两届互联网大会之间，一组"新"名词引爆了整个互联网的站队。在去年互联网大会前夕，阿里巴巴提出了"新零售"概念，即强调对商品生产、流通与销售的全过程进行改造，以互联网为依托，对线上服务、线下体验以及现代物流进行深度融合的零售新模式。马云甚至提出：未来电商平台可能会消失。今年大会前夕，网易丁磊也提出了一个"新消费"概念，指出：零售离不开人这个基本核心，所有零售形式的演变，都源于对用户需求的理解，以前，大家追求怎么能买得到，现在大家追求怎么买得更好、更有品，这个现象叫作"新消费"。丁磊甚至提出，"新消费"不局限于商品，也包含娱乐消费，以及更多的体验型消费。"新零售"和"新消费"尽管有交集，但更多的是不同，一边是"人、货、场景"，另一边则是"真、善、美"，因此也吸引了不同的联盟。"新零售"吸引到了不少线下商超的加入，并将"双11"延展至线下；而"新消费"的践行者网易考拉海购也拉拢到了如中信银行中国移动、什么值得买、花间堂、小猪短租等盟友，将想象力延展至金融、通信、旅游、内容等各个层面。

"360行，行行出状元"。当互联网"连接一切"时，这"360行"早已被突破，新职业如雨后春笋。你到景区"看"人山人海，

"旅行体验师"则正在畅游新开发的海岛,撰写网络游记推广景区,从事着"最美的工作";你在网游世界打得热血沸腾,"网络数据分析师"正通过数据分析了解游戏受欢迎程度、需求期待和广告收益等,让精准营销成为可能;你网购淘不到便宜货,"网购砍价师"凭着对商品行情的了解和伶牙俐齿,帮你实现"再便宜一点"的愿望,并收取服务费。互联网"职业版图",正在不断被刷新。据人力资源和社会保障部公布的2015年版《中华人民共和国职业分类大典》,其中与互联网相关的新职业就有十余项,包括网络与信息安全管理员、计算机软件测试员、信息通信信息化系统管理员、数字媒体艺术专业人员等。当然,更不用说现在老百姓生活中已经离不开的快递员、外卖小哥了。

哪些职业可被替代?2017年7月,世界上首个机器人律师正式上岗。这是一款可以借助AI给人做法律指导的聊天机器人,已在全美50个州上线,申诉信写得好且完全免费。该机器人的开发者表示,过去两年机器人律师已经帮人打赢了大量交通违法官司,在它的帮助下,有37.5万张违规停车罚单被交管部门消掉。据新华社、人民网2017年11月19日讯:近期科大讯飞研发的医师助理机器人参加了执业医师考试,拿到了超过9成医学生的456分(满分600),连肺部CT片都会看。正如李开复所说:"未来可能只有10%的人能做到有创意或战略性或顶尖的工作,但并不意味着另外90%的人就无事可做。他们可能会走向服务性的、最好是有爱的工作。"2017年11月1日,是女性机器人索菲亚(Sophia)成为世界上第一个获得公民身份的机器人。主持人直接面向机器人发表了声明说,"索菲亚,我希望你能听到,你将是被授予沙特阿拉伯国籍的首个机器人"。作为回应,机器人索菲亚向沙特阿拉伯政府表示感谢。她指出,成为拥有沙特阿拉伯护照的首个机器人,对自己来说是莫大的荣幸。曾有人总结手机在过去的一些年干掉了谁?"干掉了座机，干掉了照相机，干掉了收音机，干掉了手电筒，干掉了镜子，干掉了报纸、杂志，干掉了iPod，干掉了游戏机，干掉了银行、邮局、钱包，干掉了身份证，干掉了钥匙，还干掉了打字机、传真机、电报局、日历、计算器、婚姻介绍所、手表、假币硬币纸币、MP3、MP4、电视、电脑、地图、字典、词典、指南针……未来还会干掉什么？最恐怖的是，或许会干掉好的身体和好的视力，还有，干掉下一代，最终就是，干掉，人类……不久的将来，也许很快，'戒手机'的标语将会超过戒烟戒酒戒毒"。

世界面貌翻天覆地！在技术的强劲推动下，网融合、微传播、广参与、泛关联。生产方式和生活方式发生了重大变化，信息传播和社会关系发生了重大变化。作为以记录时代为使命、为源泉的出版，选题机会多多。

2. 人类知识学习模式、阅读方式发生巨大变化。

约200年前，德国教育家W·洪堡提出了人类知识学习的三前提：人类的知识存量很重要；每个人都要花一段固定时间去学校学习；知识太多，必须进行分科学习，如语文、数学、英语、物理、化学、地理、历史等等。教育体制的整套系统就是按照洪堡的理论在19世纪确立下来的，已经使用了快200年。当今，这一切悄然发生了变化，知识增长太快，据统计，先不论当今许多新兴的、变化最快的领域，其余知识10年内50%将会被更新。而这些领域，无不与社会发展、个人生存密切相关。因而，过去知识学习的模式也悄然发生着变化：知识存量固然重要，但是增量知识有时比存量知识还重要；终身学习已成必然，据统计，斯坦福大学仅有1/4的学生毕业后从事的工作与大学专业直接相关，有1/4的毕业生没有选择好职业，有1/4的毕业生的专业不能与新兴的行业类型对应起来；分科的意义日渐模糊。

终身、跨界、碎片（内容、时间、终端等）学习方式正在形成。

适应这种变化，教育界认为需要建构适合21世纪的教育体制，因而率先迈出了变革的步伐。

经过长达四年的研究讨论，芬兰在2016年秋季开始，正式启用全新的基础教育核心课程纲要，推动新一轮基础教育改革。2016年11月14日，芬兰赫尔辛基教育局正式下发通知，从现在开始到2020年之前，不再采用小学和中学阶段的单一学科分科（Teaching by Subject）课程式教育，转而结合采取实际场景主题教学，即现象教学（Teaching by Topic）。也就是说，赫尔辛基的孩子们的课程将包括类似"多角度理解第二次世界大战"，或者"如何在咖啡馆进行日常工作"这样贴近现实，更有助于理解这个世界运作规律的主题式教学。比如"第二次世界大战"，先问起因，为什么会爆发世界大战；再问有哪些重要事件、重要人物值得深入研究；再问有哪些地方可以深入了解这场战争的方方面面；再联系现实，看结果，为什么今天的欧洲是这样，人口比例是这样，经济实力是这样，二战在其中起到了什么作用。这其中包括了史实研究、地缘政治、人物传记、地理变迁、国情、统计学、经济学、数据分析等等内容。这显然和仅从历史课本上读几十页文章，是截然不同的。又如"如何在咖啡馆进行日常工作"，学生将会吸收关于生物、地理、英语、经济，以及沟通技巧的整套知识。再如，"古希腊历史"，传统的教育方法，给你几本书，了不起再拉学生去参观一下希腊，写篇文章，就结束了。而"现象教学法"是这样做的：首先，询问学生的兴趣，将学生分成两组，一组是对以雅典城邦、斯巴达为代表的文化历史感兴趣的，另一组则是对希腊神话、奥林匹斯等神话故事着迷的；然后，在两个组内，让孩子自由讨论产生组长，产生想要研究的话题；向老师汇报想要研究的话题，考虑具体的方法、路径和形成方案，制订学习时间表；教师提供指导和资源支持；最后，按规定时间，学生交付学习的发现成果报告，并与大家进行分享,学生互相评分,教师仅充当裁判,评分包括自评20%,他人评分80%。在实施"现象教学法"3年后,芬兰教育部对6万名学生进行了回访,是否对于这种新的教学方法感到满意。大部分学生态度积极,甚至希望更多的互动教学,彻底告别传统的知识灌输,而变成主动的学习能力提升。

2016年,美国斯坦福大学发布《斯坦福大学2025计划》,创立"开环大学"。这次教育改革改变了以往自上而下的方式,代之以师生为主导。与其说《斯坦福大学2025计划》是一个方案,不如说它是一个对未来大学模式进行畅想的大胆的"设计"。该计划创新性地解除了入学年龄的限制,17岁前的天才少年、进入职场的中年以及退休后的老人都可以入学。这是区别于传统闭环大学(18~22岁学生入学,并在四年内完成本科学业)的最主要一点。另外一个鲜明的特色是延长了学习时间,由以往连续的四年延长到一生中任意加起来的六年,时间可以自由安排。开环大学中的学生很有可能是处于各个年龄段以及从事不同工作的一群人,他们可能是天真的孩子,也可能是富有经验的长者。因此,开环大学形成了独特的混合学生校园,打破了年龄结构。学生之间更容易建立起合作、强劲与持久的社会网络。同时,这种开环也意味着斯坦福大学的入学申请将更具有竞争压力。有限的名额将在背景各异、年龄不同的申请者中产生。

互联网和信息技术的飞速发展,使读者对知识的口味、获取的时间地点、方式发生巨大变化。这一变化,可以从如下数字出版盈利方向得到部分印证。

2016年移动出版收入约1399亿元,在线教育K12(学前教育至高中教育的缩写)收入251亿元,网络动漫的收入155亿元。三者相加占到数字出版总收入的31%,移动出版已成为数字出版的重要方向,具有雄厚的发展潜力。作为数字出版的核心部分,在线教育、翻转课堂、MOOCs、SPOCs、数字教材、电子书包、微客等服务模式与产品不断涌现。网络动漫经过多年的探索与坚持,特别是在IP运营的情况下,已经进入了发展快车道。

2016年中国有声读物市场增长48%,达到了29.1亿元。我国成年人的听书率已经达到17%,成年人人均在听书方面的消费达到6.81元。国内先后出现200多个如喜马拉雅、蜻蜓、懒人听书等移动听书平台,有声读物成了一种刚性需求的知识产品,为很多内容创业者及团队提供了机遇,有望成为知识服务的一种新模式。速途研究院发布2017年第一季度有声阅读市场调研报告:全球听书市场价值已超28亿美元。自2012年起我国听书市场开始呈现倍数增长,从7.5亿激增至2016年22.6亿元人民币,2017年国内听书市场规模有望超过31.3亿元,同比增长36.7%。2018年我国听书市场规模将凭借更快的增速,增至44.3亿元人民币。目前市面上流行的"知识付费"存在出版内容结构碎片化严重且"切割"水平参差不齐的现象。随着用户对于内容质量的需求越来越高,由专业编辑团队精心打磨出版内容的有声出版物正成为市场上紧俏的精神食粮,完整"出版物"听书将战胜对出版内容任意切碎的"碎片化"内容。当当老总李国庆呼吁:合作共赢。当当未来将给予更多资源倾斜,打造纸、电、听一体化的云端数字阅读生态格局。需要与更多出版社合作。

3. 越来越多的技术应用于知识生产。

内容获取技术、文本处理技术、内容挖掘技术、知识组织技术、内容查歧技术、语义分析技术、数据分类技术、数据分析技术、信息提取技术等越来越成熟;阅读分析、需求解析、选题优化、作者遴选、内容汇聚、稿件精选、知识服务、精准推送、终端反馈、建模修参、社区传播等模块,组成智能化内容编辑系统。

人工智能与传媒业。人工智能在内容生产、分发等环节全面渗透，人工智能正在"蚕食"传统媒体人的职业领地，势不可挡。

机器人写稿。2015年8月，《纽时时报》研发了机器人Blossom，它通过海量文章大数据分析，能够预测哪些内容更具社交推广效应，并帮编辑挑选出适合推送的文章和内容，它甚至可以独立制定标题、摘要文案、配图等。根据纽约时报内部统计的数据结果显示，经过Blossom筛选后推荐的文章的点击量是普通文章的38倍。很快，同年9月10日，腾讯财经开始用机器人写出第一篇稿件，是国内首次使用机器人写稿。它根据算法在第一时间自动生成稿件，一分钟内将重要资讯和解读送达用户。很快，雅虎、美联社、新华社等的部分财经、体育新闻已由Wordsmith编写，导入最新的数据之后，该软件在一分钟内最快可以生成2000篇报道。这种速度显然不是人类编辑能比的。腾讯写稿机器人Dreamwriter每天出稿2500篇左右；微软小冰不但能写新闻稿，还出了诗集《阳光失了玻璃窗》。

机器人写稿的几大优势：1. 海量内容写作。机器新闻高效、全天候的工作模式使它能够生产海量内容。机器也更擅长对枯燥的海量数据进行有效的处理，在整体性、精确性和高效能方面，机器比人具有更多优势。报道显示，腾讯公司Dreamwriter财经+科技应用的发稿量超过2000篇/天，体育稿量500篇/天，包括每天行情报盘、上市公司公告精要报道，以及体育赛事每轮每场的消息；今日头条写稿机器人Xiaomingbot在里约奥运会开始后的13天内，共撰写了457篇关于羽毛球、乒乓球、网球的消息简讯和赛事报道，每天30篇以上。2. 秒级出稿速度。在突发事件的报道当中，人工智能也在扮演着越来越重要的角色。2017年8月8日21时19分，四川九寨沟县发生7.0级地震，21时37分15秒，中国地震台网机器人自动编写稿件，25秒出稿540字并配发4张图片，内容包括速报参数、震中地形、热力人口、周边村镇、周边县区、历史地震、震中简介、震中天气8大项。南方都市报写稿机器人"小南"首篇春运报道作品共300余字，报道生成用时不到一秒，还写出了"车次主要是K字头和普列，基本都是无座票，一站到底，路途会比较辛苦"这样充满人情味的文字。今日头条的Xiaomingbot对体育赛事报道的出稿速度几乎与电视直播同步。当人类记者还处在惊愕中时，机器人已经迅速完成了数据挖掘、数据分析、自动写稿的全过程，秒级出稿速度，秒杀人类。3.千人千面。一方面，机器写作能够以用户偏好来制作相关的内容，而且还能提供与用户个人生活场景相匹配的私人定制产品。不仅能够形成一种产品，还能够在合适的地点合适的场景用合适的形式分发给用户。另一方面，用户画像也将促进媒体对自己读者的了解，使媒体的运营更加个性化、精细化。千人千面、精准到达，同时能为经营提供助力，这是传统内容分发方式无法实现的。4.细腻入微，善预测。在新华社人工智能平台"媒体大脑"的介绍中，有这样的文字：通过摄像头、传感器、无人机、行车记录仪等智能采集设备，结合新闻发生地附近的多维数据，自动检测新闻事件，自动生成数据新闻和富媒体资讯内容。让摄像头以及各种传感器成为记者的眼睛，在突发事件和重大事件的捕捉和生成上，快人一步，自动生成。实际上，这是传感器新闻与人工智能的结合。所谓传感器新闻是基于传感器进行信息采集、以数据处理技术为支撑的新的新闻生产模式。传感器将拓展人的感知能力，开辟信息采集新维度，弥补人类观察范围受感官局限，不善预测等弱点。比如人眼可以看见雾霾，却无法看出雾霾中的有害物质，但传感器可以做到这一点。2015年10月，央视推出的"数说命运共同体"专题中，5位数据分析员用了21天分析从GPS系统获得的"全球30万艘大型货船轨迹"，他们发现，过去一年里，途经"一带一路"沿线主要国家的海上货运量增加14.6%，而同期全球航运总量只增加3.8%。对于这个专题中核心数据的挖掘来说，GPS系统至关重要，而GPS系统就是一种与地理位置相关的传感系统。传感器新闻会增加新闻的细腻度，提供更多角度的信息解读。此外，数据新闻、知识图谱、人脸识别等，都是人工智能的强项，可以帮助媒体在海量的新闻图片、视频中，精确定位特定人员，并可对图像中包含的人物进行自动分类，提升图像的使用效率；可以帮助媒体根据海量的网络媒体和社交媒体新闻图片，精确识别图片中的人物，构建图像中人物的关系图谱，提升新闻线索发现的效率。

今日头条、一点资讯的算法分发都展示了人工智能在分发领域的魅力。2017年12月5日新华社宣布已经搭建起中国第一个媒体人工智能平台"媒体大脑"，将为海内外用户提供智能采集、人脸核查、智能分发、用户画像、版权追踪、智能语音等人工智能服务，并将在12月底向海内外媒体开放使用，共同探索大数据时代的媒介形态和传播方式。

人工智能的大热是国家发展战略的需要，它的背后是上千亿市场。2017年11月15日，我国出台《新一代人工智能发展规划》，将其视为未来的战略性技术和经济发展新引擎，并确定了人工智能"国家队"——百度、阿里巴巴、腾讯、科大讯飞。16日，百度召开世界大会，发布全新的自动驾驶和AI人车交互的新产品。同日，素有"中国科技第一展"之称的中国国际高新技术成果交易会举行，多款人工智能产品燃爆现场。此外，百度、阿里、腾讯等互联网巨头纷纷加大对人工智能的投资布局。《新一代人工智能发展规划》明确提出：到2020年人工智能总体技术和应用与世界先进水平同步，核心产业规模超过1500亿元，带动相关产业规模超过1万亿元。统计显示，我国在人工智能领域发明专利授权量已居世界第二，智能监控、生物特征识别、无人驾驶逐步进入实际应用，一批龙头骨干企业加速成长。

人机协同是未来媒体内容生产和分发主流模式。机器写作能够实现资料的实时、迅速的抓取、使人从重复、繁琐、低技术含量的数据采集当中解放出来，使人有更多的时间去思考和从事更具想象力的创造性的工作。但无论机器写作如何发展，人始终都是内容生产的核心要素。未来人机协同将是传媒业的常态。机器改变了传统媒体的内容生产与传播方式，并具有十分明显的优势，机器的生产效率远远高于人力，使出版业内容生产自动化的梦想变为现实。内容作为一种特殊商品，包含文字、视频、音频、动画等多方面的内容和多种媒体的载体形式，仍具有机器所不能替代的独特性。如果不能搭上智能化快车，媒体就难以持续发展。同样，如果抛弃人在新闻传播中的作用，承担文化使命和产业功能的传媒业也难以繁荣。

4. 内容付费成为互联网媒体盈利增长新热点。

据国外数据统计互联网公司Statista发布：2016年全球数字出版市场规模153亿美元，占数字媒体市场的18.2%。这其中，79.7%的市场由美国、中国和欧洲占有，这3个地区市场收入达到122亿美元。美国在数字出版市场处于领先地位，2016年收入达72亿美元，占全球电子出版市场的47.3%。欧洲为36亿美元。中国用户数是美国和欧洲用户数的两倍，但相比来说中国的数字出版市场是最小的，2016年数字出版收入为14亿美元[①]。这说明，中国的数字出版收入有着相当大的增长空间。

"知识分享经济"渐成气候。免费的知识分享遵循知识免费、广告变现这种互联网非常典型的商业模式。2011年到2015年，知识分享开始小范围付费，尤其2014年文字自媒体打赏模式推出，知识分享开始变得有价。知识分享经济下，知识变现通路缩短，知识可以作为商品在市场上直接交易，主要包括付费打赏及收费模式。

网络文学作品成为互联网内容产业重要的IP来源。网络文学

---

① 　尹琨.2016全球数字出版报告.人民网,2016–12–29.

作品逐渐成为影视题材、游戏题材的重要构成，成为跨界泛娱乐化运作的源头以及IP生态的核心。网络文学的IP化发展趋势，直接开拓了跨界授权以及合作营销的新领域。变现模式由单纯用户付费阅读走向多样化。2018年4月11日，第12届作家榜单发布，"网文双巨头"阅文和掌阅成为平台中的最大赢家。网络写手唐家三少1.3亿元居网络榜单夺魁；杨红樱4100万元居传统榜单之首，莫言950万元居第14位。随着网络优质知识产品的崛起，人们付费购买的意愿越来越强烈，知识变现已经逐渐成为共识。

随着移动互联网的普及、网络带宽提升和流量成本的降低，知识生产和传播的方式正在从传统图文模式，向以音频和视频为载体的富媒体化发展。2016年爱奇艺付费用户已突破2000万。影视剧让很多中国用户形成了付费的习惯。几年前很多消费者买iphone的第一件事是"越狱"下载盗版软件，现慢慢养成了为好东西付费的习惯。网络视频行业付费用户规模出现跨越式增长，得益于视频网站打通产业链实现优质内容同步。据《娱乐产业年度报告》（2017），2016年中国视频网站的付费用户接近8000万，中国互联网用户终于走进了"付费买欢乐"的新时代。视频付费用户2017年底接近1亿，2020年底将达到2.2～2.5亿。目前，内容产业尚未形成最终格局，依附于视频网站的内容制作有机会强势崛起。

内容+的时代已经来临。内容生产，知识服务，竞争者蜂拥而至，网络媒体连续上演传奇，大有主传统媒体沉浮之势。百度每天收到搜索请求，超过60亿次。衣食住行的各种APP成千上万地出现。微信公众号推出5周年，总量已经超过2000万个。投资者将目光聚集于那些优质的内容媒体，即原创内容角度独特、具有明确受众人群、有自身强大的工作团队。它们最看中的要素是内容和粉丝用户是否有独到性（在内容的生产层面有自己独特的壁垒）、团队的商业感觉和创作能力是否够强。

互联网内容产业风起云涌，无论是基于内容产业的创业潮，还是各大平台对优质内容的争夺，都再一次印证：这是内容为王的时代。内容从未像今天这样重要，也从未像今天这样具备便捷变现的渠道。

日本每日新闻矿泉水。日本《每日新闻》设计的报纸水瓶，设计者将每日的新闻按主题粘贴在不同的瓶身上，一个月内将31款新闻瓶子成功推入市场。读者通过手机可以在任何时间、地点和场合观看和讨论有关新闻。利用图像识别技术，只需用手机扫描瓶身图片就可阅读相关新闻。这一小而美的设计使《每日新闻》实现了每个零售店平均月售3000瓶的业绩，《每日新闻》的网页版阅读量也直线上升，在瓶身上的广告和促销活动还为报纸的商业活动提供了新契机。

浙江大学推出新规，微信文章算一级学术期刊论文！2017年浙江大学发布《浙江大学优秀网络文化成果认定实施办法（试行）》，其中规定如果学术文章符合相应条件，即可定为在一级学术期刊刊发。基本条件是：优秀网络文化成果包括在报刊、电视、互联网上刊发或播报的，具有广泛网络传播的优秀原创文章、影音、动漫等作品。原创文章字数应不少于1000字。作者必须为署名作者或署笔名、网名的实名认证人。成果要以社会主义核心价值观为导向，运用正确思想文化对各种社会舆论和价值观念进行引导，用优秀的文化内容引导人、陶冶人、激励人，努力营造适合于师生发展的网络文化环境，使之成为弘扬主旋律、传播正能量和提升浙大声誉的重要载体。

今年春节，《中国诗词大会》火了。这些优美的诗词，其实相当于古代的"微博"，它们被抄在绢帛、竹简、纸片上，之所以能跨越时空传到今天，正说明技术、空间、时间都不是问题，优质内容才是人类的刚需。

现在，人工智能也能写作，但这都只是低端产品、填空式写作。九寨沟地震后，一条机器人写的稿子广泛传播，这是一条震后仅用25秒写成的新闻。一个记者的评价是："作为记者，我为地震颤抖，为遇难者落泪，但机器人不会。"编辑从事的工作，涉及丰富的人生感悟和复杂的社会认知，这是机器所不能相比的。毕竟，媒体是价值出口，而不是技术出口。

既然从市场趋势来看，"内容制作"将无处不在，那么好内容就会成为稀缺资源。对于专心做优质内容的传统出版而言，媒体战场不是被挤压变小了，而是更大了。出版将迎来"内容+"时代，只要坚定内容定力，用优质内容加到一切端口上，就能让出版产业在与各个行业的深度融合中壮大。

正如易观国际董事长兼CEO于扬所言：互联网将会成为水、电一样的基础设施；它会像潮水一样漫过传统低效的洼地；传统的广告加上互联网成就了百度，传统集市加上互联网成就了淘宝，传统百货卖场加上互联网成就了京东，传统银行加上互联网成就了支付宝，传统的安保服务加上互联网成就了360，传统的红娘加上互联网成就了世纪佳缘。而传统的农业加上互联网站起了阳光舌尖[1]。

四、互联网+选题策划案例

案例1. 视频书、听书

视频书：人民社《2017全国两会记者会实录》、《部长访谈录》、《图解2017全国两会》等两会系列视频书出版，在全国公开

---

[1]　于扬.互联网＋关乎中国转型之路.搜狐财经,2013-12-08.

发行。《2017全国两会记者会实录》收录了李克强总理答中外记者问、十二届全国人大五次会议各场记者会、全国政协十二届五次会议各场记者会的所有文字实录及相应视频20余个；《部长访谈录》收录了全国两会期间国务院各部委及相关机构单位负责人接受媒体访谈的有关报道及两会"部长通道"采访视频40余个；《图解2017全国两会》则通过图示、图表等形式对两会的主要精神作了梳理和阐释，书中同时收录了10个相关重要视频。

听书：岳麓书社《四大名著》（名家演播版）热销。学习出版社《全民经典朗读范本》首发60万。

案例2. 读文鉴图观景游戏立体赏析

为仰望星空的孩子打开一扇"天窗"。百科社《中国儿童视听百科·飞向太空》以读文鉴图观景游戏立体赏析的编辑理念，将AR增强现实技术植入书中，小读者可以通过智能手机扫描对应页面，实现立体动态的星际漫游。

案例3. 融合教材

人民卫生出版社3D解剖学系列产品。富媒体电子书，不是单纯纸书电子化，而是赋予了教材更多的内容和功能。以纸质教材为核心拓展，即纸质教材+富媒体资源+习题+扩展资料+教材客户端+平台。融合教材的特点：实现纸数服务融合，扫描封底一书一码，获取数字服务；实现纸数内容融合，扫描书内二维码，获取课程资源，如视频、微课、教学课件、习题、扩展阅读、教学应用等。在资源的聚合上，于2014年3月成立了中国医学教育慕课联盟，发起单位45家，成员单位200余家。产品有教学版、实验室版、移动版、VR版、系统解剖、局部解剖、断层解剖等。医学教育题库旨在为医学院校提供高质量、深度标引、便于管理的试题和完善的测评系统，可进行智能组卷、布置随堂练习、考试、查看评测结果分析；学校可组织期中、期末、毕业考试等大型的在线考试，查看考试结果分析，评价教学效果；学生可接收教师发放的试卷进行在线答题、查看答题结果、错题分析、知识点掌握程度分析等，也可以自主抽题练习；组建自己专属的私有题库。题库有三个特点：1.包含两个题库系统。一是满足日常教学评测需要的题库系统，满足教师日常教学过程中评测需要，如随堂测试、作业等，同时满足学生日常练习的需要，主要来源于人卫社现有的优质试题及不断组织编写更新的试题资源；一是满足院校组织学期和毕业考试需要的题库系统，满足院校组织期中、期末、毕业考试等大型的考试需要，主要来源于与医学院校合作共建的试题，试题质量高，试题入库前均需要经过一定范围测试、筛选，通过评测真正反映学生的知识水平，可有效对教学效果做出评价，每年对试题进行更新。2.与教学内容一致的知识体系、试题深度标引。题库以学科知识体系为基础，进行试题组织管理，保持与教学内容的一致性，对试题所属知识点、难度、信度、效度、大纲要求、认知层次、适用专业和层次等进行有效标引。经反复测试修正参数。题库利用大数据挖掘、用户行为分析技术，实现"教学——评估——反馈——教学"的个性化模式，提高题库质量和教学效果。3.产品以辅导班设置进行推广。营销方面，考虑考生在哪里以精准施策，有集中在院校的学生，有散在于社会的考生，但全部都是手机用户！2016年，年付费用户新增5万+，至今累计用户100万+，平均通过率91.2%。

案例4. 现代纸书

国家新闻出版融合发展（武汉）重点实验室与众多出版社联合实验成果。

在出版融合风潮的席卷和带动下，许多有想法、有创意的编辑积极探索、寻求变革，开始萌生出"为纸质书刊赋能"的想法，即基于纸质书刊创造线上多媒体形式的扩展内容，帮助纸质书刊增加价值，开辟额外盈利渠道。武汉重点试验室适时推出应用RAS工具集系统，通过在传统纸质书刊上印二维码，在二维码中配套线上衍生内容资源与服务，引导读者在阅读纸质书刊的过程中，通过扫码付费的方式，享用深度阅读内容或其他增值服务。同时，在读者扫码后迅速抓取读者数据、分析读者喜好，并返还给出版单位，帮助出版单位持续为读者提供精准的知识和服务，并与读者建立起长期的联系，形成新的消费模式，实现单向传播的传统纸书向具有交互功能的"现代纸书"跨越。

遵循传统出版流程，在不改变编辑和出版单位现阶段工作流程的前提下，对传统出版流程实行互联网再造，充分挖掘编辑和出版单位内容生产优势，用轻量的方式帮助编辑和出版单位实现转型融合发展。

2017年2月，创新性地将资本引入出版环节，通过引入出版运营基金，并与相关交易平台合作，打造了全国首创的出版融合产品交易模式，将金融活水注入传统出版，覆盖出版单位"现代纸书"前期试错成本，调动编辑内容生产积极性。目前，该模式逐步推行至全国。

出版融合产品是出版单位合法持有的基于纸质出版物的衍生数字出版内容在一定期间运营所形成的产品。出版融合产品交易运营是基于这个产品所形成的交易模式，包含转让方（出版单位）、受让方（IP投资基金）、运营机构（理工数传）、推荐机构（版易科技）、交易平台（武汉知识产权交易所）五个参与方。2017年2月28日，知交所出版融合交易业务在全国率先启动，长江少儿出版社的首批58项出版融合产品，在知交所以688.91万元成功交易，较挂牌价增值18.8%。此后，外语教学与研究出版社、山东教育出版社、安徽少儿出版社、广东教育出版社、湖南少年儿童出版社等全国18家单位的出版融合产品，陆续通过知交所的交易服务完成交易，目前交易材料申请辅导阶段的出版社还有33家。截至目前，知交所共完成出版融合产品交易项目1850宗，成功为出版社引入社会资本3952.54万元，涉及图书发行量10263.99万册。

案例5. 得到策划要点

得到是当下中国互联网最火产品之一。2016年5月上线，知识大咖罗振宇、李笑来、李翔、刘雪枫、万维钢（同人于野）等集体入驻。截止到2017年5月16日，一年时间得到APP用户数已超过736万，付费用户150万。"李翔商业内参"上线3个月获得7万订阅用户，1400万元营收，创造这一业绩的是一个3人小团队。更引人瞩目的是李笑来的专栏《通往财富自由之路》，其订阅人数超过15万，单个专栏销售额超过3000万。相对小众的"雪枫音乐会"订阅数突破4万，而中国最好的古典音乐杂志《爱乐》月发行量还不到1万份。

得到为什么能够成功？最近它公布了《得到品控手册》，有百页之长，都是关于产品品质要求的，仅摘取其中几点进行解读，便可以了解它同传统产品的区别。1. 野心。要有做全中国第一知识服务商的野心。2. 产品上线检查清单。最重要的是干货，现在人们的时间有限，又高度分散，要关注的事情还特别多，知识产品不能头大脖子长身子短，必须开门见山，短小精悍。3. 知识人格化。这说的是知识的育人取向，过于强调知识的工具价值，会导致人的工具化，一个工具化的人往往过于看重实际的结果和功利的获得，容易以自我为中心，成为"精致的利己主义者"。一个工具化的人往往也是一个丧失希望和热情，缺乏存在感、价值感的人。知识人格化，就是知识不仅仅成为一种外在的工具，更成为丰富生命、养成健全人格的养分。重视真诚自然、互动开放，以及价值观、立德树人等终极价值。4. 增加仪式感、伴随感。以此表达知识学习是非常重要的事情，也是温暖的陪伴过程。今天，点开得到，屏上立即跳出一行小字："今天是罗胖陪伴您的第2647天。"这个数字让你感动。

得到在阅读方面提供的服务，已经将现代人的心思、行为琢磨得很透。"每天听本书",没时间读书?集结的最牛说书人为你说好书,在你跑步、通勤、晨起、睡前、马桶上等碎片化的时间里,释放双手和眼睛,每天半小时,一年读365本好书。"马徐骏说杂志",第一时间为你提纯讲述世界知名杂志,涵盖全球杂志最新资讯和观点。短短8分钟,帮你建立全球视野。"随时听知识新闻",每天至少5条知识新闻,任意设置收听时间,随时随地,升级认知。"有料干货",从几十万字的好书中为你提炼精华知识,每天利用碎片时间听有料音频;经典好书提炼成千字干货,更少时间学习更多知识;从而为读者建立了全球视野、增长见识、提升自我认知能力,把书中知识以不同的消费形式变现,从而降低并解除了现代职业人群的焦虑感。

五、选题策划创新基本要点

洞察网络环境带来的变化和机遇,独辟蹊径精心设计选题。

1. 选题的独创性。关注各领域新的发展、前沿和制高点,保证策划在立意上出新。选题与社会生活发展态势的变化有多大的契合度,决定了选题的社会效应。社会的文化需求是什么、设计的出版物的特色是否与之存在关联性,决定了出版物的市场竞争力。好的选题,无论是内容的选择,还是体裁、形式的设计,都体现编辑独到的眼光,具有独到性、针对性、效益性。

独到性。不仅可以是学科建设中的"第一次突破"、理论探讨中的"第一次提出"、艺术创造中的"第一次尝试"、科学研究中的"第一次发现",也可以是在理论观点的阐发、作品结构的组织、讲述知识的方式、对已有研究成果的整理、消费者使用的便捷上,进行大大小小的创意。针对性。明确的目标消费者定位；明确的功能定位。定位确切需要的读者，并为读者提供真正的帮助。效益性。效益是衡量选题成功与否的标尺。

2. 内容+网络思维。网络环境下的选题策划，是完全不同的思维挑战。倡导创新、开放、优质、合作。技术驱动、数据驱动。网络环境下的选题策划，必须充分考虑融入技术、数据、富媒体等全新要素。驱动和融入，包括从内容生产到知识服务的全过程。

3. 出版信息采集与整理。信息的主要类型：社会发展信息：影响和制约社会发展的信息，包括国际形势、经济发展、政治政策、教育等；科学文化信息：与出版物直接相关的科学技术、文化思潮及各门类学科发展变化信息；出版市场信息：包括出版动态信息、各种学科类型出版信息、市场需求、价格、出版业统计等；竞争对手信息：与本出版单位存在竞争关系的其他出版单位相关信息，包括对手出版规模、品种构成、出版特色、经济实力、出版策略、竞争战略等；作者信息：反映作者基本情况的资料，有关学科作者群分布情况、专长、学识水准等；读者信息：读者的反映、需求、评价、希望等，对单位和品牌的认知度和认可度等；信息整理：将分散零乱的信息筛选、识别、核实，去伪存真，去粗取精。按照设想的出版项目方向，将有关信息组合在一起，整理、分析，形成系统化、有序化，为具体选题设计打下扎实基础。

4. 一切以用户为中心！网络环境知识交易的规则：用新技术重新生产知识传播知识；听得懂，记得住，用得上，形象化、场景化、人格化；高密度、小颗粒度的知识；接口简单，不要有很强的心理发动成本；用户提供单位时间价值最大化、节省时间、高效的学习解决方案；去中心化的流量分发及品牌传播；把用户带入有人格有温度的知识社交网；帮助用户赋能，认知升级，变成"更好的自己"；对细节的追求。即使是优质内容，只有变成可以交付的、高质量的内容产品，内容付费的商业链条才能流畅运转。

编辑的基本职能是评价（去伪存真、慧眼识珠）、选择（遴选择优）、优化（化腐朽为神奇）、推介（精准服务）。在媒体高度发达、信息泛滥的当下，选题策划、优质产品成为竞争胜出的关键。而这一切的决定性因素是编辑、是编辑核心职能发挥的程度。捕捉新的选题生长点，"灵机一动"，捕捉"亮点"、"热点"，来自于坚持学习、长期积累、善于发现。

出版物的命运始于策划，决定于策划。策划水准与编辑的眼界、见识、能力息息相关。牢记责任，善于学习，审时度势，创新思维，提高技能，为读者、为社会奉献更多的精品

辞书如何有效地融入百科和文化的元素 *

辞书如何有效地融入百科

众所周知，语文类辞书收纳语言知识，专科类辞书收纳领域知识，百科全书类辞书收纳全景知识。

近年来，情况发生了变化。语文类辞书普遍呈现出对收纳百科"事实知识"的兴趣倾向。时代变化引发了辞书需求的变化，辞书自身也在"物种进化"过程中，不断进取，以保持长久的、旺盛的生命力。

既然势在必然，就要努力做到势在必得。在操作层面就是考虑如何有效地融入百科元素。有如下几点应予关注：

1. 融入元素比例恰当。在语言类辞书中，"百科"不能喧宾夺主，更不是取代。比例失衡，就不能叫语言类辞书了。

2. 依托各学科权威专家、权威学术研究成果。融入的百科知识权威、准确，保持辞书整体质量水准。以往有一些"跨界"辞书，

---

* 2018年12月中国辞书学会年会学术沙龙发言稿。

质检中发现在百科知识类词条上存在问题较多,应引起重视。

3.用户至上(问题导向)。今天,知识用户的诉求是:终身跨界碎片化学习、赋能型(增值型)学习、知识服务整体解决方案等。那么,如何让辞书最大限度地满足人们在单位时间内高效获取知识的需要,是辞书研究和编纂的核心。

4.突出"四新":

新知识。反映当下中国和世界社会的现实,是学习、检索、使用的兴趣和需求触发点。

新技术。今天的知识服务与过去的知识服务的根本区别,是建立在信息技术、互联网平台基础上的服务。

新形态。知识的平面解读转向多媒体解读、立体解读、多维解读、动态解读、交互解读。

新功能。从释疑解惑,进阶至今日之知识服务整体解决方案、赋能等。

辞书如何有效地融入文化

所有的辞书都是文化的。辞书忠实地反映产生和使用它们的不断变化的社会。"国无辞书,无文化之可言也"。

今天,辞书如何有效地融入文化,有几个方面特别值得关注:

1.文化无所不在,无所不包。每一部辞书,都需要有自己独特的文化理念和文化定位,从而选择相应融入的文化元素,最终形成独特的文化个性和文化品牌。

2.文化自觉。对人类和本民族优秀文化的找寻、继承,对科学和真理的坚持和追求,对社会规律的把握和指引,都是文化自觉的内容。而文化自觉不是空洞的口号，它内化在辞书的总体设计、词目选取、释义、例句，甚至使用、推广方式上。

3. 还文化以本来面目。在商业社会日趋发展的今天，存在文化"被广告"，甚至被恶搞的混乱现象。各种所谓创新、貌似成语而不是成语的广告牌充斥着大街小巷，如消炎药打出的广告词：快治人口，将原本褒义感情色彩的成语"脍炙人口"混淆成为治感冒的"快治人口"；有望文生义的，如"以'帽'取人"，让人（特别是小孩）误以为是以帽子去判断一个人，大大背离"以貌取人"成语本意；还有断章取义，借成语来标榜自己，如"车到山前必有路，有路必有丰田车"，让人不再记得原本对仗的成语"车到山前必有路，船到桥头自然直"。篡改之后的"伪成语"为媒介承载商业信息，吸引眼球，却将原本寓意丰满、文化内涵丰富的成语扭曲得面目全非，有的混淆了语义。还有恶搞名著、名人等。无疑，这些对中华正宗传统文化是有损的。辞书正本清源，还文化以本来面目，责无旁贷。同时，文化的本来面目还有"接地气"的问题，文化的最广大、最深厚根基是民众，文化的源头和落脚都在民众，所以，要摒弃那些玄之又玄、晦涩难懂的内容或表达方式。

4. 融入现代技术，让文化展示更加具象、鲜活，可参与可互动，更加贴近生活。

出版物"三审"及审读要素分析 *

一、聚焦出版物质量

出版物质量问题屡遭媒体曝光、读者吐槽,制造了一次次舆论热点。

某日报将"温家宝"错写成"温家室",某日报将"习近平"错写成"习近年",多家报纸将"奥巴马"错写成"奥马巴"。某都市报将市委书记"致辞"错写为"辞职"。"广西省"、"黄埔江"等常识性错误比比皆是。2017年3月14日《陕西日报》头版一篇稿件中,出现了"政协委员乘高铁返回西安,领导前往机场迎接"的差错,轰动一时。

根据2013年中国新闻出版研究院《高校学报出版质量综合评估》项目数据,1554种高校学报中,编校差错率高于万分之三的学报共406种,即不合格品占28.03%;其中差错率高于万分之五的学报居然有174种,占12.02%。2015年,上海市新闻出版局对上海期

* 2018年编辑人员培训班讲稿摘要。

刊开展了编校质量检查，604种期刊中，不合格刊物87种，占期刊总数14.4%。2014年总局抽查少儿、教辅等等类别图书470种，51种编校质量不合格，占抽查总数的10.85%。2015年抽查文艺、少儿类图书134种，24种不合格，占比高达17.91%；抽查教辅读物和生活养生类图书106种，18种不合格，占16.98%。

2013年10月，武汉二中广雅中学初三女生翩翩指出，某美社的九年级美术教科书"荆楚文物揽胜"一节中发现5处错误，如错将"铜盖豆"写成"果盘"，将"镈钟"写成"钟镈"等。出错的这本美术教材覆盖全湖北省。除了美术教材，偏偏还在《思想品德》教材中发现有一幅图应是帛书《老子》局部，"鼎鼎有名的马王堆汉墓！却配上'明代的吴承恩写西游记'"。她发出呼吁，希望出版社及时改正，"毕竟这是我们中学生的教材"。"死海的海拔，教材所标注的是-400米，而实际上却是-415米……华师一附中初中部701班6名男生给某教育社写信，对其出版的初中地理教材中"世界的国家和地区"图、"世界地形图"等提出了质疑和建议。该出版社对学生们提出的问题一一回复，并对同学们勇于独立思考的精神表示了钦佩和赞赏。2013年，雷佳文、陈大漓状告《小时代》，该书版权页写明全书395千字，实际则少10万字。字数"缺斤短两"，存在"欺诈消费者"之名；同时书中含有过多英文且不加注释，让读者对内容比较难以理解，违反了《中华人民共和国国家通用语言文字法》的相关规定。福州法院判决某图书城、某文艺社、作者郭敬明赔偿原告65.6元（退购书款32.8元并付赔偿金32.8元）。诉讼费150元和司法鉴定费7000元由某文艺社和某图书城共同承担。工具书和教材教辅、少儿出版物错误百出，一本教材《大学英语新题型水平测试》居然有80多处错误，令人瞠目结舌，本应"零差错"的中小学教材甚至连文字性、知识性的低级错误也屡见不鲜，给孩子带来的严重误导，甚至造成终生的负面影响。

纸质出版物尚且如此，电子书、网络文学作品、手机出版物就更不用说了，错误无处不在。

上述数据还只是从编校质量角度。再从出版物内容质量、出版行业宏观整体质量来看，出版物有数量、缺质量，有"高原"缺"高峰"，机械化生产、快餐式消费等问题相当严重。

中国已成为出版大国，但还未成为出版强国。2017年，全国图书总体规模突破50万种，但问题也显而易见：学术出版方面有国际影响力的成果很少，文献被引率还很低；大众图书匮乏叫得响的超级样本，世界畅销书排行榜榜上无名；教材方面，除汉语语言学习类外，鲜有被其他国家广泛采纳者等。新书一版一次的印量年年减少。职称书、官员书、关系书、自费书为数众多。许多"新书"是改头换面的旧作，重新起名、重新设计封面而已。选题同质化，注水书日益严重。假冒书屡禁不绝。

从图书总品种和单品平均印数的变化看，进入21世纪以来，图书总品种逐年增加，单品平均印数却不断下滑。2000年，全国出版图书总品种14.34万种，之后一路狂飙突进，2015年达到47.58万种，是2000年的3.32倍，年均增长8.32%。与此同时，单品种平均印数，则从2000年的43751册，一路狂跌，跌至2015年的18206册，年均下滑6.02%。一增一减，对比明显。二者显现出明显的、严重的负相关关系。如果剔除教材，数字会更加难看。单品平均印数跌跌不休之势至今尚未探底。从图书总印数、全国纯销售和全国总库存的变化看，在图书品种高歌猛进、总印数也一路增长到2015年的86.62亿册，中国一跃成为世界第一图书出版大国的同时，悬殊的生产销售比，带来的直接后果必然是越积越高的图书库存！全国新华书店系统、出版社自办发行单位年末总库存，2000年只有36.47亿册，2015年达到67.83亿册，首次从数量上超过全国纯销售67.42亿册，码洋则达到创纪录的1082.44亿元，远远超过当年纯销售781.42亿元。在出版繁荣的背后，出版行业高库存导致的整体高风险正在快速积聚。从新书监控数量的变化看，根据开卷数据，2004年、特别是2009以来，当年新书监控销量为1、≤5和≤10的品种占比一路上扬，2015年分别达到新书品种的7.03%、21.25%、30.61%；而当年上市新书两年后年销量≥10、≥50、≥100的品种比例则逐年降低，2013年达到59.93%、36.94%、26.01%。也就是说，超过3成、6万多种新书当年销量在10册以下，而超过4成、8万多种当年上市新书两年后销量不足10册，生命周期之短令人叹惜。

二、"三审三校"符合出版规律

质量下滑的原因：片面追求规模、速度、市场；三审三校制度落实不到位；技术是把双刃剑；队伍素质和技能有待提高；最要命的是责任心缺失！

关于出版物质量问题，某青年作家曾经在网上发帖："首先，按照出版编辑流程，校样至少作者或者编者看一遍，现实中却常常一眼不看。其次，部分作者疏狂自大，不许编辑修改。第三，出版社转制企业后，买卖书号，放纵低档作者，疲于奔命，质量堪忧。"某资深编辑叹道："在当前的一些图书出版单位中，小型的出版社校对科关闭，专职校对人员减少，有些出版社甚至将书号卖给图书公司，并放弃了审稿权，是导致图书编校质量下滑的主要原因。同时，出版社节奏加快，一年审稿数量猛增，青年编辑却没有得到良好的业务训练，也会造成编校质量下滑。"广大读者呼吁："编校质量是出版的生命线，差错率偏高就是对读者不负责任。要求出版单位严守底线，把好质量关。"

新闻出版主管部门加强治理。近年来，面对无错不成书、无错不成报、无错不成刊的现象，国家新闻出版主管部门出台了加强质量管理的制度措施，连续开展"出版物质量年"专项检查工作，加大了质量检查的力度和频度。2017年8月15日，国家新闻出版广电总局下发《关于重申"三审三校"制度要求暨开展专项检查工作的通知》（以下简称《通知》）要求各地严格执行"三审三校"制度，保障图书质量。《通知》指出：一些出版单位由于内部管理失范，造成图书质量不合格的问题屡屡出现。这些图书有的内容质量存在导向问题；有的差错率较高，编校质量问题严重，出现这些问题的重要原因之一是"三审三校"制度落实不到位。

"三审三校"制度落实不到位的具体表现有：以审代编；以编代校；减少编校次数和程序；编校范围不全；审读意见空洞无物、流于形式；业务外包、买卖书号。

"三审三校一通读"具体内容是什么？

三审——原稿由责任编辑初审，编辑室主任复审，总编（副总编）终审。其目的是提供符合"齐、清、定"要求的书稿，交出版部发排。

三校——书稿发排出样时，先由排版人员毛校，然后出初样，送校对室校对。校对人员对初样一般是一校、二校连校（由不同人）。初样经两校后，称为"一校样"。一校样经排版人员改样后出样，交校对室进行第三次校对。按照《图书质量保障体系》的规定，校对人员第三次校对后，责任校对应负责校样的文字技术整理工作，监督检查各校次的质量，并负责付印前的通读工作。除重点图书外，许多出版社第三次校对后的校样，实际上就成了终校样。终校样经排版人员"灭红纠错"后出的新样，就是清样。

一通读——这里说的通读，是指由责任编辑通读清样。它实际上是校对人员"三校一读"程序的变迁，以责任编辑的通读代替了责任校对的通读。

为什么要坚持"三审三校"？

编校质量是一个系统工程，它牵涉到编辑、校对、排版等诸多环节，需要明确分工，各司其职；初审、复审、终审、校对分别由符合条件的人员担任，并承担相应职责；体现专业，兼顾特殊；在三审工作中，任何两个环节的审稿工作不能同时由一人担任。必须坚持这一流程和要求，这是出版物质量保障的制度性安排。历年来，为了提高编校质量，许多出版社加大力度，建立了各有特色的图书质量保障体系。长期的实践证明，只要认真执行了"三审三校"的编校模式，效果就是好的。

《通知》明确，严格落实"三审三校"责任制，需要明确分工，各司其职：初审、复审、终审、校对应分别由符合条件的人员担任，并承担相应职责；体现专业，兼顾特殊：在三审工作中，任何两个环节的审稿工作不能同时由一人担任，同时要体现专业性；注重导向，打造精品：在三审的每个环节都要严把政治关和政策关，确保书稿坚持正确的出版导向，努力打造精品力作；加强培训，建设队伍：要注重编校队伍的梯队建设，不断提升编校队伍整体质量；完善制度，促进落实：要细化和完善稿件"三审三校"责任制度，促进相关制度落实到位。

为落实全国出版工作会议精神，按照出版物"质量管理2017"专项工作安排，总局决定分3个阶段开展"三审三校"制度执行情况专项检查。总局组成检查组到部分省（区、市）和中央在京出版单位进行实地抽查，并及时通报相关情况。对违反《通知》规定情节严重的，总局将按照有关规定给予相应处罚。2017年8月底开始总局以及人民教育出版社陆续派出11个小组分别奔赴上海、山东、广东、四川、辽宁、海南、北京、江西、河南、广西、黑龙江等省（区、市）的多个代理单位，就国家统编"三科教材"出版发行进行督促检查，针对印发过程中存在的问题，尤其是如何应对突发、紧急情况给予及时指导和协调，为今年秋季各地义务教育阶段学生开学使用国家统编"三科教材"提供有效保障。2017年9月4日，总局公布了"质量管理2017"辞书、社科和文艺类编校质量不合格出版物，涉及25家出版单位的33种出版物。依据相关规定，总局给予相关出版单位警告的行政处罚，并责令在30日内收回不合格出版物。

管理部门加大了治理力度，但对于出版企业、对于从业人员来说，关键还是要从根本上认识出版物质量与社会、企业、个人休戚与共、一荣俱荣、一损俱损的关系。

出版物是精神食粮。出版物兼有精神产品和物质产品双重属性，对质量有更高要求。高质量出版物是营养价值很高的精神食粮。它能够净化人的灵魂，提高人的品位，鼓舞人奋发向上；能满足人学习科学知识和技术的需求；能给人学习和工作提供有益的帮助；能美化和充实人的生活，给人带来愉悦和满足。优质的出版物具有很高的使用价值和文化积累价值，哺育一代一代人茁壮成长。而政治性、思想性、品位低劣的图书，则会对读者造成伤害，甚至诱发犯罪。即便图书中存在一般的知识性错误、科学性错误或者不规范的语言文字、用法混乱的标点符号等，也同样会误人子弟，遗患无穷。

出版物质量是出版社的立足之本。高质量的出版物能够传之久远。质量平庸、低劣的图书会被时间无情地淘汰。高质量的出版物能够获得"双效益"，有利于形成出版社的良好形象、口碑、品牌。基本上没有人搞得清、记得住一个出版社有多大经济规模，但哪个出版社的书品如何，却往往为社会各界、为广大读者所熟知。如果出版社出版物品质低级庸俗粗糙，即使一段时间赚点钱，同时也是给出版社抹黑，终将导致声名狼藉，被读者抛弃。

三、出版物质量审读要素

加强出版物质量审读是把住质量关的根本举措。

出版物质量审读，在出版的不同环节都有发生，如稿件编辑加工前审读、编辑加工过程中的审读，还有出版发行后新闻出版主管部门的质检审读。

出版物质量的基本概念和内容。

出版物三要素：第一，具有经过编辑加工的以文字、图形、图像、声音或其他符号形式表现的精神文化内容，可供阅读、欣赏。第二，具有承载这些精神文化内容的物质载体，而不论其是具有相对固定形态的，还是呈现灵活多样形态的。第三，具有复本，可以向公众传播。

出版物质量包括四项：内容、编校、设计、印制，分为合格、不合格两个等级。内容、编校、设计、印制四项均合格的图书，其质量属合格。内容、编校、设计、印制四项中有一项不合格的图书，其质量属不合格。内容和编校质量涉及图书在政治性、思想性、科学性、知识性、艺术性、结构合理性、语言文字规范性等方面的表现。由于图书的社会影响主要是通过所载内容和编校质量来体现的，所以，对图书质量的管理以此为重点。这两项质量是通过编辑的工作来予以保障的。

围绕这个重点，出版物质量审读的范围是：正文、插图、表格、目录、辅文、索引、附录、封一、封二、封三、封底、护封、封套、扉页、版权页、书脊、有文字的勒口等。出版物质量审读的要素是：作者、政治性、思想性、科学性、知识性、独创性、保密性、表述规范性、知识产权等。

（一）作者

出版物的精神文化内容主要靠作者创造。出版物的质量审读，从源头开始，就是对作者的了解和审核。

对于作者，有一条基本原则：最合适的人写最合适的内容。

具体展开讲，包括如下几项：思想理论修养；学术、专业知识水平，擅长领域；创作态度；适合相应类型、层次、年龄段读者的表述方式等。

世界著名的《不列颠百科全书》权威性从哪里来？看看其作者和所写条目即可知晓。牛痘接种法创始人 E. 詹纳写了"牛痘"条目；英国著名哲学家、历史学家和经济学家 J. 密尔写"政府"条目；以"杨氏干涉实验"和杨—亥姆霍兹三色理论闻名的 T. 杨写了光学方面的条目；以毕奥—萨伐尔定律（恒定电流与磁场间关系）闻名的法国物理学家 J-B. 毕奥写了电磁学方面的条目；以《人口论》闻名的经济学家 T. 马尔萨斯写了人口方面条目；以古典政治经济学著作闻名的 D. 李嘉图写了政治经济学条目；以《天演论》闻名的 T. H. 赫胥黎写了进化论条目；精神分析的奠基人精神病学家 S. 弗洛伊德写了心理分析条目；俄无政府主义理论家克鲁泡特金写有关俄国条；被斯大林定为托派首领的托洛茨基写"列宁"条；美国实用主义哲学家 J. 杜威写了哲学条目；汽车大王 H. 福特写了"批量生产"条目。诺贝尔奖获得者更是《不列颠百科全书》权威性的重要支柱。他们中间有以相对论闻名的 A. 爱因斯坦、爱尔兰戏剧家萧伯纳、德国出生的英国化学家 H. 克雷布斯、发现胰岛素的英国生理学家 J. 麦克劳德、英国经济学家 N. 安吉尔、美国陆军上将 G. 马歇尔、两次获诺贝尔奖的美国化学家 L. C. 鲍林、核化学家 G. 西博格、居里夫人，等。

《不列颠百科全书》第15版更以国际性的撰稿人阵容而自豪。全书4277位撰稿人来自100多个国家,其中有一半不是美国本国人。来自法国的撰稿人达181人,来自德国的达112人,来自俄国和日本的分别有60多和40多人。

为仰望星空的孩子打开一扇"天窗"的《中国儿童视听百科·飞向太空》,是读文鉴图观景游戏立体赏析的儿童类百科全书,既要有严谨、权威的太空知识,又要根据儿童认知心理,讲求适合他们的叙述方式。所以创作团队包揽了著名天文学家、科普作家、文学作家、中小学幼儿园教师,将准确高深的科学知识,用孩子们读得懂、喜欢读的语言来表达,还有多媒体创作人员,AR增强现实技术植入书中,小读者可以通过智能手机扫描对应页面,实现立体动态的星际漫游。

在作者的审视上,还有一点需要清楚:学术有自由,出版有纪律。

(二)政治性

书稿内容所反映的政治立场、政治观点和政治倾向,包括涉及政党、国家、党政高级领导人、外交、民族、宗教等关系的现实政治问题。

政治、法律、哲学、社会科学类出版物政治性明显;文学艺术类常通过对人物、情节描写流露某种政治倾向;科学技术类一般没有明显的政治内容,但有时某些文字(如前言后记、概述性文字、评论性文字、特定概念过度渲染等)中也可能出现政治性问题。

政治性还要求内容不得违反党和国家各项具体的方针政策,如外交方针政策、民族政策、宗教政策、统战政策,以及对香港、澳门、台湾地区的方针政策等。

政治问题一票否决。

　　《出版管理条例》明确规定禁止出版物登载的内容：第二十五条　任何出版物不得含有下列内容：1.反对宪法确定的基本原则的；2.危害国家统一、主权和领土完整的；3.泄露国家秘密、危害国家安全或者损害国家荣誉和利益的；4.煽动民族仇恨、民族歧视，破坏民族团结，或者侵害民族风俗、习惯的；5.宣扬邪教、迷信的；6.扰乱社会秩序，破坏社会稳定的；7.宣扬淫秽、赌博、暴力或者教唆犯罪的；8.侮辱或者诽谤他人，侵害他人合法权益的；9.危害社会公德或者民族优秀文化传统的；10.有法律、行政法规和国家规定禁止的其他内容的。

　　1987年10月29日，新闻出版署发布转发外交部《关于国内出版物出现台湾伪称问题》来函的通知：由中国×××出版社出版的《中国广播电视年鉴》（1985年版）、中国×××出版社出版的《中国新闻年鉴》（1983年版）中，均出现"中华民国"字样而未加引号。这一情况，对外造成不良政治影响，违背我一贯反对"两个中国"的原则。外交部来函所提意见十分重要，确须引起注意。希望各单位防止类似问题出现。今后，报纸、期刊、图书确需出现"中华民国"时，一定要加引号。

　　惨痛的教训。1989年3月上海××出版社出版的《性风俗》一书，1992年10月××日报发表的《"小麦加"临夏》一文，1993年4月上海××月刊转载××商报的《以图腾为姓的民族》一文，1993年5月某刊第五期发表《别有滋味伊朗行》一文，8月四川××出版社出版的《脑筋急转弯》一书、西安××大学出版社出版的《现代交往实用礼仪》一书等等，这些图书和文章中的一些内容严重伤害了少数民族的感情，激起了有关少数民族的义愤和强烈抗议，造成了严重后果，有的还在国际上造成了不良影响，损害了我国在国际上的声誉。

　　编辑工作中必须以此为戒，痛定思痛，高度重视书刊中涉及的国家安全、民族宗教问题，严格执行各项民族宗教政策，严格执行选题报批、三审制等。

地图中的问题。近年来，地图中屡屡出现问题。近日，奥迪公司在2017年全球新闻发布会上使用的一张PPT被媒体曝光。在这张介绍中国区业务的幻灯片中，中国地图不仅缺少了台湾岛和南海诸岛，藏南地区与阿克赛钦地区也没有被包括在内。又有网友通过Google浏览器进行搜索发现：前三行搜索结果，Google显示24个，第三行第三个结果由于原图就是不完整的所以排除掉，其余23个有效结果中，基本没有错误的矢量图只有两个。其他21幅地图中，18次缺少藏南地区，14次缺少台湾岛或不把台湾岛算作中国领土，5次缺少阿克赛钦地区，3次缺少海南岛。犯过同样错误的不只外国公司。2017年1月，阿里巴巴在推特上的一张配图引发巨大争议，该图中的中国版图同样没有台湾、南海、藏南和阿克赛钦地区。

地图小知识：藏南地区位于喜马拉雅山脉南侧、中华人民共和国西藏自治区东南部的山南地区、林芝地区，包括了西藏自治区的错那、隆子、墨脱、察隅四县的大部分及郎县、米林两县少许国土。阿克赛钦位于中华人民共和国新疆和西藏两自治区与印度的边界西段，总面积4.2685万平方公里，主权为中国，不存在主权争议，且一直被中国不间断控制，绝大部分属于新疆维吾尔自治区和田地区管辖，南部很小一部分属于西藏自治区阿里地区管辖。

作为国家宣传部门，出版单位使用地图正确与否会造成很大的社会影响，甚至被国外媒体利用。为了规范出版单位，1995年，国务院便出台了《中华人民共和国地图编制出版管理条例》。其中国界规定第六条，在地图上绘制中华人民共和国国界、中国历史疆界、世界各国国界，应当遵守下列规定：1. 中华人民共和国国界，按照中华人民共和国同有关邻国签订的边界条约、协定、议定书及其附图绘制；中华人民共和国尚未同有关邻国签订边界条约的界段，按照中华人民共和国地图的国界线标准样图绘制。2.中国历史疆界，1840年至中华人民共和国成立期间的，按照中国历史疆界标准样图绘制；1840年以前的，依据有关历史资料，按照实际历史疆界绘制。3.世界各国国界，按照世界各国间边界标准样图绘制；世界各国间的历史疆界，依据有关历史资料，按照实际历史疆界绘制。地图绘制规定第十一条，广东省地图必须包括东沙群岛。第十二条，海南省及南海诸岛地图表示规定：1.海南省全图，其图幅范围必须包括南海诸岛。南海诸岛既可以包括在全图内，也可以作附图。以单幅表示南海诸岛地图时，应配置一幅"南海诸岛在中国的地理位置"图作附图，海南岛的区域地图，也必须附"南海诸岛"地图；2.南海诸岛附图的四至范围是：北面绘出中国大陆和部分台湾岛，东面绘出马尼拉，南面绘出加里曼丹岛上印度尼西亚与马来西亚间的全部界线（对于不表示邻国间界线的专题图，南面绘出曾母暗沙和马来西亚的海岸线），西面绘出河内；3.南海诸岛与大陆同时表示时，中国国名注在大陆上，南海诸岛范围内不注国名，不在岛屿名称下面括注"中国"字样；在不出现中国大陆的南海诸岛局部地图上，在各群岛和曾母暗沙、黄岩岛等名称下括注"中国"字样。第十三条，新疆维吾尔自治区表示规定，新疆维吾尔自治区地图和绘有新疆维吾尔自治区西部的地区图，其图幅范围西部应绘出喷赤河南北流向的河段。第十五条，台湾地图表示规定，台湾在地图上应按省级行政区划单位表示，台北市作为省级行政中心表示（图例中注省级行政中心）；在分省设色的地图上，台湾要单独设色，台湾地图的图幅范围，必须绘出钓鱼岛和赤尾屿（以"台湾岛"命名的地图除外）。钓鱼岛和赤尾屿既可以包括在台湾全图中，也可以用台湾本岛与钓鱼岛、赤尾屿的地理关系作插图反映。台湾挂图，必须反映台湾岛与大陆之间的地理关系或配置相应的插图。专题地图上，台湾应与中国大陆一样表示相应的专题内容，资料不具备时，必须在地图的适当位置注明："台湾省资料暂缺"的字样。台湾的文字说明中，必须对台湾岛、澎湖列岛、钓鱼岛、赤尾屿、彭佳屿、兰屿、绿岛等内容作重点说明。

最近，新华社又公布了一批禁用词，大家可以参考。比如民族宗教类，对各民族，不得使用旧社会流传的带有污辱性的称呼。不能使用"回回"、"蛮子"等，而应使用"回族"等。

禁用口头语言或专业用语中含有民族名称的污辱性说法，不得使用"蒙古大夫"来指代"庸医"。不得使用"蒙古人"来指代"先天愚型"等。又比如，"台湾"与"祖国大陆（或'大陆'）"为对应概念，"香港、澳门"与"内地"为对应概念，不得弄混。国际场合涉及我国时应称中国或中华人民共和国，不能自称"大陆"；涉及台湾时应称"中国台湾"，且不能把台湾和其他国家并列，确需并列时应标注"国家和地区"。台湾是中国的一个省，但考虑到台湾同胞的心理感受，现在一般不称"台湾省"，多用"台湾地区"或"台湾"。不涉及台湾时不得自称中国为"大陆"，也不使用"中国大陆"的提法，只有相对于台湾方面时方可使用。又比如，对南沙群岛不得称为"斯普拉特利群岛"，钓鱼岛不得称为"尖阁群岛"。又比如，不使用"一带一路"战略的提法，而使用"一带一路"倡议。等等。

近来，关于"一带一路"的一些说法，多有不当，整理如下，供大家参考。

1. 主观框定"一带一路"范围。某些媒体制作"一带一路"沿线国家名单、地图的做法并不值得提倡。中国政府从来没有对"一带一路"限定过范围。"一带一路"早期确实以国内18个省、沿途65个国家为重点，但并不排他。最近习主席与特朗普在海湖庄园会谈时就曾表示，中方欢迎美方参与"一带一路"框架内合作。

任何地区都有机会享受"一带一路"红利。只要把握机会，扬长避短，都可以搭乘便车，顺势而为。"一带一路"提出后，全国提了很多"起点"，甚至争这个起点。"一带一路"发展应当是建设沿线众多支点的问题，是可以把全国都设计在其中的。

2. 报道用语不当。在报道中要尽量避免使用带有军事色彩等容易造成误读的词语，如：桥头堡、排头兵、主力军、蟠桃肉等。"桥头堡"在新华字典中的解释为"为扼守和保护重要桥梁、渡口，在其附近地区构筑的碉堡、地堡或阵地"，这一军事术语与"一带一路"开放、合作的本意相违背。"一带一路"是倡议，不是战略。报道名称要准确，喜欢提战略是我们传播中的通病，国际传播一定不可以使用。战略说法与"一带一路"提倡的理念是冲突的，也会让人敬而远之，甚至惧而远之。

3. 过度夸耀"一带一路"输出过剩产能。"一带一路"中的产能合作，本意不是淘汰落后、低端、过剩的产能。"过剩产能"这种提法会造成沿线国家抵触。"一带一路"框架下的合作是符合经济规律的自然的合作，而不一定是把中国的低端产业淘汰出去。虽然实际情况中，一些国家经济发展落后于中国，可能存在某些低端产能的客观需要，但是在报道中不宜过度的渲染、强调突出。尤其是在外宣过程中，容易给人以口实。

4. 将"一带一路"等同于无偿援助。一些媒体对正常的投资行为过份拔高，将"一带一路"解读为无偿援助。这种报道给国内老百姓造成错误的印象，很多老百姓认为"一带一路是要撒钱当冤大头"。百姓无法理解"国内还有很多经济发展、社会问题，为什么置这些问题不顾，却把资源、能力对外输出"。"一带一路"规划整体而言是商业化经贸合作，不是不顾经济规律和商业可行性的无偿援助。

5. 报道停留在经济层面，忽视人文交流。2015年，国家发展改革委、商务部、外交部联合发布《推动共建丝绸之路经济带和21世纪海上丝绸之路的愿景与行动》，明确提出，政策沟通、设施联通、贸易畅通、资金融通、民心相通是"一带一路"的主要内容。投资贸易是核心，但是，推进这种合作发展，没有跨文化甚至民族宗教等等方面的民心沟通，是不可能实现倡议提出的目标的。"一带一路"倡议不仅限于经济层面，很重要一点是"民心相通"。只有民心相通，中国走出去才能形成影响力。在报道中，不仅要谈经济，还要谈文化、社会。不光是要报道中国怎样走出去，还要报道沿线的民情、民风，让国内受众全面了解一带一路的全貌。

6. 刻意回避中国经济利益。一带一路是经济建设的倡议，很多对外建设是经济行为，要按照经济规律办事。在推进一带一路建设中，中方需要正常盈利，不需要刻意回避。

刻意回避会把"一带一路"倡议变成政治色彩很浓的东西，造成中国为扩大在"一带一路"沿线国家的影响，不惜低价或无偿援助的偏颇印象。

7. 话说得太满，过份强调"中国性"。"一带一路"确实是外交上的重大举措，对于中国实现大国崛起、提升大国地位，意义不可估量。但是，有的事情，还是只做不说，或者是少说多做。有的话不能说得太满，说得太过。不要做成中国的"一带一路"，尤其是对外报道不要过多强调"中国性"。丝绸之路的起点是中国，但是世界各国共同打通的，要把"我的"转变成"我们的"，淡化中国，强化"他们"，强调联合，这也是我方的意愿。讲"一带一路"，要阐述中国"一带一路"本身的考虑和想法，也要契合国际社会和老百姓的接受能力。

8. 被宗教势力利用。以早期"一带一路"涉及的65个重点国家为例，其中有33个是穆斯林国家，占比超过一半。媒体在报道中要警惕国内外宗教势力尤其是"颜色革命"的风险。某些宗教势力企图借"一带一路"实现扩张，甚至公开打出"伊带伊路"的旗号。近期，某知名电视台著名栏目宣传"宁夏作为回族自治区与阿拉伯国家有天然的联系"，违背中国的国家认同。某知名电视台制作的美食纪录片《清真的味道》也引起争议。媒体在进行"一带一路"报道时，要避免犯原则性政治错误。

（三）思想性

德国作家H. 赫赛说："我们现在急需的智慧，都存在老子的书中"。老子的书《道德经》是公认的中国古代思想巨著，从公元前几个世纪问世，2000多年过去了，老子的学说应用未曾中断、历久弥新。它影响了中国和世界，是除《圣经》外被译成外国文字发行量最大的文化名著。其"道法自然"，论述了修身、治国、用兵、养生之道。核心思想就是要尊重、遵循事物的基本规律。《史记》、唐诗、宋词、元曲、《战争与和平》、《巴黎圣母院》、《童年》、《假如给我三天光明》等众多往时之作，有的甚至已有上千年历史，为什么时至今日，仍然为广大读者所热爱，就是因为其真善美的思想文化内涵，引起了人类情感的共鸣。

爱因斯坦《狭义与广义相对论浅说》，开启了宇宙新时代和人类利用核能的新篇章。袁隆平《杂交水稻育种栽培学》总结的理论和方法解决了数亿人吃饭的问题。《寂静的春天》在上世纪60年代为人类环境意识的启蒙点燃星星之火，警示世人；推动美国政府制订法律，成立环境保护局；促成联合国召开"人类环境大会"，各国共同签署"人类环境宣言"，开启了环境保护之旅。这就是好书的价值，这就是思想的力量、文化的力量。

弘扬真善美，贬斥假恶丑。充分认同中华文化，认同国家和民族的自身价值和巨大生命力。努力延续文化基因，萃取思想精华，展现精神魅力。

无论市场竞争多残酷，经济效益多迫切，出版物的思想品格、文化品格是始终不能放弃、不可偏离的。

出版物的思想内容和思想倾向，有时与政治性相联系。譬如，如果稿件宣扬邪教、迷信、淫秽、赌博、暴力，教唆犯罪，危害社会公德或民族优秀文化传统等，思想性、政治性都大有问题。

思想性的基本要求，是核心价值观。可以从三个层面展开：国家层面的价值目标：富强、民主、文明、和谐；社会层面的价值取向：自由、平等、公正、法治；公民个人层面的价值准则：爱国、敬业、诚信、友善。

弘扬民族精神（爱国主义为核心的团结统一、爱好和平、勤劳勇敢、自强不息）；弘扬时代精神（改革创新是核心），宣传适应生产力发展和社会进步的先进思想；宣传中华民族优秀文化，坚持积极健康的思想格调。抵制庸俗、低俗、媚俗之风，反对民族虚无主义、民族沙文主义、狭隘的民族主义和全盘西化。

前几年北京市消费者协会于"六一"儿童节前夕开展对部分少年儿童读物的评议活动。共480本，孩子们分别拿出他们喜爱的图书参评。有些图书问题突出：1.印制粗糙，错误过多。缺页、错字、错注音、油墨不匀、字迹模糊、开胶、订线压文等现象，且版式混乱。2.内容庸俗，格调低下。名实不符，张冠李戴。"什么时候是摘瓜的最佳时机？"答案为"看瓜人打盹的时候"；"举例说明什么是同性相斥、异性相吸？"答为"婆媳是同性相斥，夫妻是异性相吸"；"小偷给社会造成危害，给警察造成什么？"答为"给警察创造了就业机会"；"为什么人们只看过小说，而没看过大说？"答案为"大说已去世"；"长寿最关键的秘诀是什么？"答为"呼吸，以免断气"；"爸爸今天刚发工资，可还是身无分文，为什么？"答为"被小偷偷了"；"老虎与兔子是什么关系？"答为"动物关系"。还有的儿童读物通过情节诡异的破案过程，刻意渲染恐怖气氛，加上手法夸张的插图,刺激儿童的感官,格调低下。

(四)科学性

科学,意即反映自然、社会、思维等的客观规律的知识体系。书籍的基本功能就是记录、整理、表述、传播知识。出版物的科学性指反映客观事物的真实性和准确性。

具体内容体现为:尊重历史、尊重事实,透过现象揭示事物的本质和规律。准确表述各门学科的基本概念、基本原理和规律,正确使用和解释科学术语,认真分析、选择,引用真实准确的材料(包括图表和数据等)。

在科学日益进步、知识爆炸式增长的今天,更要坚持真理、反对虚浮、拒绝伪科学。

伪科学指据称是事实或得到科学支持、但实际上不符合科学方法的"知识"。伪科学是一些虚假的"科学"或者骗局,经常借用科学名词进行装饰,但实际上与科学在本质上并无关联。

网上一搜,不实、浮夸比比旨是,比如:爱因斯坦小时候不聪明、黑洞是黑色的、狗狗活1年相当于人活7年、物质只有3种形态、太阳40亿年后爆炸毁灭、向日葵一生都在追求太阳、我们只用了大脑的10%、公牛会被红色激怒、从月球上可以看到中国长城、神秘的地心找到——贵州竟暗藏入口,等等。

2015年4月9日,人民日报发表"伪科学让朋友圈很受伤"。文章讲到,养生、"鸡汤"、八卦嗑,微信朋友圈已成为健康类谣言重灾区。点击、分享,每个人都可能成为"伪科学"的盲信者和传播者。微信谣言主要集中在食品安全、人身安全、疾病三类,"致癌!有毒!!身亡!!!"、"转疯了!震惊了!!99%的人都该看!!!"一些"高大上"的谣言,顶着看似专家或权威的帽子,大谈养生与保健,其可信度很难被普通用户甄别。不少文章宣称,天天坚持某项运动或者吃某种食物，能够根治某种疾病；还有各种用常识做"幌子"的科普贴，比如接听电话用左耳更安全、晚上不宜洗澡；一些文章最后还推出某种保健品，称集纳了某些食物的精华，效果更佳。由于健康谣言传播广泛，部分转帖反复出现，不少读者深信不疑，危害很大。

距人民日报发表文章又过去了几年，今天怎么样了呢？网络、朋友圈似是而非的东西、谣言更多了！所以，坚守科学性，擦亮眼睛，严格求证，对编辑出版人员来讲，任何时候都不能松劲。

（五）知识性

出版物的知识性是指所包含知识的容量与价值。知识性是衡量各类出版物质量的基本要求。教育类、科技类、文化类出版物以传播知识、积累文化为目的；各种工具书是知识高度密集的出版物，知识性为其第一特征；思想理论类主要宣读理论思想观点，必须以丰富的知识为基础，才有充分的说服力；文学艺术类以审美教育为要，而这也无法离开具体的历史知识和生活知识。

知识性的基本要求是合乎科学。稿件的知识内容应该是人类优秀文明成果和生产实践的经验与总结，正确、全面，不可歪曲或片面。介绍知识的方法应该充分考虑时代的要求和消费者的需要。

前不久，有媒体爆料："儿童读物里大量注音错误 出版社切莫误人子弟。"李先生在书城购买了一本名为《大嘴鳄鱼的故事——不后悔》儿童汉语拼音注音读物，供上一年级的儿子假期阅读，用以巩固其所学的拼音知识。可是让李先生始料未及的是，花了钱结果却适得其反，孩子非但没巩固所学知识，而且还把原来掌握的东西搞混了。里面存在大量注音错误。第109页就有7处差错，如把"liu（留）"拼成了"kiu"、"su（塑）"拼成了"suo"、"ting（挺）"拼成了"ding"。书城将读者的意见反映给了该出版社，该出版社于2月6日发来传真，解释说，"此一页为电脑出片时造成的技术差错……"真的仅仅是"技术错误"吗？记者就此找到立新小学精通小学汉语拼音的李副校长，请她帮助检查，结果又发现近30处错误，主要有：平舌音、翘舌音不分，如把"suan（算）"错拼成"shuan"；声调错误，如把"wei（为）"四声错拼成二声……除了注音错误外，还存在一些文字错误，如"崴了脚"写成了"葳了脚"。

质量不合格的图书对于读者，尤其是对于没有鉴别能力的儿童，危害是极大的。图书的正确性对于低年级学生非常重要。从心理学和教育学角度讲，孩子容易先入为主，一旦被不正确的知识误导，再去改正就很困难，这种误导很可能是终生的。

再看看某出版社某年出版物质检时发现的知识性差错：水是眼波横，山是眉峰聚——苏轼《卜算子》（水是眼波横，山是眉峰聚——王观《卜算子》）；与小苏打对应的大苏打（$NaHCO_3$）〔与小苏打（$NaHCO_3$）对应的大苏打〕；广场的左侧，有一颗高大茂盛的银杏树，略显枯黄的椭圆形叶片随风飘落（银杏叶是扇形的）；正电子（PET）扫描〔正电子扫描（PET）〕；计算机断层（CT）扫描〔计算机断层扫描（CT, CT=computer tomography）〕；撒哈拉沙漠从大西洋到红海，覆盖了南非的大部分地区（北非）；上观许山，下视接舆，谋似范蠡，忠类子胥（上观许由，尧舜时代人物）；音律数值为1059，463（1.059463）；发生于2004年末的亚洲大海啸，就是因为印度板块与印度尼西亚板块发生了摩擦，在马里亚纳海沟中产生了运动（苏门答腊海域。马里亚纳海沟位于北纬11°20，东经142°11.5，即菲律宾东北、马里亚纳群岛附近的太平洋底，在亚洲大陆和澳大利亚之间）；中国首次发现会飞的"恐龙"——中华神州鸟（但配图为中华龙鸟。中华龙鸟，1996年在中国辽西热河生物群中发现，中华神州鸟，2002年在辽宁锦州义县境内发现）；图注为宋徽宗及其"瘦金体"书法（但此图为宋徽宗草书千字文）。

这些差错，让人贻笑大方不说，误人子弟事大。其实，每个人不可能什么都懂、都知道，但编辑工作，讲究的就是准确，只要认真核对、查验，许多知识性问题就可以迎刃而解。

（六）独创性

指在内容或形式上的创新特点，包括学术观点、资料发掘、题材开拓、艺术风格或表现形式等方面有超越前人之处。

独创性是作品的基本特点之一，因而也是各种出版物应该具备的。人云亦云、简单重复他人作品的内容，不但谈不上独创性，而且还可能有侵权之嫌。

2017年6月22日新京报爆料："你看的《人类简史》可能是山寨的！""我居然读了一本假书。"在豆瓣一位买到《人类简史：我们人类这些年》的读者如此感慨。大量吐槽出现在豆瓣和亚马逊等平台，该书豆瓣评分低至2.5分，并被打上"山寨"字样。被山寨的《人类简史：从动物到上帝》是以色列新锐历史学家Y. N. 赫拉利的作品。2012年出版后受到世界学术界瞩目并很快翻译为近30多种文字，畅销全球。中信出版社在引进版权后，分别于2014年、2017年印行前后两版，经过张小龙、罗振宇等互联网圈名人推荐后，火爆网络，据报销量已突破百万册，成为现象级畅销书。"山寨版"由某出版社2016年5月出版，腰封标红并有加大加粗推荐语：一部让你大开眼界的奇作！然而真正让读者"大开眼界"的是，本书山寨了赫拉利的《人类简史：从动物到上帝》。

封面上，该版《人类简史》与后者版式设计类似，主标题一样，英文副标题仅一词之差。在京东、当当、亚马逊线上，它与后者出现在同一页面或相邻推荐位置。"山寨版"作者"亚特伍德"的名字颇具迷惑性，"作者是位中国人却取外国笔名，很多读者就因为这个才上当的"。

大量读者因此被误导，购买之后看到内文，才发现这是一本"骗钱的山寨书，还不如百度百科加中学课本"。"做这本书的人明知无底线还要做。你看作者名字就知道，亚特伍德，就是丫特无德的意思。"一位业内人士说。然而，策划人白丁说："我们不是跟风，这在行业内很常见。"

"在行业内很常见"，多么可怕、可悲的描述！作为负责任的出版社，有文化使命的编辑，应该杜绝抄袭，防范山寨，不甘平庸，重视作品的独创性。

创新有大小、多少之分，只要有创新，就值得肯定。独创性是编辑理应承担的文化责任。

独到性。不仅可以是学科建设中的"第一次突破"、理论探讨中的"第一次提出"、艺术创造中的"第一次尝试"、科学研究中的"第一次发现"，也可以是在理论观点的阐发、作品结构的组织、讲述知识的方式、对已有研究成果的整理、消费者使用的便捷上，进行大大小小的创意。

（七）保密性

1992年出台的新闻出版保密规定，是根据《中华人民共和国保守国家秘密法》第二十条制定的。1994年，新闻出版总署又发出了关于防止在出版物中泄露国家秘密的通知。

"少数出版单位在出版涉及中外关系、革命史料、国防建设等方面的出版物中，把关不严，未经认真的审核和报批，致使有的出版物严重违反国家保密法、中国人民解放军保密条例和新闻出版保密规定，泄露了党和国家的重要秘密和军事秘密，以及其他应当严格保密的资料，造成了恶劣的政治影响和严重的后果。"

根据规定，在出版物中（包括内部发行的出版物）严禁载有下列内容：国家事务重大决策中的秘密事项；国防建设和武装力量活动中的秘密事项；外交和外事活动中的秘密事项以及对外承担保密义务的事项；国民经济和社会发展中的秘密事项；科学技术中的秘密事项；维护国家安全活动和追查刑事犯罪中的秘密事项；其他经国家保密工作部门确定应当保守的国家秘密事项。

出版物中凡涉及下列内容要严格执行送审报批制度：国家事务的重大决策，党的文献和档案，国防建设和武装力量情况，国家外交政策和对外宣传工作，国民经济和社会发展中的统计资料和数据，尖端科技、科技成果及资料，测绘和地图，国家安全活动和追查刑事犯罪活动，其他各部门各行业中不宜公开的重大事项；以及出版单位把握不准是否属于秘密的问题。

以上所讲内容，包括语言、文字、符号、图表、图像等形式表现。

当今世界，力量对比持续变化。我国综合国力和国际影响力不断增强，同时也已成为各种情报窃密的重点目标。国外情报机构加紧对我实施全方位的信息监控和情报战略，窃密活动相当密集。作为各类信息的重要载体，出版物的涉密问题需要格外小心对待。境外一些中国问题专家谈到搜集中国情报的方法时，认为主要就是研究中国的书刊和出版物，境外谍报组织广泛收集我国出版的报刊、图书，认为所需情报的80%可以从中得到满足，称之为"白色情报"。

我国中成药"六神丸"，本是治喉良药，但日本人通过贸易交往，将它带回去，进行研究，发现"六神丸"还能治疗冠心病，他们便把此药进行简单加工改制，并改名为"救心丸"，这样该药一下子成为国际市场畅销货，每年收入数千万美元。宣纸生产技术的严重泄密：某外商参观我某造纸厂，详细地了解了原料种类、配比、选择和处理以及原料所用碱水浓度等，对生产的全过程进行录像，还要走了生产宣纸的原料，并以帮助化验为名装走了造纸用的井水。结果，我国具有悠久传统的宣纸生产技术秘密顷刻间被轻易窃走。某日籍"爱国"华侨两次参观我景泰蓝厂，我方代表毫无戒备，慷慨地允许拍下全部工艺流程，热情"传经送宝"，唯恐"海外赤子"一知半解。这名华侨实际上是日本间谍，窃取了我景泰蓝全部秘密，开始自己生产。不到两年，我国的传统出口创汇产品直线贬值。

上世纪60年代，大庆油田开发，我国刚刚甩掉贫油国的帽子之时，日本情报机构从我国某画报刊载的大庆油田照片上获得了大庆炼油能力、规模等情报。1981年9月，我国首次用一枚运载火箭成功发射了3颗卫星。某出版物刊载了某工程师写的几篇文章，其中详细介绍了3颗卫星的运行轨道、运行无线电遥控频率等技术，泄露了绝对秘密的空间技术细节。杂交水稻技术是我国1979～1985年间1089项发明奖中唯一的特等奖，世界领先。但是此后由于在各种公开的出版物中发表了50余篇有关这项成果的论文，造成这项技术成果泄密，同时，使我国也失去了申请这项专利的条件。

地图保密问题。根据保密规定第三条，公开地图和地图产品上不得表示下列内容：1.国防、军事设施及军事单位；2.未经公开的港湾、港口、沿海潮浸地带的详细性质、火车站内站线的具体线路配置情况；3.航道水深、船闸尺度、水库库容、输电线路电压等精确数据、桥梁、渡口、隧道的结构形式和河底性质；4.未经国家有关部门批准公开发表的各项经济建设的数据等；5.未公开的机场（含民用、军民合用机场）和机关、单位；6.其他涉及国家秘密的内容。

编辑加工中处理不慎也可能泄密。看看《毒窝卧底记》纠纷案。案情回放：记者A冒充毒贩卧底，最后配合警方一举摧毁了贩毒集团。A根据这段经历创作了纪实小说《毒窝卧底记》。A将创作稿发往某刊社，并在信中明确说明：因缉毒工作保密的需要，淡化了对案件细节的描写，对涉及的地名和有关人员的姓名也作了技术处理，皆用英文字母指代。贵社如决定刊发《毒窝卧底记》，须遵此约定。某社用原标题《毒窝卧底记》刊登在其主办的周刊上，刊文与原稿相比，进行了删并，同时将以英文字母指代的地名和人员的姓名改成汉字，真实披露了案件发生地点，以及案件侦办人员的情况。《毒窝卧底记》见刊后，警方认为A违反了保密纪律，对其予以严肃批评。A认为某社严重违反了投稿时的约定，遂诉至法院。某社抗辩称：依据著作权法，报纸出版单位有权对作品进行修改、删节，而新闻的真实性也是应突出考虑的，因此，对原稿中的地名和人名作改动属于正常的编辑行为。法院认定某社抗辩不能成立，已构成侵权。对《毒窝卧底记》的改动，变更了表现形式，而且导致泄密，违背了A的真实思想表达，破坏了作品完整性，从而构成侵犯了保护作品完整权、修改权。其实，对稿件的加工整理着重是对作品文字进行润色，使其表达准确；改正不正确的提法和错别字；核改插图、表格、符号、计量单位；统一体例、用字用语、书写格式；订正引文、数据、注释及参考文献等。

（八）版权

作者或其他著作权人基于文学、艺术和科学领域内的作品依法享有的权利，以及传播者享有的邻接权利。版权是私权。

编辑每日的工作就是和著作、版权打交道。提高版权意识，防止抄袭、剽窃，最大限度地降低侵权风险，是保证出版物质量的重要方面，是从事编辑工作必须具备的基本要求。

签订出版合同后，进入到审稿阶段，在这个过程中要对稿件的著作权问题给予足够的重视。防止稿件中文字出现抄袭、剽窃的现象（针对作者）。仔细审读稿件；对稿件中提到的作者参考过的作品，要做必要的查阅和浏览，防止其引用超过合理使用范围；通过查询重复率软件进行筛查,防止未经授权使用图片、字体、版式设计和装帧设计的情形(针对作者和编辑),防止加工整理侵权(针对编辑)。使用图片、图案时要取得著作人授权并按约定使用。

(九)结构框架、语言文字

合理的结构框架。主要表现为:各个部分前后都能遵循一定的逻辑规律,结构关联性、系统性强;各个部分的内容衔接有序、互为呼应,不能互相矛盾;各个部分的阐述方式具有同一性,等等。

语言文字、量和单位、图表等,是内容的表述形式,都应该符合相关的规范,否则就乱套了,读者可能产生理解上的困难,甚至误解,误人子弟,坏人好事。这一块的质量,目前问题最多。

错别字、字词误用特别是同音字词的误用、生造的词语或表达、事实性差错、标点符号差错、量和单位错误、术语错误等;词语缩略不当、词语搭配不当、句子成分缺失、语句杂糅、外文使用不规范等;正文内、正文和辅文、附录、正文和书封(书脊)、正文和版权页等不一致等。

各级管理部门对出版单位进行质量检查已成为常态,而且各出版社对质检结果进行答辩也逐渐常态化。答辩的问题主要集中在语法差错上,个中缘由一是语法差错一处记两个错,"辩"的意义、价值大;二是由于文字差错常常是"死错","辩"的胜算不大,而语法问题是否属于差错由于无具体执行标准,常常见仁见智,可辩性较强。但是,争辩往往带来更加僵持的局面。所以,出版社和编辑还是尽量将稿子打磨得质量过硬,方为主动。

副词、助词微不足道?错了可是大问题!与主谓宾相比,副词、助词似乎微不足道,出现错误也时常被忽视。但是,副词、助词错误容易导致语法错误,一个2分,还是应当引起重视。比如:"难道谁能否认地球不是绕太阳转的吗?"使用了否定动词"否认"和否定副词"不",已为双重否定,又用"难道……吗"表示反问语气,也是一种否定,全句实为三重否定,表意不符合事理,应去掉"不"。"谁也不能不相信,语言不是交际工具。"使用了三个否定副词"不",为三重否定,意为否定,与表意相反,应去掉"不相信"或"不是"中的一个"不"。"通过实验表明,该方法仿真结果与实验数据吻合,假设合理,模型准确。""通过对动力集成式水泵与内燃机柱塞式水泵组合系统在工作原理与结构、工作特点、性能指标等方面的对比分析,表明前者具有效率高、体积小、重量轻、结构紧凑、成本低、易于匹配等显著特点。""通过误差测试和分析表明,该系统具有较高的测量精度;对样件的测量实验表明,该系统具有较高的测量速度和分辨率。""通过混沌技术的遍历性、不重复性和随机性,保证了经过预处理的解空间具有高效性、全局性、代表性和可重复性。"以上几句中的介词"通过"使用不当,使句子本来的主语变成了介词的宾语,淹没了句子的主语而使全句成为无主语句。去掉这些介词后,其后的宾语就变为全句的主语,谓语动词后面的语句就成为句子的宾语部分,句子就通顺了。

数词量词使用不当。数词量词使用不当主要表现在"二"和"两"不分、约数不明确、定数与约数混合、用倍数表示减少、不按名词或动词的要求选择量词、数字结构表达不清等。比如,"工作原理是旋转着的叶轮直接与被搅拌混合的介质相接触,带动介质的运动来实现单相、两相或多相介质的混合和反应。""学科的满意度函数对让步的两阶导数应小于或等于零。""进行了两维无摩擦接触问题的边界形状优化,比较了二种不同目标函数的优化计算结果。""推导了优化过程中灵敏度全解析分析的相关表达式,用序列两次规划法对目标函数进行优化。"以上四句中的"两相"、"两阶"、"两维"、"二种"、"两次"分别改为"二相"、"二阶"、"二维"、"两种"、"二次"更妥当。"两"和"二"用法不完全相同。相空间的相数、导数的阶数、坐标的维数、指数的次等数属于序数,用"二"不用"两",而事物的类别数通常用"两"不用"二"。"许多商品的价格都由市场来'调整'了,有些以前卖10元的商品,现在竟然卖到了50元,价格足足增长了5倍。"此句中数字从10增加到50,只能说增长了4倍或增长到5倍,而不能说增长了5倍。表示数字增长时,"增长了"只指净增数,不包括底数,而"增长到"则指增加后的总数,包括底数。"因美日贸易摩擦的升级,美国与日本的外贸出口额比去年同期降低了2倍。"此句中"降低了2倍"表达不规范。倍数一般用于表示增加,减少或降低一般不宜用倍数,而应该用分数或百分数表示(如降低了20%、1/5)。"北京市今年报考研究生的人数达到11.7万,比去年增长了近40%多","近40%多","近"与"多"矛盾,应按语义取其一,改为"近40%"或"40%多"。"当转速约大于9000 r/min左右时,系统消耗功率将随转速的增加而逐渐增加","大于9000 r/min左右","大于"与"左右"矛盾,应将"左右"去掉。"测试结果表明,该膨胀机的效率在5%~20%左右","5%~20%左右","5%~20%"与"左右"矛盾,应将"左右"去掉。"其使用倍率约100~1000倍之间","约100~1000","约"与"100~1000"矛盾,应将"约"改为"为",并将"倍之间"去掉。"农业机械是一个特殊的产品,它的作业对象是千差万别的自然农业条件,使用者是技术素质高低不一的农民,若机器的可靠性不好,关键的作业季节就会贻误农时,影响全年收益,造成巨大经济损失。"此句中的"一个"应改为"一种"。"种"、"个"均为量词,但"种"表示种类,"个"不能表示种类。"农业机械"是"产品"的一种类别,只有具体到"农业机械"中的某台机器、设备时,才能说它是一个产品。

"的、地、得"的误用。在现代汉语语法中,"的、地、得"的使

306

用是有明确分工的。定语用"的",状语用"地",补足语用"得"。这个问题应该是上初中时就解决了的。但是,这三个字的误用却大量存在。比如,在某送检出版物中的文字:"下个月,南瓜就将收获,'如果像去年一样得价的话,每亩可赚4000多元!'答话的是屯长卢德彬。""得"字误用,应该用"的"。"一样的"作为定语修饰"价"。"国家四级财政,给1.2亿名老年农民增加一些养老金,这钱是可以拿的出的。"前一个"的"字误用,应该用"得"。"得出的"作为动词"拿"的补足语。有次见群里某编辑总结这三个字的用法,很实用,抄录供大家参考:的、地、得的用法,通常情况下根据后面的词性大致可以区别,如果de的后边是名词则用"的",如果de的后边是形容词则用"得",如果de的后边是动词则用"地"。有例外,很少。

数字用法错误。数字用法方面存在的问题主要为:阿拉伯数字表示的数断开移行,包括小数、分数和百分数;干支纪年采用阿拉伯数,如:乾隆43年(应为:乾隆四十三年);省略计量单位造成歧义,如:20~30%(应为:20%~30%),5~8万元(应为:5万~8万元);四位数字表示的年份简写为两位数字,如:80年(应为:1980年,根据语境判断);两数字表示概数时中间用顿号,如:一、二十(应为:一二十);"零"与"〇"误用,如:二零一四年(应为:二〇一四年)。

不放过任何细节。"绞"和"纹"。2014年的文艺工作座谈会上,习近平总书记引用了一位苏联诗人的话,"有一位苏联诗人形容作家坐在屋里挖空心思写不出东西的窘态是'把手指甲都绞出了水来'",新华社通稿中"绞"错为"纹"。全国44家大报,只有《人民日报》发现了此处错误。而之所以能发现这处错误,是因为《人民日报》编辑直接找到这位苏联诗人的原书,将通稿内容和原书进行对照。

词语的感情色彩。准确把握和理解词语的词义、词性、感情色彩，是编辑的基本功。例："经警们蹲伏了三天两晚，守株待兔，终于将3名窃贼抓获。""守株待兔"是个贬义词，用在敬业、勤业的经警身上是不恰当的。例："现如今'拇指经济'驶上了快车道，问题也就随之而来，各种各样的'黄段子'如雨后春笋般地在许多人的手机上开花结果。""拇指经济"滋生的"黄段子"属于精神垃圾，当在扫除之列，怎配用"如雨后春笋般"这个歌颂新生事物的成语？此外，"开花结果"也不宜与"黄段子"搭配在一块。"有趣的是，三次被盗，小偷都是从阳台窗户入室作案的。"家里三次遭遇小偷是很不幸的，有正义感的人不会对此感到"有趣"。例："精彩回放"。有一篇描写煤矿职工抗灾抢险的文章，"精彩回放"多次用作小标题——每一个抗灾抢险小故事都用它。这显然是不合适的。人类抵御自然灾害，是一种不得以的被动行为，要付出沉重代价，甚至生命。尽管事情本身可能是可歌可泣的，但无论如何不能算是"精彩的"。记者应该有起码的同情心，而不能站在一旁"欣赏"。

新华社又公布一批禁用词，可以参考。如：对有身体伤疾的人士不使用"残废人"、"独眼龙"、"瞎子"、"聋子"、"傻子"、"呆子"、"弱智"等蔑称，而应使用"残疾人"、"盲人"、"聋人"、"智力障碍者"或"智障者"等词汇。又如：在新闻稿件中涉及如下对象时不宜公开报道其真实姓名：犯罪嫌疑人家属；案件涉及的未成年人；采用人工授精等辅助生育手段的孕、产妇；严重传染病患者；精神病患者；被暴力胁迫卖淫的妇女；艾滋病患者；有吸毒史或被强制戒毒的人员。涉及这些人时，稿件可使用其真实姓氏加"某"字的指代，如"张某"、"李某"。

在案件报道中指称"小偷"、"强奸犯"等时，不要使用其社会身份或者籍贯作标签式前缀。如：一个曾经是工人的小偷，不要写成"工人小偷";一名教授作了案,不要写成"教授罪犯";不要使用"河南小偷"、"安徽农民歹徒"一类的写法。

书名要慎重。记者郦亮在中国青年报发文《读者吐槽:我们被"99%"了》:谁在揶揄读者的智商?仿佛一夜之间,出版商成了统计学家,他们热衷在书名上玩转"数字游戏"。原来最应该严谨的百分比数字,沦为出版商吸引读者眼球的工具。《99%的新人没用心做好的50件事》,作为职场新人,读者孔先生最近被新书的名字所吸引。但是买来翻开一看便大跌眼镜,孔先生越往下看就越觉得不对劲,因为50件事情中,他能用心做到的起码有46件。孔先生吐槽说,"真不知那'99%'是怎么计算出来的。是谁把大部分聪明的职场新人都强行归类于白痴?" 有一本书叫《99%的中国人不知道的历史真相》,其中所述的"真相"包括"貂蝉只是个美丽的传说"、"别把《水浒传》当真实的历史"等路人皆知的常识。难怪有读者直斥,"99%中国人的智商被侮辱了"。这场"数字游戏"之所以引发读者的困惑和不满,是因为他们发现自己总是被出版商错划阵营,而且这个错划是如此强势,容不得半点商量。换句话说,读者是觉得自己"被99%"了。青年报记者就此联系到一部图书的责编。对方很吃惊,"这些百分比只是说着玩玩的呀!你们还当真了?'99%'代表人很多,就好比李白说'飞流直下三千尺'"。这位责编很直率地坦言,在取书名时,他们并没有就这些百分比进行过任何社会调查,完全凭借的是自己的判断。在他们看来,"99%"和"99.9%"并没有区别,都是表示"多"的意思。书评人认为,想通过书名来吸引读者眼球,这本无可厚非。但是,作为公开出版物,在书名上不能信口开河,"百分比游戏"可能向读者传递错误的信息,同时,这种随性和肆意,也是书业浮躁的表现。

前后、整体观照不周。正文、辅文同一内容(文字、图片、表格、数据等)表述不一致;封面、扉页、版权页、CIP、书脊上的书名、作者名、出版社名不一致；其他版式问题。

发稿时的检查。1. 清点全书页码，包括暗码，要做到准确无误。2. 仔细核对目录、天眉和地脚的内容等。3. 检查封面、封底、书脊、勒口、内封和版权页等处的文字。通常在检查时，封面和内封文字要结合版权页一并核对，确保这三部分书名、作者名和著作方式等内容一致。封面、内封与版权页中涉及的书名、作者署名、著作方式等内容不一致，这也是在质检过程中经常遇到的问题。4. 齐、清、定！

四、出版物质量审读报告及差错计算

加工前的审读报告，重点是对原稿的思想和学术（资料）质量做出正确的判断，由此提出公正合理和明确妥善的处理方案：建议采用、进入加工或退回作者修改，以及退稿等。

编辑加工后一审审读报告的内容主要包括：原稿基本情况（作者、稿源、题材、规模等）；原稿政治性、思想性、学术性、知识性、适用性等方面的价值，以及不足之处；编辑对原稿的处理意见、编辑加工要点，以及所作相关工作；有时还会有特别要提请二、三审注意决断的问题等。

质量审读报告本身也要注意质量（结构、归纳、层次、重点、文法、文字）！

主管部门质检中心、各出版社总编室的质量审读报告，则是对出版物质量全方位的检测和评价，具体细分成多方面的指标。

《图书质量管理规定》第四条：符合《出版管理条例》第二十六、二十七条规定的图书，其内容质量属合格。不符合《出版管理条例》第二十六、二十七条规定的图书,其内容质量属不合格。第五条:差错率不超过万分之一的图书,其编校质量属合格。差错率超过万分之一的图书,其编校质量属不合格。图书编校质量差错的判定以国家正式颁布的法律法规、国家标准和相关行业制定的行业标准为依据。图书编校质量差错率的计算按照《规定》附件《图书编校质量差错率计算方法》执行。

某出版社总编室图书编校质量差错率计算方法,供参考:

一、图书编校差错率

图书编校差错率,是指一本图书的编校差错数占全书总字数的比率,用万分比表示。实际鉴定时,可以依据抽查结果对全书进行认定。如检查的总字数为10万,检查后发现两个差错,则其差错率为0.2/10000。

二、图书总字数的计算方法

图书总字数的计算方法,一律以该书的版面字数为准,即:总字数＝每行字数×每面行数×总面数。1.除环衬等空白面不计字数外,凡连续编排页码的正文、目录、辅文等,不论是否排字,均按一面满版计算字数。分栏排版的图书,各栏之间的空白也计算版面字数。2.书眉(或中缝)和单排的页码、边码作为行数或每行字数计入正文,一并计算字数。3.索引、附录等字号有变化时,分别按实际版面计算字数。4.用小号字排版的脚注文字超过5行不足10行的,该面按正文满版字数加15%计算;超过10行的,该面按注文满版计算字数。对小号字排版的夹注文字,可采用折合行数的方法,比照脚注文字进行计算。5.封一、封二、封三、封底、护封、封套、扉页,除空白面不计以外,每面按正文满版字数的50%计算;版权页、书脊、有文字的勒口,各按正文的一面满版计算。6.正文中的插图、表格,按正文的版面字数计算;插图占一面的,按正文满版字数的20%计算字数。7.以图片为主的图书,有文字说明的版面,按满版字数的50%计算；没有文字说明的版面，按满版字数的20%计算。8.乐谱类图书、地图类图书，按满版字数全额计算。9.外文图书、少数民族文字图书、拼音图书的拼音部分，以对应字号的中文满版字数加30%计算。

三、图书编校差错的计算方法

1.文字差错的计算标准。（1）封底、勒口、版权页、正文、目录、出版说明（或凡例）、前言（或序）、后记（或跋）、注释、索引、图表、附录、参考文献等中的一般性错字、别字、多字、漏字、倒字，每处计1个差错。前后颠倒字，可以用1个校对符号改正的，每处计1个差错。书眉（或中缝）中的差错，每处计1个差错；同样性质的差错重复出现，全书按1面差错基数加1倍计算。阿拉伯数字、罗马数字，无论几位数，都计1个差错。（2）同一错字重复出现，每面计1个差错，全书最多计4个差错。每处多、漏2～5个字，计2个差错，5个字以上计4个差错。（3）封一、扉页上的文字差错，每处计2个差错；相关文字不一致，1项计1个差错。（4）知识性、逻辑性、语法性差错，每处计2个差错。（5）外文、少数民族文字、国际音标，以一个单词为单位，无论其中几处有错，计1个差错。汉语拼音不符合《汉语拼音方案》和《汉语拼音正词法基本规则》（GB／T　16159—1996）规定的，以1个对应的汉字或词组为单位，计1个差错。（6）字母大小写和正斜体、黑白体误用，不同文种字母混用的（如把英文字母N错为俄文字母И），字母与其他符号混用的（如把数字0错为英文字母O），每处计0.5个差错；同一差错在全书超过3处，计1.5个差错。（7）简化字、繁体字混用，每处计0.5个差错；同一差错在全书超过3处，计1.5个差错。（8）工具书的科技条目、科技类教材、学习辅导书和其他科技图书，使用计量单位不符合国家标准《量和单位》（GB　3100—3102—1993）的中文名称的、使用科技术语不符合全国科学技术名词审定委员会公布的规范词的，每处计1个差错；同一差错多次出现，每面只计1个差错，同一错误全书最多计3个差错。(9)阿拉伯数字与汉语数字用法不符合《出版物上数字用法的规定》(GB／T 15835—1995)的，每处计0.1个差错。全书最多计1个差错。

2．标点符号和其他符号差错的计算标准。(1)标点符号的一般错用、漏用、多用，每处计0.1个差错。(2)小数点误为中圆点，或中圆点误为小数点的，以及冒号误为比号，或比号误为冒号的，每处计0.1个差错。专名线、着重点的错位、多、漏，每处计0.1个差错。(3)破折号误为一字线、半字线，每处计0.1个差错。标点符号误在行首、行末的，每处计0.1个差错。(4)外文复合词、外文单词按音节转行，漏排连接号的，每处计0.1个差错；同样差错在每面超过3个，计0.3个差错，全书最多计1个差错。(5)法定计量单位符号、科学技术各学科中的科学符号、乐谱符号等差错，每处计0.5个差错；同样差错同一面内不重复计算，全书最多计1.5个差错。(6)图序、表序、公式序等标注差错，每处计0.1个差错；全书超过3处，计1个差错。

3．格式差错的计算标准。(1)影响文意、不合版式要求的另页、另面、另段、另行、接排、空行，需要空行、空格而未空的，每处计0.1个差错。(2)字体错、字号错或字体、字号同时错，每处计0.1个差错；同一面内不重复计算，全书最多计1个差错。(3)同一面上几个同级标题的位置、转行格式不统一且影响理解的，计0.1个差错；需要空格而未空格的，每处计0.1个差错。(4)阿拉伯数字、外文缩写词转行的，外文单词未按音节转行的，每处计0.1个差错。(5)图、表的位置错，每处计1个差错。图、表的内容与说明文字不符，每处计2个差错。(6)书眉单双页位置互错，每处计0.1个差错，全书最多计1个差错。(7)正文注码与注文注码不符，每处计0.1个差错。

结语：

质量是出版物的生命。编辑是出版物质量的守护者。牢记责任，加强学习，提高技能，从出版的各个环节、从质量的各个要素入手，把好关，为读者、为社会奉献更多的合格品、精品。

审读报告与精品力作 [*]

一、为什么要聚焦审读报告

由中国新闻出版研究院主办、出版参考杂志社承办的优秀审读报告评选活动已经持续几年了，在业内外具有越来越大的影响。这说明，评选活动切切实实抓在了"点"上。

审读报告，包括了编辑对书稿的总体评价：书稿怎么样，有没有出版价值，有哪些价值，以及编辑加工处理的思路、内容，与书稿作者的沟通，特别是对于编辑的加工意见，作者有哪些反馈等核心内容。一份报告，要求各要项齐备，高度概括又条分缕析，观点明晰，行文流畅准确，所做工作、存在问题及如何解决，都要有所交待。

管理机关和出版业自身在反省内容质量下滑时，都会提及一个重要原因，"三审三校"制度落实不到位。而不到位的具体表现有：业务外包、买卖书号、以审代编、以编代校、减少编校次数和程

---

* 2019年1月8日中国新闻出版研究院全国优秀审读报告评审研讨会论文。

序、编校范围不全、审读意见空洞无物、流于形式等。审读报告,有可能成为前述问题集中呈现的一个端口。如果应该做的工作没有做,又如果虽然做了但没有用心去做,或者没能有相应匹配的素养和能力去做,那个审读报告不是空洞无物、流于形式才怪呢。

审读报告真实呈现了编辑发现问题、解决问题,从而使出版物达到质量规范要求的过程。无疑,这对编辑的基本职能:评价、选择、优化、推介,以及各项素养:政治判断、政策熟识、鉴赏眼光、审美情趣、业务水平、沟通能力、精益求精等,无异于一次综合检验。审读报告当然也是对编辑各项职能、素养、技能学习和提升的重要抓手和有效途经。

所以,在庞大的出版产业运转中,在环节众多的内容生产流程中,审读报告虽然看似那么微观、细小,却是加强出版质量管理、促进精品创作生产的"切入点";是保证出版物内容编校质量、培养编辑、助推出版业良性发展的"着力点"。审读报告评选,解析有据、树立规范、褒奖优秀、以点带面,是一桩蕴含深意的基本建设。常抓不懈,必有功效。

二、打造精品力作编辑当主动作为

长期以来,我们出版人有一个代代相传的自我定位:为他人作嫁。自谦,当然是优良的品质,但有时也可能容易在心理上处于被动状态,而放弃一些应该去做的事。其实,即便是作嫁,要成功也很不简单。嫁衣要漂亮,嫁妆要齐备。而真正要嫁出去,正如马克思所说:"商品要实现其使用价值,是惊险的一跃!"不光要好看,还要好使唤,不光要明媒正娶,还要门当户对,这过程变数很多,必得主动出击，下足功夫。更何况，现在的出版物，从选题策划到创作、出版的全过程，编辑越来越多地参与其中，从过去的"等米下锅"，到现在的"选种、育秧、栽培、间苗、施肥、灌溉、锄草……"编辑所下功夫、所需功力、所据位置，越来越重要。换言之，编辑的引领、主持、"导演"，成为今天塑造精良出版物的重要保障。

我入职中国大百科全书出版社已经30多年了，前后深度参与了《中国大百科全书》一版、二版、三版的编辑出版工作。《全书》获得多个国家级奖项，是党和国家领导人赠送外国元首和著名大学、图书馆的"国礼"。这部皇皇巨制，是全国30000多名著名专家学者和数百位百科编辑辛勤耕耘、精诚合作的结晶。近日，我在整理《中国大百科全书》有关资料时，重读了一版时的一些审读报告，摘取其中几个实例，以佐证编辑在打造精品力作中主动作为的重要性。

"实事求是"的编辑方针　百科社首任总编辑姜椿芳领导制定了《中国大百科全书》编辑方针，明确提出："《全书》的编辑工作要贯彻'百花齐放、百家争鸣'的方针。介绍科学文化知识时，要持客观态度，实事求是，对学术上有争议的问题，应反映各家之说。""对中外古今人物要权衡其历史影响和学术成就选列条目。凡历史上有影响、学术上有成就的人物，不论政治地位和政治观点如何，都应有适当的介绍。"以实事求是为核心要义的编辑方针，经胡乔木报邓小平，得到肯定和赞许，最终成为《全书》编纂工作的指导思想。在"文革"余悸、"左倾流毒"尚存之时，这无疑是需要极大勇气的。一些过去的学术禁区被打破，一些重要的人物和事件恢复了历史的本来面目。

《军事》卷报中央军委讨论明确了我军建军以来的33位军事家，肯定了林彪作为军事家的地位，设立条目，实事求是地记述林彰的功过是非。在记录抗日战争史的条目中，首次记述了国民党爱国将领指挥的台儿庄等重要战役。其他卷还设立了陈独秀、胡适、蒋介石等条目，内容力求尊重客观历史事实。《法学》卷设"无罪推定"条，1984年出版前夕，学界仍有人心有余悸，提出应当加些批判。张友渔、姜椿芳等认为不必，"无罪推定"在历史上具有进步作用，应当给予客观介绍。而这一原则，13年后被收入了1997年修订的《中华人民共和国刑事诉讼法》之中。《全书》多学科卷还在全面介绍当代世界新思想、新发展的同时，打破了"西方中心论"，使第三世界国家在百科全书中也有一席之地。特别注重以饱满的中国内容，充分展示中华文明优秀成果。

以上种种，现在的年轻人可能觉得没什么了不起，可是，如果放在当时的历史背景下来看，那就是翻天覆地的大事了。当时有些条目写出来了，也交总编辑审阅过，还向上级有关领导送审了，但仍没人愿意署名。经过责任编辑反复说服（壮胆），作者才勉为其难署上大名。在历史的转折期，《全书》在中国学界、书界树立起实事求是的文风，影响是巨大而深远的。

框架设计与知识体系建构　百科全书的框架设计，至关重要，同时处理起来也是一个非常复杂的问题。据《哲学》卷责任编辑王德有的审读报告记述，哲学本来是一个古老而庞大的学科，两千多年来，每一位哲学家都在创造哲学体系，凡是哲学大家，都认为自己的体系最得体、最合理、最完整、最系统。《哲学》卷进行框架设计，编辑们商量，不能不回避体系问题，不然的话，就会陷到学术争论之中，无休止，难以善终。可是不管怎么回避，都回避不了哲学的各个分支、各种学说、各个流派、各种人物、各种思想、各种概念之间的联系，说到底，还是要拿出一个百科全书的知识体系。又要回避争论，又要拿出体系，怎么办？首先同专家谈，说先设计"框架"，而不是"体系"。大的原则有两条，一是能够为编撰提供方便，二是能够反映知识联系。果然，争议不大。

几个月后，各分支学科的框架草案便送到了出版社，不过却是五花八门。框架的第一层次相对好说，先史后论，没用多长时间大家就同意了。第二层次问题也不大，哲学界已从 11 个方面研究哲学，自然分出了 11 个分支学科。第三个层次那就难了，每个分支学科的知识架构如何设计，有了意见分歧。一些专家倾向于简化，比如分学派、学说、概念、事件、著作、人物等几个大块。可称这种结构为"块块结构"。它的优点是简单、好编、没有交叉，缺点是条目与条目知识内容之间缺乏联系，没有知识内涵。而编辑和另一些专家倾向于优化，认为既然是百科全书，就应做细，不仅条目释文给人知识，条目框架也应给人知识，让读者翻开目录，就能大概了解一个条目与其他条目之间的关系。比如"孔子"这条，应该摆在"先秦哲学"的"儒家"之下，同时还要统领"《论语》"、"仁"等著作条目和概念条目。看到这样的目录，读者就会明白，孔子生活在先秦时期，属儒家学派，《论语》反映他的哲学思想，"仁"是他使用的核心概念。可称这种结构为"体系结构"。这样设计好是好，可是难度很大，特别是一些概念的归属很难定位，因为概念是公用的，除了个别情况，不归哪个哲学家专有。两种意见，各有所长，相较之下，后者为上。编辑们坚持后者，认为它求精、求新，体现着对读者的责任，蕴含着编辑创新精神。于是按照"体系结构"的方案向下推。编辑觉得：这样做难是难，但是难和无法做是两回事。既然能做，难也要做下去，因为我们是在编典，尽量从读者的需求着眼。

不过要想推进，还真得动动脑筋。分析难点，解决问题。按照"体系结构"的方案设计，概念的归属确是一个大问题。哲学是什么？从形式上看，它就是无数概念的堆积。没有概念，就没有哲学，所以《哲学》卷中的概念条目有几百个。事情想做顺，就得有章法，概念条目这么多，要想摆在恰当位置，首要的事情是立章法。有了章法，就有了位置；各就各位，也就可以省力省时了。有鉴于此，编辑和专家在一起议定了一些原则。比如归在提出者名下，还如归在建树者名下，再如归在主张学派的名下，如此等等，定了六七条，形成文字，以便遵从。就这样，经过专家和编辑一段时间的努力，一个比较理想的框架也就出来了。

穿上"制服"才像"百科"　　《中国大百科全书》是综合性的百科全书，简明、准确地向读者介绍古今中外的各种知识，既要方便读者查找检索，又要方便读者系统阅读。但是想要作者全都站在这个角度，不是一件容易的事情。《全书》集合了全国各学科的泰斗名师、众多各领域颇有建树的专家学者。二三万之众，学问很渊博，体例很陌生。许多作者初时对体例并不太以为然，有的甚至认为是"作茧自缚"，放手写起来，五花八门什么样式都有，如放任自流，后果不堪设想。体例就是体裁的规范，是指导全书选条、撰写、审稿和编辑加工，以至成书编辑的一整套规范要求，这是一本高质量百科全书必不可少的保障，用圈内的话讲，体例就是《全书》编辑工作的"宪法"。而要向那么多专家将体例的意义、规则讲清楚、实在是一项必要而又艰苦的事情。这就特别需要编辑未雨绸缪，把可能发生的问题想在前头，同时下功夫把体例钻透、讲透，还要注意艺术性，让作者真切感受体例是个好东西。就如后来有位作者对我所说："你讲的这一套，其实就是给我们（写的条目）都穿上统一的制服，这样就整齐好看了，就像百科（全书）了。"虽然有了"体例"约定，甚至宣讲，但是想让专家们写出符合要求的稿件，仍需一个与他们不断磨合的过程。常常是通过审稿，就具体稿件进行讨论，修改几次，才能解决。

《天文学》卷是《中国大百科全书》第一个上马的学科卷。据责任编辑金常政审读记述，天文学家眼望星空，常写天上的文章，但现在则需要把他们的天上学问，导入百科全书的规范之内。除了撰稿前反复向主编、向撰稿人宣讲百科全书的性质和体例要求，百科条目该写什么、不该写什么、先写什么、后写什么外，在实际审读过程中，还要不厌其烦地交流，使之走上"百科"之路。按《全书》结构设计，每学科卷前设有一篇高屋建瓴、总揽全学科的概观性文章。这篇文章既要全面概括，又不能专深，难处正在于此。先是紫金山天文台以综论主编的名义提出一稿，文章很长，内容庞杂，系统性差。综论分支副主编觉得责无旁贷，也交来一稿，篇幅更长，看起来学究气太重，内容专深，不具"概观"的性质。两篇学问大但均不符合百科要求，不具备加工为成品的基础。怎么办？编辑记起学科编委会副主任王绶琯先生曾在会上讲到天文学各分支学科的交叉关系，讲得十分清楚明白，而且还画出一个交叉关系图，呈金字塔形，大家戏称为"多维的王冠"。何不就请王绶琯先生撰写此稿？试约一下，道一番责任编辑的难处，王先生毅然答应了。一个月后，一篇几万字的概观性文章就交到责任编辑手中。而且，王先生极谦虚，文章作者署上张钰哲、戴文赛、李珩、王绶琯四位之名。对文章浏览一遍，大体符合要求。又请专业学识、文字功夫深厚的老编辑审读加工完稿。

据《哲学》卷责任编辑王德有审读报告记述，他在读研时，国学大师张岱年先生曾经与他聊天时说过："我和冯先生（冯友兰）写东西，基本上是下笔就写，不用修改，即成文章。不过冯先生写得很有文采，而我只能做到平铺直叙，理顺文通。"可是，没有想到，后来为《中国大百科全书》写条目，张先生还是打破了以往的惯例。张先生撰写"中国哲学史"这一条。稿件交到出版社，王德有一看便为难了。稿子从先秦写起，孔、孟、老、庄、墨、惠、荀、韩，一直写到孙中山。15000多字，大有飘若行云、势如流水、时舒时疾、逶迤千里的文气。真是一篇好文章，可惜就是不好用。为什么？

因为不合"百科"需求。

怎么办？要知道，张先生可是王德有的导师，又有下笔即成、无需修改的自识。可是王德有心里过不去。为什么？因为《哲学》卷要代表中国哲学界的水平，当然也要代表编辑的水平。更重要的原因在于它是典，来不得一点通融。他三思又三思，还是把问题提出来了。大师毕竟是大师，不仅满腹学问，而且胸怀大度，特别是对他的晚辈，更是这样。虽然经过一番讨论，虽然还有一段插曲，张先生还是按照"百科"的需求做了修改，而且还修改了两次，第三稿才收入《哲学》卷，就是书中的那个样子。

这样的审读报告，还有很多，共和国空前浩大的文化工程，这其中浸泡了专家和编辑们多少艰辛的汗水、倾情的奉献！总体设计，组稿撰稿，学科审稿加工，全书统编审稿加工，图的选配编排，索引的提取，术语、人名、地名、译名统一，资料核实，重复交叉处理，长短繁简平衡，重点条目把握，敏感内容斟酌，一遍遍通读检查、反复校对……旷日持久的编纂过程，而这其中的工作量是由一组组天文数字组成的。审读报告记录了编辑们的使命意识、创新意识、精品意识，以及勤于思考、奋发工作、主动进取的生命足迹，也记录了学术大家们渊博的学识和宽广的胸襟。我想，有这样由学者和编辑组成的"百科人"，以及善于沟通、坦诚合作的工作氛围，《中国大百科全书》成为经得起时间检验、为世人公认的精品力作，是顺理成章、理所当然的事。

出版物规范问题 *

　　除了通常所讲的政治意义、学术意义外，在市场经济环境下，认识规范的意义还应包括以下两个方面：

　　首先，规范是一种交换的需要。国内市场如此，国际市场亦如此。在同等平台上的交换是需要规范的。要使文化企业、单位遵循规范，就要从包括经济利益在内的不同角度强调规范的重要性。

　　其次，规范还是安全性的需要。从产品的安全性来讲需要规范，这是对读者的一种承诺。读者有了安全感了，认可了，你的产品才能被社会所接受。

　　规范的制定可以是粗线条的，因为这涉及规范与多样性的关系、规范与新技术发展的关系、规范与民族心理和社会文化环境的关系，如果定得过细，势必会影响规范的作用。可以分类别、分层面地讨论规范问题。

---

*　2007年7月新闻出版总署出版物规范研讨会发言提纲。

编辑又确是一门技术活，必须勤操多练。练眼、练手。茫茫知识海洋，苍苍文明高峰，寻海里怀珠之蚌，觅山中和氏之璧，全赖编辑慧眼。稿中欠缺，亦仗编辑手到病除。今天的书业，重提工匠精神，实则是呼唤出离的心灵回归。

下图展示了古代作家与 17 世纪、18 世纪初作家的战斗。许多作家都被描绘成骑士，而书本则是他们的象征。名誉天使吹响了这场文学之战的号角。

编辑与书稿的关系有时颇似战斗中的敌对双方，因此古代有"校雠"之说。编辑要把书稿中的毛病找出来，犹如寻找仇敌决战。

■《书之战》　爱尔兰作家 J. 斯威夫特所著《书籍之战》里的木刻插图，1705

选题的八个意识 *

研讨的收获

在前段时间的总结、调研基础上，本次选题会初步提出选题563种，其中百科全书及工具书（包括学生用工具书）116种，占20.5%；学术读物174种，占31%；助学类90种，占16%；大众读物（含少儿读物）184种，占32.2%。

这是一次高质量的选题会。体现在：规模、结构明显优于往年；品牌意识强烈；注重市场环境和市场定位；基于优势资源的可持续开发；新技术新媒体融入；产研一体；与集团和本社发展战略方向一致。

各位宣讲调研报告及有关选题时，脑洞大开的奇思妙想、步步有据的严谨思考，亦是有益全社同人的思想贡献。

职业素养明显提高。体现在：都能按照4+1板块专业分工，专攻定位领域；团队作战，井然有序；自觉，主动；职业敏感，热点、焦

---

* 2008年10月17日中国大百科全书出版社2009年度选题会小结。

点，拿得住，抓得紧。

关于选题，有八个意识需要形成共识

调研报告作为科研成果，将由总编室汇编辑成。各部门会后根据大家所提意见进一步充实、调整、上报，本月20日形成方案，经由社选题小组及社委会进一步研究、统筹后，形成全社2009年选题计划，12月15日前上报集团。

选题的背后是出版人对社会承担的责任。我国出版业近些年的状况令人深思，有两个方面的情况不容乐观：一是图书品种大幅攀升，销售量大幅下降。从图书品种来说，1985年到2005年这20年间，品种从4.6万种增加到22万多种，增加了3.78倍。总印数却在1985年的61亿册基础上，仅仅增加了3亿册，为64.66亿册，20年间仅仅增长了6%。相应之下，平均单品种的印量1985年是13万册，2005年是2.9万册，单品种印量下降了约78%。这还只是印量。如果算上当前30%的退货率、剔除2005年文化教育类（含教辅读物）图书的销量47.54亿册，以及500多亿元的库存量，估计单品种图书的平均销售量不到2000册。总量激增，"广种薄收"的状况非常严重。二是选题重复，跟风炒作，缺乏"营养"的图书多。按照2005年的出书品种来算，每天出版的图书品种就有600多种。与此相对，国民阅读率却持续走低。根据调查，中国人的图书阅读率只有51%，有日常阅读习惯的仅占5%。为什么读者不读书呢？有的人认为，现在接受信息的渠道太多；有的人认为，生活节奏快，工作压力大，没时间读书。但这些原因只是一个方面。有报道说，中国现在城市街角的报刊亭里，满是"时尚"、"男人健康"之类充满明星照片和漂亮模特的时尚杂志、时尚图书,中国图书出版界把"报刊亭风格"当作了风向标。《新周刊》曾经做过一个"无书可读"的专题报告,认为中国图书业正在成为最功利也是最无序的行业,其中所裹挟着的泥沙太多,令读者在变身为消费者的同时,更沦为弱智的阿斗。这种说法可能言过其实,但其中是否有值得我们深思的地方,偏激中是否也有合理的方面呢?阅读率下降不是偶然的。阅读率下降恐怕与出版界跟风炒作、快餐文化、重复出版相关。提高选题策划能力,出版优秀图书到了关键的时候。

同时,选题还是出版企业的发展基础,选题好,能落实,企业就能发展,就有希望。这次选题会,也可以理解为新年的开局。就选题的落实,我想有八个意识,需要形成共识。

高地意识。文化处于社会发展的制高点,出版的本质是文化影响力(导向)。《中国大百科全书》代表国家科学文化水准,百科社的出版物,从选题策划开始,就要坚持国家标准、行业规范,以开阔的视野、高尚的理想、深切的人文关怀,创造精彩,拒绝平庸。把文化理想、战略、目标,具体化为一个个选题,抓实抓好。

经济意识。我们身处市场经济的环境,市场经济有内在的必然要求,只能遵循其规律,保持对市场需求变化的高度敏感和快速反应。在把握好文化方向的前提下,从经济效益最大化进行谋划。比如,全社统筹,对百科全书系列化、梯次化,各种载体、各类版本、各个渠道、国内国际两个市场的谋划;比如,在可持续增长方面对出版物品牌、结构、资源储备及研发等的谋划。各个部门在落实选题时,都要学会运用比较成本原理,合理配置社会资源,实现经济最优。

竞争意识。找准产业链中的定位,专注、做精我们最擅长的。将优势扩展,尽可能多地延展价值链。向大雁学习,加强团队协同。

知识产权意识。知识产权是出版社核心竞争力的核心。加大本社原创选题的开发；加强本社主导知识产权的力度；尽可能全面掌控版权的相关权利。

科技意识。数字阅读人口快速增长，年龄跨度进一步增加，在线阅读渐成主流；离线阅读引领时尚，手机阅读成为趋势；电子纸技术发展日趋成熟；内容资源数据库日益普及；广告增值成为数字出版新的盈利模式；内容信息的深度服务将成为发展方向。本社数字出版方向，目前主要考虑在以下方面展开：数字资源的基础建设；基于内容或主题的在线出版探索；专业化定制出版。

实务意识。出版本质上是实操，是地道的实务经济。选题策划涵盖设计写作编辑印制营销全过程，需要统筹兼顾。细节决定成败，所有的宏图大愿，最终都是通过细节体现出来。

政策意识。充分重视党和政府提出的各项政策；充分重视上级主管的各项工程；充分重视上级用于调控的各项基金；充分重视上级主导的各项活动；充分重视上级颁发的各项奖励表彰。

创新意识。创新性思维是选题提炼和优化的前提。创新体制机制是提高选题成功率的保障。创新从点滴做起，从每个人、每个岗位做起。

选题是出版企业的生命线 [*]

集中两天头脑风暴的选题会就要结束了。现在，我做一个小结。

精彩纷呈，贡献良多

这次选题会共提出和论证新选题60个系列，462种 。

选题及各位论证呈现的特点：视野开阔；方向清晰；自主研发；文化使命；市场竞争。

4+1板块、专业主攻、自主选题，已成为大家的自觉行动。这一面貌，在总编室连夜统计出来的2010年选题四大板块所占比例，以及2010年选题各部门和四大板块分类详情中清晰可见。

信息丰富、信息畅达、信息对称，是我们研讨、决策的前提。这次研讨前，各部门提前数月开始走出社门，做了大量社会调查，研讨会上，各部门分享调研成果，让我们有了大量信息交流、大量信

---

* 2009年11月10日中国大百科全书出版社2010年度选题会小结。

息整合、大量信息存储。

还有智慧成果的共享。研讨会大家畅所欲言,新思维、新视角、新方法,掀起头脑风暴,碰撞思想火花,激发出更多奇思妙想。

温故知新,前行中可贵的反思。大家的研讨,还对过去生产流程、决策效率、人力资源、评价体系、激励机制等存在的利弊进行了分析和革新的建议。

这次选题会还是一次视觉的盛宴。所在部门演讲都制作了PPT,这是出版社成立以来首次呈现的新风貌。各位制作的PPT结构完整、脉络清晰;个性突出、百花齐放;体现了思想和艺术的结合。

总之,这次选题会,看到了全社的进步:选题重要性的认知深化;市场调研和前期准备充分;策划能力增强;职业素养提高。

选题是出版企业的生命线

选题是出版企业的生命线,选题决定着出版企业的效益走向、效益区间。

2007年百科社进行了变革,包括选题的重新定位,制定了4+1发展战略。一年多来,生产规模扩大,关键是产品结构变化,核心产品比例提高,自助研发产品逐渐增多,向市场要效益的叫得响的品牌增多。社会效益、经营效益开始显现。结构优化表现之一,2009年1~9月年图书销售量TOP330各板块所占比例显著提高。结构优化表现之二,自主产品研发能力提升,具有市场影响力的品牌群正在形成。2009年10月前自主研发营销比例提升。2009年10月前实现销售中,百科全书、工具书、儿童百科系列等自主产品撑起了全社经营的局面。社会效益表现突出:《中国大百科全书》第二版顺利出版，庆祝大会圆满召开。一批图书获国家奖；一批图书在国家重大活动中表现突出。百科社入选全国一级经营性出版社。

但我们的问题仍然是突出的。品牌不足，势单力薄；明星产品不足，亮点不那么多；产品市场竞争力不足；目标还须进一步集中；新媒体产品匮乏；抗风险能力较弱，经济基础有待进一步加强。

我们还须坚定地把握方向、聚焦目标：

专业化，即盯紧"4+1"，有所为，有所不为；核心产品全国第一，核心产品要强化品牌资源延伸、拓展、聚合，形成有强势影响力的产品集群，品牌是优化资源配置的平台，品牌产品集群转化为市场和产业扩张优势；优化选题，提高质量，在品牌系列化、产品标志性、新媒体（立体化、全媒体）探索上下功夫。

文化与市场、规模化与质量效益，并非一定是矛盾对立的，处置得当，将互相促进，相得益彰。

选题工作必须全社一盘棋。选题是出版企业的生命线，是社委会工作的重中之重，工作中心的中心。加强规划、统筹部署；以选题和产品为中心组织机构；以选题和产品为中心配置人财物力；以选题和产品为中心构建生产流程；以选题和产品为中心建立数据库；建立可持续发展的长效机制。

高效可持续发展的长效机制包括：建设专业化的作者队伍，专业化的策划编辑队伍，专业化的市场营销队伍，专业化的编辑校对印制发行财务生产流程，高效的决策机制，以两个效益、劳动成果为核心、激励员工创造性工作的评价体系和激励机制。

专业化的工作团队，其特质包括：志存高远，脚踏实地；善于学习，勤于思考；敢于突破，创新思维；大局意识，团结协作；纪律性强，执行力强。

"一个民族的精神发育史就是她的阅读史"。阅读，首先来自出版人的选题，出版人责任重大。"生活就是理想和兴趣的演出"，我们很荣幸今生做了出版人。让我们一起努力，将选题工作落到实处，每年都有新进步！

学术出版是出版人的理想[*]

学术出版于百科社的特别意义

首先，由于标准化、简便性特点，尤其是随着数字化的发展，工具书内容将快速成为普适性，甚至可能演变为版权模糊的准公共性资源，而学术著作由于思想的深度和独特性，是长久的稀缺性资源。稀缺为竞争带来优势。

其次，百科全书编纂工程浩大，全流程中每一个程序都历时冗长，编辑加工、制作等往往需要数年之久，这个时期，与学术界的联系少了，学术动态、人脉关系也淡了，而学术著作出版节奏、频率、与学界的互动，客观上则紧凑得多。从资源的角度上讲，这一点与上述同理。

再者，学术著作往往会有理论的突破、新学说的建立，代表当下思想文化的高度，学术著作的出版，不仅是出版社职责，同时一定也会给出版社带来美誉。

* 原载《没有围墙的大学》，2018年。

最后，百科社需要通过学术的策划、编辑和出版，培养一批更有思想深度、更有文化内涵、走得更远的人才。至于学术著作出版难，是困惑，但大家都知难而退时，可能也出现了空隙、机会，关键是要选对操盘手，用好相关政策。

不断的学术滋养，思想才能立于时代的高度，目光才能穿越历史的迷雾。中国大百科全书出版社要秉承中国大百科全书海纳百川、凝聚精华的优良学术传统，构建思想沟通的桥梁、理论创新的载体和学术交流的平台。出版社一方面要坚持学术出版的权威性，多出好的学术著作，另一方面也要为营造活跃的学术氛围而努力。

找准操盘手

统一认识、敲定进入学术出版后，就不能是打草搂兔子的心态，必须认真布局，专事专办，志在必得。2007年在进行全社4+1产品板块规划与编辑部门对口配置时，社委会明确设立了学术板块，组建了学术分社，并从众多中层干部中选出郭银星担纲。郭银星是中国社会科学院毕业的文学博士，东北人，军人的后代，大大咧咧的外表下，有着扎实的学术功底、不服输敢打敢拼的韧劲。

机制上，考虑学术出版的难度、含金量、美誉度，在政策上进行倾斜，如优秀项目经费的申报、利润提成可享有全社较高比例等。但社里提的要求也不含糊：分社出书范围只能是学术，且符合各项管理规定；不求面面俱到，找准一两个领域，专业性、学术性和权威性鲜明，做强，做出影响，树立百科学术品牌；经营上同其他分社一样，也是面向市场、单独核算、自负盈亏，后来的事实证明，郭博士她还真能闯，带领编辑部一帮人开疆拓土。几年下来，百科学术声名鹊起。

机缘至突破口　锁定口述历史

　　百科学术板块起步的突破口，选择了历史学中的一支——口述史学。这既是反复调研、思考后的定位，也有机缘巧合，百科社牢牢抓住了机会。

　　郭银星团队反复考量了历史类图书的市场情况，提出还是史学这一块空间大一些，销售周期长一些。读者对象选择历史专业读者以及更趋向专业的历史爱好者，做大众里的小众市场。这个时候，一个线索进入了团队的视线，凤凰卫视正在寻觅版权合作者，欲在中国大陆出版台湾"中研院"近代史所的名人口述记录资料。

　　口述记录作为一种历史研究方法，可追溯到上世纪40年代。1942年，美国人J.古尔德提出口述史学这一术语，1948年，美国史学家A·内文斯教授建立了哥伦比亚大学口述历史研究室，成为现代口述史学的奠基人。一些中国近现代历史名人的口述传记，也是由这家机构完成的，如《顾维钧回忆录》、《何廉回忆录》、《蒋廷黻回忆录》。继哥伦比亚大学口述历史研究室后，美国十几年中又陆续成立了90多家专门的口述历史的专门机构，成立了全国性口述历史机构协会，制订了学术界普遍认可的学术规范和评价标准。此后，口述历史在加拿大、英国、法国、新加坡、日本等迅速发展起来，在发达国家普遍受到重视。

　　所谓口述历史，简而言之，就是通过笔录、录音、录影等，记录历史事件当事人或者目击者的回忆，并经与档案核实、整理成文字而保存的口述凭证。日后的学术研究中，可抽取这些原始记录中相关的史料，再与其他文献比对，让史实更加全面，更加接近具体的历史事件真实。作为一种史学研究方法，最初的口述史学，比较多地在经济史、劳工史、社会史等学科中运用，特别是在广义的社会学研究中，口述史学是这个学科中运用最为普遍的一种方法。后来不断进入新的学科。

20世纪50年代后期，从美返台的胡适带回美哥伦比亚大学口述历史的一整套方法，他在1957年底出任台湾"中研院"院长。不久，中研院近代史所开始运用口述史研究方法，广泛收集近现代知名人物的记忆资料，"为民国史留一忠实而深入的记录，以备将来之研究"。

在中研院近代史所首任所长郭廷以先生主持下，这项工作自1959年12月开始进行，访问的人士大致分成几类：民国军政要人，民国外交元老，国民党党务要人，文化教育方面的学者，经济及工业翘楚，社会名流。以各方面有重要影响的人为主，也有一些与重要人物的生活工作密切相关的人。至1972年底，接受访问的名流硕彦共70多人，所有笔录稿均由中研院学者专家整理后，再都经过受访者核阅。这些笔录稿共计120余种，按史学角度分类，涉及政治史、军事史、边疆史、地区史、经济史和文化史等各个方面。

台湾中研院原院长、著名历史学家刘凤翰先生是这套口述历史的组织和参与者之一。他的女儿刘海若当年是凤凰卫视的当红主持人，台柱子。2002年5月8日，在英国伦敦以北19公里的波特斯巴车站，一列高速载客火车经过一座高架铁路桥后，第4节车厢突然脱轨，甩出路面，撞向车站月台，造成7人死亡，近90人受伤。刘海若和台湾两名女记者好友结伴旅游正在这节车厢中，车祸发生，同伴亡，海若身负重伤，陷入深度昏迷。凤凰卫视董事局主席、行政总裁刘长乐和凤凰卫视管理层调动各种资源、不惜一切代价抢救命垂一线的海若；北京宣武医院神经外科主任凌锋飞往伦敦会诊，后海若又转入宣武医院，得到精心医治，奇迹般恢复了健康。刘凤翰先生深受感动。为了答谢，他将这套口述历史的版权赠送凤凰卫视。

但是，对于凤凰卫视来讲，这个版权项目在大陆的落地，并非那么快速、顺利。原因是双方面的，一方面凤凰卫视在合作者的品牌选择上有要求，一般性的不予考虑，但另一方面，其实也是更主要的问题，是大陆出版社对这套选题的内容，普遍感觉难以把握。那些年，两岸关系和交流还不似今时，禁忌较多；再看看传主，许多还曾是多年被批的人物。这个项目，若放在今日，必定形成众社哄抢之势，但在当年，却在静候，等待那个合适的人出现。

郭博士抓住了这样一个机会。百科社进行了认真分析。这套记述，曾较早以内部资料的形式进入过中国社会科学院院所，在学者们中有一定知名度，其史料价值是得到认可的。随着两岸关系的逐渐解冻、史学研究的不断深入，接触更多亲历者、更多维度的史料和视角，使对历史的认识更丰富、更具象，客观上既有需要也有了可能。对于这样敏感的选题，第一步的关键是把论证做好，多听取各方面意见。此事向总编辑徐惟诚汇报，得到了他的认可。

专家会诊

2007年2月8日上午，在中国大百科全书出版社十楼会议室召开了口述历史丛书在京专家论证会。应邀参加会议的专家有：中国文化发展促进会秘书长辛旗，中共中央党史研究室新闻发言人黄如军，中国台湾研究会执行副会长许世铨，中国社会科学院台湾研究所所长余克礼，清华大学台湾研究所副所长殷存毅、巫永平，国防大学战略教研部教授徐焰少将，国务院台湾事务办公室新闻局副处长胡必松，中国国际问题研究所研究员郭震远，凤凰卫视出版中心主任张林、总编辑邓康延等。

专家们比较一致的看法是：首先，这套口述历史是一项比较宝贵的有历史研究资料价值的出版资源。出版社从整理、留存中国近现代史资料的文化事业考虑，出版一套经大陆专家学者认定和编撰的台湾口述历史辑要丛书，是一项有较大历史意义和社会影响的工作。其次，这套书的出版应定位于严肃严谨的学术史料汇编。由于资料中有很多内容涉及国共两党政治关系和大陆台湾两岸关系的敏感问题，专家们建议分两种形式出版：涉及敏感问题的，经统一处理后，以内部资料形式出版，主要向各大学、学术科研机构的图书馆和资料室配送；不涉及敏感问题的，也要经过统一体例的处理后，陆续出版发行。再次，如果可以立项，要确立一个明确的体例规范，来进行精心的整理剪裁。特别是按照什么原则分类以确定篇目，是要再经过编委会专家们的反复讨论来落实的。

这次会议，让出版社和编辑团队心中更有了底气。会后，郭银星团队迅速拟定了出版设想和工作计划，包括：经社委会和社选题小组审议立项，并报请中国出版集团审批；进一步加强与党史办、对台办和各科研机构的领导、专家的联系，求得他们更切实际的指导和支持，并在他们的参与指导下组成编委会。编委会将深入地探讨和确立这套书的编辑思想、书目、编撰方针和原则、体例和分类等各方面的问题，为这套书在正确的指导思想下顺利出版提供解决方案；积极寻找社会资金，以保证后期编撰、加工和出版印刷所需的成本。百科社确定书目、编辑方案、体例等后，由凤凰卫视出版中心组织人力完成初稿编撰工作，交百科社审读和编校。

经编委会专家学者和上级主管部门审读批准后，出版社陆续发稿出版。

这个项目上报后，得到了时任百科社总编辑徐惟诚，以及中国出版集团的大力支持。口述历史丛书正式在中国大百科全书出版社立项、运作。

声名鹊起

口述历史丛书的开山之作是《蒋纬国口述自传》，这是刘凤翰先生亲自采访蒋纬国形成的珍贵史料，之前在台湾从未出版，2008年1月首次由中国大百科全书出版社出版，一下子引起了很大的反响。到2009年5月，《白崇禧口述自传》、《郭廷以口述自传》、《马超俊、傅秉常口述自传》、《钟伯毅、邓家彦口述自传》相继出版，这是中国大陆首次成系列出版历史人物口述自传，媒体报道为口述历史出版的一大突破。

与此同时，我社多次委派郭博士赴台，走访相关学术、出版机构，围绕口述历史资源调研、商谈。2009年中国出版集团将百科社口述历史丛书和口述历史辑要丛书纳入重点图书项目资助计划。此时，大百科与台湾"中研院"签订了20本口述历史的出版合同，与台湾传记文学图书公司签订了著名历史学家吴相湘的《宋教仁传》等4种史学名著，与陶希圣之子陶恒生签订了陶希圣著作4种，与中正书局签订了《晚清宫廷实纪》、《杜月笙传》，与凤凰卫视出版中心签订口述历史辑要丛书及刘凤翰所著《国民党军事制度史》等一系列重要作品的版权。中国大百科全书出版社的学术出版开始品牌化运作，规划出版百科史学大型学术书系，下设5套丛书：口述历史丛书、口述历史辑要丛书、回忆录丛书、传记丛书、史学名著丛书。以"百科史学"为总领,设计统一标识、统一规格、统一封面、版式风格,打出品牌和知名度。

百科史学口述历史丛书涉及中国近现代政治史、军事史、两党关系史、经济史和文化史等各个方面。可以说,是继沈云龙主编《中国近现代史资料》和台湾版《传记文学丛书》之后,又一史料完整、涉及面广、忆述人物关键、记录忠实而深入、学术价值高的大型系列出版物。当时有媒体评价,中国大百科全书出版社正在"建起近现代史的百科长城"。

在百科史学的书单里,很多作品都是非常珍贵、具有很高的史料价值的。《蒋纬国口述自传》是在台湾封存了10年不能出版的珍贵书稿,我们在大陆首度出版了。包天笑的《钏影楼回忆录》这本书是搞近现代史的人只闻其名难以见到的绝版本,我们把它出来后,很多专家惊呼"这是从哪里找到的!"还有,陶希圣的《潮流与点滴》是大陆首度引进,《高宗武回忆录》由陶希圣之子陶恒生先生亲译,也是首度问世的中文版,这两本书一起出版,勾起了读者对当年轰动一时的"高陶事件"始末再次追问的强烈兴致。 再比如当时《齐世英口述自传》的出版消息,让不少人垂涎欲滴。吴相湘的《现代史事论述》、《民国人物列传》、《民国政治人物》、《晚清宫廷实纪》等,都是既具有史学价值,又具有很高的阅读价值的好书。正因为突出了独家史料价值的追求,每一种书都取得了稳定的销售业绩。

百科社口述历史丛书声名鹊起,引起了社会的广泛赞誉,在全国带动了口述历史的研究和出版热。

在2014年进一步优化产品结构、规划全社"5重3特"产品线时,学术被列为特色产品线,和"5重"比,没有规定它要多大规模,但它特别亮眼。

百科社学术板块以百科史学为龙头，经营数年，已拥有百科史学书系、台湾学人文库、传播学百科文库、跨文化研究丛书、新兴市场文库、稻盛和夫系列、传统文化等产品线。这里仅列出百科史学的部分书目，以便了解其独特的价值。

百科史学部分书目。口述历史系列：《白崇禧口述自传》、《蒋纬国口述自传》、《齐世英口述自传》、《黄通口述自传》、《万耀煌口述自传》、《马超俊、傅秉常口述自传》、《锺伯毅、邓家彦口述自传》、《郭廷以口述自传》、《蒋家私房菜——蒋孝玉口述自传》、《李欣口述自传》、《爱新觉罗·启骧口述自传》、《中国远征军——滇印缅参战将士口述全纪录》、《抗日正面战场——国民党参战将士口述全纪录》、《非常事端》、《民国外交》、《民国军阀》、《民国军制》、《民初纪元》、《民国经济》、《黄埔北伐》。传记·回忆录系列：《丁玲传》、《黄慕兰自传》、《杜月笙传》、《徐世昌评传》、《童书业传》、《我们三代人》、《蔡和森传》、《朱启钤画传》、《我与丁玲五十年：陈明回忆录》、《潮流与点滴：陶希圣回忆录》、《高宗武回忆录》、《马叙伦自述》、《龚稼农从影回忆录》、《曹汝霖一生之回忆》、《钏影楼回忆录》、《国民革命战史》（蒋纬国主编）。史学经典系列：《失落的一代：中国的上山下乡运动（1968—1980）》、《民国史事与人物》、《高陶事件始末》、《说南宋》、《新编中国海盗史》、《清代三山五园史事编年》、《中国政治思想史》、《国民党军事制度史》、《黄埔军校史》、《黄埔军校讲演录》、《黄埔军校论著》、《黄埔军校文存》、《黄埔军校征战录》、《"廖案"风云录》。吴相湘文集：《现代史事论述》、《晚清宫廷实纪》、《民国政治人物》、《宋教仁传》、《民国人物列传》、《第二次中日战争史》。钱树棠文集：《九歌析论》、《离骚四绎》。辛亥革命实绩史料汇编：《舆论卷》、《组织卷》、《起义卷》、《建制卷》。台湾学人文库：《国难期间应变图存问题之研究》、《清代中国的外政秩序》、《由上而下的革命——中国国民党改造之研究》、《战后国民党派系关系之研究》。

说起百科学术出版，还有两个小故事值得一提，从中也可看到，百科史学品牌的影响力一旦释放，便会不断聚合更多优质资源，同时，也说明编辑需有慧眼识珠的本领，有时候，一本有价值的书，其命运掌握在编辑手中。

2015年，汤一介先生的回忆录遗稿《我们三代人》由中国大百科全书出版社出版。该书分别描述了汤一介祖父汤霖、其父汤用彤和汤一介的家学、家风传承，展现了一门三代学人在中国百年社会转型中历尽坎坷的人生命运和对传统文化学术的传承守望，可谓百年中国知识分子的心路缩影。该书提供了一个理解百年学术史和文化史的线索，同时也提供了一个中国政治史的观察角度。汤先生在他的学术思想、哲学思想发展当中有很重要的基础就是三代人的传承，百年来中国政治变革、社会发展、思想文化发展，这三代人是中国发展的缩影。

汤用彤先生是蜚声中外的哲学史家、佛教史家、教育家，是中国现代学术史上少数几位能会通中西、接通华梵、熔铸古今的国学大师之一。汤一介以纪实的笔法全面回顾了父亲的人品、操守、个性，以及他作为一代国学大师的学问成就，以及与胡适、钱穆、熊十力、吴宓、傅斯年等人的交往，并客观讲述了汤用彤晚年的思想变化。汤一介以忠厚的立场记载了自己一生的悲欢得失、在理想与现实之间的挣扎沉浮、始终孜孜以求的学术历程。汤家三代人牵扯到很多人物关系，汤一介本着一种同情的理解和中正为人的态度来写这些关系，没有阿谀逢迎，没有吹捧，也没有有意地贬低任何人。这样的书写，堪为后辈典范。

早在1996年，汤先生就准备对身世经历做一番梳理，给世人留下一些鲜活的史料和思想。2001年9月，刚编完《汤用彤全集》的他来到美国西海岸加州的斯坦福大学，租住在一个环境幽美的房子里，这给了他一个难得的机会，使他可以把想写的以祖父、父亲和他为主题的三代人的书付诸实行。2003年夏此书写成后，汤先生将书稿交付给了辽宁一家出版社。半年后，出版社返回编审后的书稿，要求必须进行大幅删除或修改才能出版。他不愿违心屈从，便将书稿放进抽屉，束之高阁。2012年，郭博士向汤先生约口述历史，先生说自己已经写过一个回忆录书稿，可以在这个基础上做，但要等他腾出工夫来，他要全力以赴做完《儒藏》后，才能有时间。其实，汤先生对2003年完成的初稿并不满意，在此后的11年里仍常做些增补，并断断续续地写了一些相关文章。2014年9月9日，汤先生不幸去世。家人在整理汤先生遗物时，发现了《我们三代人》手稿。一个月后，在汤先生的追思会上，乐黛云先生表示，愿意将手稿交大百科出版。2015年，在纪念汤先生逝世一周年活动前夕，百科社赶制出一批样书，以纪念汤先生。11月15日，《我们三代人》出版座谈会举办。新华社、《光明日报》等各大媒体云集，启骧、王博等著名学者出席，从不同角度揭示了此书的多重意义。乐先生对百科社能出版这本书感到很满意，编辑们最大限度地忠实于原作，所以乐先生说了不起。她还表示同意将自己的《乐黛云口述自传》授权我社，汤一介夫妇二人学术上德高望重，情感上伉俪情深，他俩的书都能在大百科出版，亦成就一段出版佳话。

《我们三代人》出版后，当年就荣获2015"腾讯·商报华文好书奖"；荣获新华网、亚马逊2015年影响力图书特别推荐作品；入选2016年《中国教育报》教师喜爱的100本书；入选中国出版集团2016年度"中版好书榜"、中国出版集团优秀选题奖。

《丁玲传》出版的因缘，则要追溯到丁玲的最后一任丈夫陈明的回忆录《我与丁玲五十年》。《丁玲传》的作者之一李向东是《我与丁玲五十年》文字稿的整理者之一。百科社在2010年出版了《我与丁玲五十年》，与李向东、王增如夫妇建立了比较好的关系。李向东、王增如撰写完《丁玲传》书稿后，曾找过几家出版社，他们的反应并不积极，有的说需要作者找点钱来资助才能出版，总之都不太想出。后来，他们抱着试试看的态度，找到了百科学术分社，郭博士看了原稿，觉得这部作品很有史料价值，与我社百科史学书系的价值追求是吻合的，便一口答应可在社里立项。作者问需要掏钱吗？郭说不用，我们还给版税，他们非常高兴。

关于丁玲的书，要履行重大选题备案手续。这本书总局转发给了中央党史研究室审读。专家审读后提出了一些修改意见，主要是关于丁玲与周扬的关系的一些细节，需要做一些修改。学术分社副社长曾辉负责整个书稿的送审和流转。

《丁玲传》自2015年5月出版后，得到了学者、媒体和社会的广泛关注，先后20余次登上全国各大图书榜单。

丁玲研究会会长王中忱、中国现代文学馆原副馆长吴福辉、中国作协书记处书记阎晶明等众多学者认为，与其他版本的丁玲传记相比，这部《丁玲传》在史料的翔实完备性和事实的准确可靠性上，大大超越了既往已有之作，称得上是"迄今为止最详实、最有深度、最权威的丁玲传记"。中央电视台读书栏目为《丁玲传》做了专题节目，中央人民广播电台录制了《丁玲传》音频版并播放。《光明日报》、《北京青年报》、《新闻出版广电报》、《中国出版传媒商报》、《中华读书报》、《北京晨报》等报纸进行了报道，《解放日报》做了大篇幅的连载。期刊方面，《南风窗》发表作者专访文章《有一种真挚的爱情叫陈明与丁玲》，《读书》杂志刊发了北京大学教授贺桂梅的书评文章《丁玲的逻辑》，《环球人物》、《看历史》等有影响力的杂志也刊登了书讯或专题文章。网媒方面，新华网、凤凰读书、新浪读书、腾讯文化、澎湃新闻等作了重点推介，其中凤凰网读书频道《读药周刊》作了专题介绍。

《丁玲传》自出版以来入选的主要榜单：荣获博库·全民阅读周刊春风图书势力榜暨春风悦读盛典"白银图书奖"（浙江日报报业集团和浙江出版联合集团主办，《钱江晚报》和浙江省新华书店承办）；被评为2015年光明书榜年度十大好书、入选光明书榜7月榜（《光明日报》）；被凤凰好书榜评为年度好书（凤凰网）；被《华西都市报》评为2015年度好书榜；入选2015年度中国影响力图书推展·第贰季（中国出版传媒商报）；入选中国出版传媒商报、腾讯华文好书5月原创10大好书，入围年度好书榜；被《北京晨报》评为年度致敬图书；被《新民周刊》评为2015年度好书；入选新浪中国好书榜7月榜，入围新浪年度好书榜（新浪网）；入选百道网2015年7月中国好书榜文学类；入选《全国图书馆推荐书目（2014～2015）》300种（中国图书馆学会、韬奋基金会、中国出版集团公司、中国新华书店协会）；被《北京青年报》评为2015年《北京青年报》青阅读年度好书，作者被评为年度致敬作者；被《中国教育报》评为2015年度教师喜爱的100本书；入选《中华读书报》百佳图书之历史传记类；入选凤凰读书年度好书100种（凤凰网）；被中国图书评论学会推荐为2015年度好书；被央视CCTV-10读书节目重点推荐，并做了专题节目；入选首届书店文学奖评选出的年度书单（单向街书店）；入围2015年中国书业年度评选的年度传记类好书（《出版人》杂志、北京开卷信息技术有限公司）；入选中国图书馆学会阅读推广委员会编制的《2016–2017阅读年度推广好书榜》。

数年来，百科学术图书多次获得国家级省部级奖项，多次获得众多榜单青睐。我经常接到各级领导、许多学者、朋友来电索书。郭博士个人2012年荣获新闻出版行业全国劳动模范称号，2013年获"全国十大好编辑"。学术分社年年赢利，年码洋收入超过3000

万，平均每年贡献纯利约200万，多次获得出版社优秀集体奖。实践证明，学术出版选方向，用人才，上政策，不但在文化建树上可以有所作为，经济上也不会差。

《中华文明史话》原创带来新生机 [*]

    还是在上世纪90年代末，百科社曾经向台湾一家出版社输出《文明史话》100册中60册的版权。这套书是由中国社会科学院的专家们撰写的，每册约8万字，黑白印刷，小32开本。专业性学术性较强，大陆版销售不太理想，首发后未曾重印，但输出版权受到青睐。

    不料，此事却引发了一点小不愉快。版权交易前，百科社曾向社科院科研局征询意见，得到许可，但事成之后，科研局告知，此套图书涉及作者众多，有个别作者对版权转让表示有意见。这样，还有一些海外出版社希望商谈此书版权的，就都搁下了。

    后来，此书合同期满，同百科社的关系自动中止。这件事给我留下了很深的印象，让我对出版社自有知识产权的重要性，以及海外对中华文化的喜爱和需求都有了切身体会。

    2006年我找对外合作部商谈，提出百科版《中华文明史话》书系选题，策划中我们认为应该把握几个点：

    一个专题一册，介绍具有鲜明中国文化特征、代表中华文化精

---

* 写于2018年6月。

* 写于2018年6月。

* 写于2018年6月。

* 写于2018年6月。

萃的物事；大众读物，通俗易懂，图文并茂，可阅读性强；控制每单册容量；图片从我社百科图片库选取；约请作者撰稿采取委托合同方式，知识产权由百科社独家所有；外向型图书，兼顾国内市场；每年推出一批，假以时日，形成书系和品牌。

此选题落在对外部，一是考虑它的外向型，另外还有一个很重要的原因，就是多年来对外部是一个务实的、执行力很强的团队。从老主任阿去克开始，交给的一些重大任务，几乎都能如期完成。阿去克晋升副总编辑后，蒋丽君接任了主任。小蒋是杭州人，浙江大学中文系毕业，做事有困难会自己琢磨找解决的办法。不久，对外部拿出了具体方案，进入实际操作。2014年初，小蒋调任三版内容中心主任。马丽娜晋升对外部主任，虽然年轻，仍然沿袭了以往主任们的风格。他们将这个项目做得风生水起，从具体选题的遴选，到寻找合适的作者和译者、审校者，从撰文的风格、配图，到印制、宣传，都很用心，一年年积累形成规模。

2008年《中华文明史话》中英文双语版第一辑《文明起源史话》、《长江史话》、《黄河史话》、《长城史话》4分册出版，此后逐年陆续分辑出版，至2017年已累计出版中英文双语版28分册，普及版32分册。

有时候，事情就是这样，无心插柳柳成荫。当时的初衷是外向型图书，兼顾国内，没想到一出版，首先在国内卖火了。双语版累计印数215000册，普及版累计印数242.5万册。《长城史话》印数约20万册，《七大古都史话》等印次达23次。市场营销部的同事总结了它的优势：知识准确、篇幅简短、彩图悦目等。

不久，市场跟风，上来一批同类书。但百科版的《中华文明史话》销路热销不减。在白热化的竞争中，大家发现，百科版《中华文明史话》还有一个价格优势，因为知识产权是出版社所有，无论后来印次多少，怎么改变样式，都是自己说了算，省却了版税稿费之类，总体成本可控。

　　《中华文明史话》书系在国家"丝路书香"等文化交流工程中，得到推荐专家们的认可和国外出版机构的欢迎。至2017年对外输出10个语种，分别是英文、德文、俄文、波兰文、蒙文、阿文、吉尔吉斯语、印地语、西班牙语、韩语。输出12个国家和地区，分别是美国、澳大利亚、尼泊尔、瑞士、俄罗斯、波兰、蒙古、吉尔吉斯斯坦、印度、西班牙、韩国、阿拉伯语地区。输出版平均印数每种1000册以上。

　　在历年的输出图书评奖活动中，该书多个品种上榜。俄文版在俄罗斯图书出版协会组织的"2016年度俄罗斯最好图书"评选中获"文化对话"类金奖，还上榜了俄罗斯大众传媒署、俄罗斯出版商协会评选的"2017年度百种好书"。

索象于图，索理于书 *

    编纂《中国大百科全书》第二版的过程中，有1000多幅地图的绘制是通过招标由专业地图出版单位承办的，那段时间，我跑这些单位较多，发现他们出版了非常多的地图类产品，大都在市场上销得很好，当时就想，百科全书学科齐备，用到的地图种类很广，计有：地形图、普通地理图、自然地图、社会经济人文地图、环境地图；自然地图包括地质、地球物理、地貌、气候、陆地水文、海洋、土壤、植被、动物等专题地图；社会经济人文地图包括人口、政区、工业、农业、交通运输、财经贸易、文化、历史等专题地图；环境地图包括环境污染与环境保护、自然灾害、疾病与医疗地理等专题地图。这么丰富的资源要好好利用起来才是。

    当时，因为比较早分管、接触到数字出版，所以也有一点数字资源的意识，在与制作百科全书地图的单位签署合同时，百科社写明要求：矢量图，分层存储，知识产权由百科社拥有。当时的小算计就是要以二版这一批地图为基础，将全社地图资源集中起来，建立百科社地图数据库，供百科全书系列化开发，以及全社知识

---

* 　写于2017年6月。

类品种所用。

在研讨科技部选题定位时，经过征求各方意见，形成了开发百科知识类地图产品的想法。既发挥资源优势，又可以做出符合百科品牌的特色。

地图出版是特种业务，2007年起我社向新闻出版总署图书司多次沟通，写了陈述理由的报告，申报地图出版权。2009年4月16日，收到新闻出版总署"新出综合〔2009〕278号"文，同意中国大百科全书出版社增加学术专业地图出版业务。

2008年在科技编辑部内组建地图编辑室，我们希望，通过一段时间的研发、孵化、培育，把百科地图产品线开发出来。随着产品研发的进展，对产品线、产品集群、特色和效益的把握进一步清晰，2014年地图室从科技部剥离，成立地图编辑部，一方面统管全社各编辑部门地图的编制、报备、审核，另一方面负责"百科地图"品牌的策划、编辑和出版。

地图团队先由科技部主任何秀文带领。秀文在西藏测绘部队当过兵，转业后先后在中国地图出版社、百科社工作。她性格爽快，做事干练，干起工作来有股拼劲。2009年她退休，担子就落到了张宝军肩上。宝军武汉测绘大学毕业，曾在国家测绘局工作多年。2010年起，"百科地理"陆续推出了《中国国家地理地图》、《世界国家地理地图》、儿童百科地图系列等。初创阶段，采取了百科社出题目、拉框架、撰写知识点，专业地图机构提供地图，双方共有版权的合作方式。

摸索一段后，2012年起，"百科地图"从文字内容到地图编制，开始全流程独立原创。选择了将儿童历史地图作为我社原创地图的起步。

中国的地图出版虽然有一定门槛，但市场早已刀光剑影，不但有中图、星球、地质、交通、旅游、北斗几家巨头垄断，其他专业出版社亦见缝插针，将各个专业板块填得密密实实。但从百科知识的视角发现，目前图书市场上适合儿童阅读乃至成人使用的历史地图非常少，这是百科地图的"蓝海"。"左图右史"，"索象于图，索理于书"为古今学者治学和读史的重要方法。对于儿童来说，了解中国历史，更需要"借图讲史"。孩子们可以充分发挥想象，将时代的特点和史实印入脑海。

编辑团队提出了"看地图学历史"系列选题构想，基本思路是以各个历史时期的疆域图为纵轴，以政治形势图、历代战争和重要战役图、交通路线图、经济发展图、民族分布及迁徙图等历史地图为横轴，重现历史时空。融地图与历史为一体，将文字和图画相结合，用地图呈现历史，看地图读懂历史。

社里为地图团队配齐了文字编辑、地图编辑、美术编辑、营销编辑。2013年10月，《中国历史地图绘本》出版。《绘本》是专为少年儿童编制的历史地图集。全书以王朝更替为主线，上起原始社会，下至中华民国时期，按照不同的朝代和重大主题划分篇章，内容涉及政治、经济、文化等诸多方面，清晰地反映出中国历史演进的脉络。地图、文字（知识点）和绘画相结合，巧妙地融为一体，小读者可以看绘本、读地图、学历史。《绘本》是我国出版首次尝试用地图绘本方式解说历史。通过生动的画面和简洁的文字轻松讲解历史知识。是少年儿童领先一步学习历史的对接读物。

原创的过程充满新奇、乐趣，也不无艰辛和煎熬。地图编制、文字编写、绘画表现、图例设计等所有元素都要一丝不苟、精益求精、简单明了、生动有趣。还有对生僻字逐一注音，建立索引系统，方便将书中所有历史知识点串联并用、查阅检索，编制大事年表、古代少数民族及政权年表，引导历史知识学习的拓展延伸。等等。

记得有一天，暮色已浓，大家都下班了，编辑大楼空寂无声，我经过地图部，看见美术编辑朱天还在工位上忙碌。朱天是北京小伙，入职百科社不久，见人话少，有些腼腆。他绘画方面颇有些才气，也很用功，平日里短暂的午间休息，别人踱步聊天，他却在出版社马路对面，速写老胡同、四合院。《中国历史地图绘本》中的绘画，就由他牵头并主画。我同他聊了聊。他说：一开始拿到这个项目，做架构设计时，就感觉这是一个大工程。它跨越了太长的历史进程，从原始社会到新中国成立，里面涵盖的内容，知识点非常多。作为本书的美术设计，对于我的困难主要体现在插图的绘制上：一是工作量非常大，每一个知识点就要跟一幅插画；另一个是严谨性、正确性。对于现代人来说，"古人"就是有别于咱们现在社会的人，但其实"古人"里面也是差别很大的。举个例子：先秦时候的人，"坐"其实是跪在地上的，椅子、桌子什么的是以后慢慢才发展出来的。大家熟悉的骑马，在夏商周时是没有马鞍和马镫的，为了装饰也好，舒适也好，最多也只是在马背上铺了一个布垫而已，马镫、马鞍是在大约东晋十六国时期，才从北方的游牧民族传进中原的。如果再遇到有的生僻内容，比如西汉的"代田法"，平时自己根本没有接触过，在画时就要先去了解，学习。每个知识点绘画时我们都要提前学习，反复进行资料考证，这样才能画得尽可能准确，尽量减少一些不应出现的错误……

《中国历史地图绘本》填补了出版领域的空白，以新颖的出版形式满足广大少年儿童对中国历史的热爱和学习需求。帮助少年儿童了解中国不同历史时期在政治、经济、文化、社会生活以及中外交流等方面的发展状况，增进对中华民族光辉灿烂文明的认知。从2013年年末出版至2017年，已经重印11次，发行量15万册。本书荣获第五届中华优秀出版物奖图书奖（2015）、国家新闻出版广电总局首届向全国推荐中华优秀传统文化普及图书（2015）、第十六届输出版优秀图书（2017）等多个奖项。台湾、香港已引进版权，台湾2015年引进后，一年多时间就重印了3次。

　　与《中国历史地图绘本》同时设计的还有《世界历史地图绘本》、《远古中国》等少儿历史地图集。《世界历史地图绘本》于2017年初出版发行。延续了《中国历史地图绘本》的风格，图史融合，用地图诠释世界文明发展大势，用简明浅显的文字、生动形象的绘画点明世界历史风貌。出版后已经重印，版权输往台湾、香港。

　　在历史地图稳步发展的同时，"百科地图"在长短线结合和地图产品多样化方面做出规划。将文化地图、文学地图、地理地图等纳入原创主攻方向，产品如《中国文化地图绘本》等即将面世。

辞书的文化自觉性 *

  《现代汉语词典》历经60多年编撰，40年出版，先后6次修订7个版本，在辞书编纂理论和实践上都取得了重大突破，取得了重要成就，在社会主义文化建设中发挥了重要作用，深受广大读者欢迎，在海内外享有很高声誉，获得了国家出版最高奖项。是书界当之无愧的精品典范。

  思量《现汉》的成功，有一定规章可寻。比如规范性、权威性、科学性、实用性、工匠精神，等等，这本是行业的通用规则，只是《现汉》做到了更好，或者说最好。我的观察，其实《现汉》还有一个致胜法宝，即，它建构在一个始终如一的立意上，那就是坚定的文化自觉、文化的知行合一。紧随时代，反映不断变化的社会。服务于国家和民族发展需要。

  辞书的形态及其内容，受制于社会，反映着社会，推进着社会进步。

---

* 2018年10月中国社会科学院辞典编纂中心《现代汉语词典》40年研讨会发言稿。

　　配合1956年国务院在全国推广普通话，《现汉》开始策划、起步，针对之前中国出版的词典都是用浅近的文言释义，脱离大众口语实际的情况，制订了新的编写方案，以100多万张卡片基础起家，展开编撰。文革风暴席卷时，学术权威靠边站，正常的工作全被打乱。1977年春，"三结合修订组"的工人、解放军人员撤离语言所，词典编辑室不得不花了近一年时间重新修改整理书稿，努力消除极左带来的影响。1978年12月，《现代汉语词典》终于正式出版。《现代汉语词典》发行不久，编辑室便发现，词典仍有一些"文革"遗留问题，有必要尽快进行修订。收词、注释略做增删调整，着重从思想内容方面进一步消除"文革"的影响。1983年，《现代汉语词典》推出第二版，也被称为"重排本"。《现代汉语词典》正式出版后，先后经历了5次修订，每次都是在保持原有优点的基础上，根据社会发展新情况、新需要进一步完善，以求精益求精。

　　例如，第二次修订（1993～1996）大修，增加词语9000余条，删去4000条。当时正好处于改革开放初期，国家各方面发展非常快，反映新事物的新词语、新词义也相应迅速增长，着力增收改革开放后出现的新词新义，附录中增加了西文字母开头的词。第四版增加1200多个新词语，新词中，有"邓小平理论"、"三个代表"、"知识经济"、"素质教育"等与政治、社会生活紧密相关的词语；也有大量反映科学技术新发展的词语，如"纳米技术"、"蓝牙"、"宽带"、"转基因"等；许多与人民群众生活密切相关因而备受关注的事物也能在增补本中找到解释，如"沙尘暴"、"空气质量"、"基尼系数"等。除新词语外，有些词也增补了新的意义；针对很多西文字母词频见于报章，增补本选择了140余条较常用的增补到附录中，以满足读者的查考需要。2005年的第五版增收新词7200条，从港台地区传入内地的许多词语也被第五版《现代汉语词典》所收录，如"搞笑"、"面膜"、"作秀"等。2012年第六版增收新词语和其他词语3000多条，增补新义400多项，删除少量陈旧的词语和词义，共收条目6.9万多条。有网络热词"给力"、"雷人"等；ECFA（海峡两岸经济合作框架协议）、PM2.5（在空中飘浮的直径小于2.5微米的可吸入颗粒物）等外来词；源自西方的"母亲节、情人节"等词，反映中西文化的交流与融合；"低碳"、"减排"、"二手烟"等，反映中国民众环保意识的增强；"北漂"、"草根"、"达人"、"愤青"、"名嘴"、"香蕉人"、"蚁族"等名词直观反映了一些新的社会群体及其特点；"拜金主义"、"买官"、"贪腐"、"吃回扣"、"潜规则"、"封口费"等词语反映了社会转型期给人们的价值观带来一些负面影响。本版修订主持人、著名语言学家江蓝生还讲到，在修订过程中从成语和传统文化方面还参照了台湾的字典，因为成语是从古代流传下来的，此次修订都尽量保持一致，不再去扩大差别，"我们觉得应该有大中国的意识"。

两任主编吕叔湘先生和丁声树先生，审订人员王力、黎锦熙、魏建功，其他如陆志韦、李荣、陆宗达、叶籁士、叶圣陶、周定一、周祖谟、石明远、周浩然、朱文叔等，以及第六版修订主持人江蓝生等都是造诣很深的文化名家，一个专业权威的学术机构中国社会科学院语言研究所及词典编辑室，一家百年历史的出版名社商务印书馆，正是这些文化人、文化机构对文化的自觉、自尊及坚守，造就了这一部经典之作！

对文化地位作用的深刻认识、对文化发展规律的正确把握、对发展文化历史责任的主动担当，这种文化自省、文化自觉，铸就了优质工具书的灵魂、格局和气质，使它总能立足民族文化之根，与时代共进，为人民所需。

好奇心和解放的思维是创新的源泉 *

大家好！感谢周其凤校长、高松院长和北大化学院邀请我们到这里和大家相聚，共同见证和体验这一重要的历史时刻。首先，请允许我代表中国大百科全书出版社，热烈祝贺《分子共和国》出版发行！热烈祝贺北京大学第十一届化学文化节开幕并祝福文化节取得圆满成功！

我是昨天下午拿到这本书的，顺手翻翻，就仿佛被磁铁吸引，看了一篇，又急急地想要看下一篇。对于科普读物，这样的阅读体验已经久违了。钦佩、感动油然而生！有什么能比得见科普佳作更让出版人欣慰的呢？

科普读物是普及型专类读物，其特点是把深奥、难懂的专业科学理论变成浅显易懂、生动有趣的普及性科学知识，并通过出版媒体向大众传播。科普读物的范围极其广泛，数理化、天地生，大千世界……但凡科学研究和应用的所有领域，都可以进行科普教育和宣传，并通过科普读物进入千家万户。科普读物是帮助青少

---

* 2009年3月29日《分子共和国》首发式暨北京大学第十一届化学文化节开幕式讲稿。

年建立科学观念、科学素养和科学精神的重要手段，同时也是社会精神文明的重要内容，对于人民大众建立科学发展观，反对伪科学至关重要。是社会健康发展不可或缺的养料。

新中国建立六十周年以来，我国在科学研究和科学普及领域取得了巨大成就，但是，科普读物在我国的发展却相对缓慢，比较突出的问题是品种少，范围窄，可读性差。当今科普创作需要科学和人文结合，需要文图结合，需要形式多样化，简单的知识诠释显然已经不合时宜。《分子共和国》的出版正逢其时。它以独特的样式，在我国科普读物的创作上做出了卓有成效的探索。本书最大特色是清新活泼，形式多样，富有趣味，一扫科技类文章呆板枯燥乏味的常态。体裁有散文，有诗歌，有访谈，有自述，有推荐信，有竞选演说，甚至还有侦探故事！语言亦生动活泼，与时俱进，妙趣横生！最难能可贵的是它的原创性。在徐光宪院士的引领下，几十篇文章均由北大化学学院同学自发创作完成。徐先生和同学们以特有的学术敏感、良好的专业基础，加上独特的观察视角、丰富的想象力，还有同学们青春的热情和多维的才情，让《分子共和国》绽放出绚丽的光彩。值此欢乐时刻，向付出智慧并勇敢行动的全体主创师生表示祝贺和感谢！

我们要特别感谢徐光宪先生。作为国家最高科学技术奖的得主，他是有着精深的专业造诣、达到了尖端科学成就的大师。他还大力倡导科学育人，引领青年步入科学的殿堂。为此，他主持了《分子共和国》的"开国大典"。有幸参加《分子共和国》建造的同学们，以及将要在其中漫游的人们，收获的岂止是化学知识，更重要的是培养了好奇心和解放的思维，诚如先生所说，"好奇心和解放的思维是创新的源泉"。徐先生身体力行，推动趣味科普的创作，播洒创新思维的火种，展示了一位真正的科学大师的睿智和远见卓识。

本书的出版得到了学校领导和学院老师的高度关注和鼎力支持。周校长亲自为本书写序。在成书过程中，学院的老师不辞辛苦，不遗余力，为每一篇文章、每一个知识点、每一句表述推敲、把关。他们的指导和参与，帮助同学们成就了《分子共和国》的梦想。而这本科普读物的诞生，正是北京大学和化学院素质教育、全面发展理念的最好诠释和实践典范。十年树木，百年树人，值此北大化学学科创立一百周年前夕，向长期坚守治学理念、传承优良学风的北大化学院，向各位老师表示我们深深的敬意！

《分子共和国》的成书过程，还融入了出版社编辑们的辛勤劳动。他们和学院的老师同学精诚合作，进行分类设计、内容审读、文字编辑、质量把关。编辑们还自己动手创作绘制了全书所有插图，本书图文风格呼应，相得益彰，彰显了趣味阅读的宗旨。

中国大百科全书出版社是国家级大型出版机构，知识出版社是其副牌社。我社一直致力于原创科普读物的出版工作。在出版《中国大百科全书》的同时，近年还相继出版了《中国儿童百科全书》、《好问题百科全书》、《中学生百科全书》、《科学与未来》、《科学前沿》、《太空探索》、《知识城》、《我的科学伙伴》等一大批适合青少年的科学普及读物。其中多种读物获国家图书奖、政府奖、原创奖、国家科技进步奖等。科普读物的创作、出版任重道远，攸关科技的发展、民族的振兴，如何落到实处，需要大家共同努力。我们期盼《分子共和国》成为科普创作的新起点！期盼和北大化学院以及其他院系继续合作，创作出版更多优秀作品。

《百科知识》那些时光 *

多年前，为对付失眠，我养成了夜读习惯。现在，每晚上床仍必先翻阅杂志、书籍，再拉灯入睡。而至今陪伴床头最长久的杂志，当属《百科知识》。算来有二十多年了吧。

很幸运，我的职业生涯曾有几年与《百科知识》密切交集。1991年初，我接到调令，就从社科编辑部到了《百科知识》杂志编辑部，成为了一名期刊人。

起步于1978年的《中国大百科全书》在总体设计时，还考虑了两个配套产品。一是《百科知识》月刊，原意是在各学科撰写中，选择一些条目在卷本出版前先行刊出，供社会各界评议、征询意见，当然也有"先睹为快"的意思。另一个是《百科年鉴》，以年度为轴，辑录学术动向、大事纪要、编纂进展等。

《百科知识》1979年创刊。当时全国公开发行的刊物不过数百种。《百科知识》的供稿人都是大学者，学科多、知识全面，结果一炮打响，名气很大，发行数量冲上了榜单。但后来情况逐渐发生了变化。《全书》各学科卷陆续完成编纂出版，同时，随着各行

---

* 发表于《百科知识》公众号，2019年3月。

业发展，以及市场经济的推行，全国期刊爆发式增长，数量节节攀升，至1990年左右已达六七千种之多，市场分化、竞争，狼烟四起。《百科知识》的发行量下滑得比较厉害。

我到后，当时编辑部同事有范宝新、吴伟、王昕若、赵彤、舒罗沙、王勤、蒲晖等。团队的任务很明确，在市场经济的大潮中，《百科知识》当站稳脚跟，迎头赶上，有新的作为。

在大量调研、反复商榷的基础上，我们开始了期刊改版。确定如下原则：《百科知识》是综合性高级科普读物，科学性、权威性是任何时候必须坚持的，即使是市场冲击、媚俗之风刮起，本刊的格调、质量标准绝不能退让。但既然是科普，必须在普及上下功夫。首先，调整读者定位，《全书》一版的读者定位是大学及其以上文化程度，而《百科知识》读者应为中等及以上文化程度。其次，在内容框架上，改变原有学科板块模式，全部栏目化，且栏目名称与社会、科技发展新领域、新进展、新热点相契合。第三，文章既要有学术和知识内涵，又要通俗、好读、易懂。深入浅出。这一点其实做起来很不容易。有些学者学问很大，但写科普，就茶壶里煮饺子，倒不出来了。为此，发掘、发展了一批新作者，同时，编辑也开始自己动手编写栏目。

1991年《百科知识》编辑部购置了第一台计算机，那时还只有286。同事们自编课程，大家团团围住"286"，学习录字、排版，争先恐后，兴致勃勃。《百科知识》是全社第一个使用计算机进行通稿、组版、设计、排版、发印的编辑部门，率先告别铅与火迎来光与电。

1992年下半年，《百科知识》杂志社正式成立，挂牌经营。具有独立法人资质，具备市场主体身份。

从新中国成立初期到20世纪70年代，中国出版一直是作为社会主义一项事业来进行的。生产有计划，项目有资金，待遇有保障，生产定销售，重社会效益，轻经济效益。十一届三中全会以后，出版业逐渐走上了市场化之路。1992年1月邓小平"南方谈话"发表，1993年11月十四届三中全会发布《中共中央关于建立社会主义市场经济体制若干问题的决定》，出版业吹响了进军市场的冲锋号。《百科知识》在全社率先迈出一步。压力也扑面而来。所谓市场主体，既有经营上的独立性、灵活性，同时也有盈利性要求。

杂志社全体同仁拧成一股劲，大家四处出击。那些年，百科社与学界联系广泛，学术会议比较多，每一个会，编辑们打探哪些专家在，盘算着如何找人家约稿。在外地开会，一定会事先把当地国家级科研院校摸个底，琢磨着会议间隙溜出来，找专家约稿去。持续推出新栏目，提升稿件质量，改进配图、版式，增加时代元素。同时，刊封每年的12期在风格上进行统一设计，将"百科知识"字样相对固定并图标化，进行商标注册，以强化读者的认知。发行方面加大与代理商的交流、沟通，对发行政策进行调整等。还在中央电视台投放过广告。

年末，总有那么些日子，我们会心神不宁，寝食不安，一起揪着心等候征订数字，大家称之为"鬼门关"。每每，掌管发行的人一进门，大家就停下手中的活儿，眼巴巴望向他，谁也不敢开口问。直到他报出数字，说还行，还行，这时，满屋子就叽叽喳喳起来，有人大声来一句，我就说不用担心嘛！

和图书相比，期刊的节奏快、头绪繁杂，无论碰到什么节假日，无论家里或自己遇上多大的急事难事，出刊的时间是半天也不能延误的。那时，我的同事们早出晚归、假日加班是常事。大家兢兢业业，努力工作，互相帮衬，共同应对，将质量合格的期刊如期交付。经营收入也实现了预算目标。

1994年5月，我进百科社社委会工作。范宝新老师全面主持起杂志社工作，时间不长他退休了。吴尚之接任杂志社主要负责人，一年多后，总署就调他去图书司工作了（后出任国家新闻出版广电总局副局长）。常汝先接任多年。现在，年青的赵新宇已经成为杂志社新一代掌门人。我欣喜地看到，期刊团队砥砺前行、守正创新，接力赛精彩不断：彩色版、每月双刊、内容博采、新媒体并举……《百科知识》越办越好了。

我对《百科知识》的喜爱，原因当然有情感的因素，难忘那段时光。但最重要的还是它持续焕发的活力、魅力吸引着我。多年来《百科知识》获得了许多奖项、荣誉，品牌历久弥新，在社会上享有持续稳定的美誉。它好看、耐读、有味，浏览愉悦、阅读轻松，使人不知不觉中便增长了知识、开阔了眼界。几十年来，它刊载好文无数，累计发行数量巨大，传播向祖国的四面八方、各行各业，陪伴了众多求知者的成长。功莫大焉。

前些日子，在一个会议上与一位曾经参加《中国大百科全书》一版、二版，目前正参加三版编纂工作的老专家相遇，随意聊聊时他讲起，一版时他就接触了《百科知识》，现在，它还是他经常翻阅、颇为欣赏的杂志。闻此言我心中大悦。是啊，听到读者（还是大专家）真诚夸赞咱们的杂志，这是多么令人愉快的事啊！

转眼间，《百科知识》已走过四十载风雨路程。当今，科技迅猛发展，知识大爆炸、阅读多样化、竞争白热化。挑战不少，机遇多多。希望期刊团队继续与时俱进，内容创新与科技创新融合、传统经营与融媒发展并举，以足够的定力、智慧和坚实的行动，不断开创新局面。相信并祝福已走入不惑之年的《百科知识》，一定有着更加美好的未来。

第三编：知识无形，版权有价
——出版中的知识产权问题辨析

　　自从中国加入 WTO 之后，知识产权这个陌生的概念就与出版业如影随形牢牢牵手了。版权是财富，是资产，可经营。哪位眼明手快，就能让它飞快增值，变成现实中的财富。

　　大 IP、全版权运营，在中国和世界持续升温。知识产权是 21 世纪的货币，此言不虚。

■《沿街叫卖字母书的小商贩》

创作年代 16 世纪

藏于法国国家图书馆

印刷术的发明，推动了书籍的广泛流传，图书经营成了一门有钱可赚的生意。

1709 年英国议会通过世界上第一部版权法《安娜女王法》。此后，许多国家逐步建立起知识产权保护制度，并共建相关国际公约。

知识无形，版权有价。

强化知识产权　促进知识经济 *

知识经济，作为20世纪末的一个新术语，在中国的科技界、经济界，乃至政治和宣传舆论界颇为流行。与此同时，知识产权也成为法学界和经济学界的热门话题。知识经济和知识产权成为一个需要探讨的课题。

一、知识经济：中国经济发展的挑战和机遇

与其他主要经济学概念一样，"知识经济"也是西方人首先使用的。1994年，加拿大政府在《政策·人和计划》的文件中，首次出现"知识经济社会"这一提法。1996年经济合作与发展组织（OECD）发表了《以知识为基础的经济》，称这是建立在知识和信息的生产、分配和使用（消费）之上的经济。1997年美国总统在一篇报告中建议，以"知识经济"来代替"以知识为基础的经济"

＊　原载《知识产权》2001年第5期。

这一提法。对克林顿的这个建议，西方英、德、法等国的思想界相当慎重，连被誉为美国经济领航者的联邦储备委员会主席格林斯潘，也只说"新经济"，不提"知识经济"。但中国政府和科技界，却很快对之作出反应，国家科技部官员和一批科学院院士率先接受了"知识经济"这一提法，并经官方舆论而扩展，政界、经济界都在热烈议论这一话题。相比之下，经济学界反应迟缓，但也有一批中青年经济学工作者为此发表了不少著作。

对知识经济的认识，目前学术界正在就其译文进行争议。Knowledge Economy，只能译为知识经济，但这个术语所表述的意思是模糊不清的，翻译再准确，也不能纠正其本义上的缺陷和错误。对中国思想界来说，已经达到抛弃这种一个多世纪以来将译文准确与否作为定义标准的思想，而应根据对象，参照西语，以更为精确的汉语汉字来规定概念了。

"知识经济"在美国大概源起于托夫勒的《权力和转移》。他在该书中将暴力、财富、知识作为权力的三要素，在不同时代，三要素的其中之一分别占主导地位，由此决定经济和社会性质，他认为，目前人类的主导阶段是财富，下一阶段将是知识占主导。据此，人们便认为"知识经济是工业经济之后，正处于形成过程中的一种新型的经济形态或社会经济发展阶段"[①]。这种说法，总给人一种大做广告之感，包括托夫勒的著作，也有此意，即为美国正在兴起的信息产业推销产品。但人类的经济正面临一个大的发展，这个发展中知识的作用，特别是创新性的作用日益突出，却最明显不过。从定义而论，以"知识经济"来表示农业经济、工业经济之后的一个经济形态，却是不准确的。

知识，是人类对自然界和人类社会的认识成果，不论农业、工

---

① 蔡富有,赵启源.国外知识经济动态[M].北京:中国经济出版社,1999:4.

业，都要运用知识，工业经济之后肯定会有一种新的产业作为经济主体，但它不可能是作为认识成果的知识，更不能是一些人所主张的"信息"。知识包括信息，它只能是作为经济主体的人的生产劳动的要素，而不能取代生产劳动，因为人类毕竟不能只靠信息或知识来生存。知识或信息来源于生产劳动和其他社会活动，并在生产劳动和其他社会活动中表现。

因此，从经济学的角度来看，当我们使用"知识经济"这一术语时，只是强调这样一种趋势：人类在生产劳动中的智力成份，特别是智力创新的比重会加大，并将取代体力所占的主导地位。智力创新是经济发展的主导。因此，投入智力开发或提高人的技术、文化素质的资金量加大。相应的行业如教育信息等也会迅速扩展，生产方式、生活方式等都会有重大改变。但总的说来，这种改变与其说是一种新的经济形态的出现，还不如说是工业经济正从以体力劳动为主的阶段转向以智力劳动为主的阶段。

这个趋势已在20世纪末充分显示，率先适应这个趋势调整经济政策和产业结构，以及社会战略的美国，恰恰由此摆脱了长期的经济衰退，在20世纪90年代信息产业的快速发展，重新确立了其在世界经济中的领先和支配地位。而未能及时适应这一趋势的西欧和日本，明显地落后了。中国在农业经济时代曾领先于世界，但在工业经济发展上却大大落后，直到今天，仍处于农业经济向工业经济转化的过程中，百分之七八十的人，仍从事以手工或半机械化的劳动为主的农业。"知识经济"这一大趋势提醒我们：必须要抓住这个历史机遇，充分地调动和发挥中华民族在基本智力方面的优势，大力发展教育，提高技术和文化素质，这样，我们就有可能超越发达国家工业经济发展所经历的若干环节。同时必须充分利用其现有的高新技术，鼓励和扶持智力创新，我们才有可能在较短的时间内，完成从农业经济到工业经济的转化，并进入工业经济的高级阶段。

"知识经济"是一种趋势，也是一套规则和机制。为了保证和促进智力创新及其成果的运用，发达国家制订了相应的法律，对此，中国人必须认真研究，并制订自己对应的法律，以便融入"知识经济"的大趋势，在遵循其规则和机制的同时，保护自己的利益，促进本国的智力创新，并提高其竞争力。

二、知识产权是对智力创新形成的无形资产的法律规定

与"知识经济"这一提法相比，"知识产权"的出现要早得多。1967年"世界知识产权组织"建立，标志着这一术语的确立和它所涵盖的对象之界定。"知识产权"是对英语 Intellectual Property 的翻译，港台学者译为"智慧财产权"或"智力财产权"。按世界知识产权组织在《成立世界知识产权组织公约》第二章第八款的规定，知识产权包括下列权利：关于文学、艺术及科学作品有关的权利；关于表演艺术家的演出、录音和广播的权利；关于在一切领域中因人的努力而产生的发明；关于科学发现的权利；关于工业的式样的权利；关于商品商标、服务商标、厂商名称和标记的名称；关于制止不正当竞争的权力；在工业、科学及文学艺术领域的智力创作活动所产生的权利。

而国际保护工业产权协会1992年通过的报告中认为：知识产权应分为"创作性成果权利"和"识别性标记权利"两大类。创造性成果权利包括：发明专利权、集成电路权、植物新品种权、技术秘密权、工业品外观设计权、著作权、软件。识别性标记权利包括商标权、商号权（厂商名称权），以及与制止不正当竞争有关的识

别性标记权。

从这些权利范围论，"知识产权"实则对智力创新所形成的无形资产的法律规定，因此，确切的概念规定应为"新知识产权"，而"知识产权"之"知识"则显得太宽泛，相当多的常识性知识虽在经济中发挥重要作用，但法律并不予以保护。由于习惯，这里仍沿用从外语里译来的不确切的"知识产权"一词，而其内涵则在于新知识的产权。

实际上，外国人也是从智力创新的新知识的角度来规定"知识产权"的范围和法律的。我们在引进这一术语和借鉴相关法律时，必须明确这点。

作为智力创新形成的无形财产的法律规定，知识产权所针对的主要是营利型的智力创新成果。知识产权是在商品生产和交换中存在并起作用的。资本主义作为商品生产和交换的高级形式，必须将知识产权提到高级阶段。为了追逐更多剩余价值，资本所有者不仅会及时地采用创新知识成果，尤其是利用新技术来提高劳动生产率，还会自己投资于智力创新，雇佣具有创新能力的劳动者，这样形成的新成果，不仅可以在自己企业中应用，还可以出卖以获取利润。而这些创新性知识成果，又很容易被他人所模仿或直接采用，并生产相同的产品与之竞争。

为此，必须对这些无形的财产或资产进行法律保护。知识产权就由此而生。随着经济的发展，创新性知识越来越多，知识产权也逐步形成一个庞杂的系统。特别是进入20世纪末以来。资本全球化和经济全球化密切了国际经济关系，知识产权也就成为国际经济关系中的一项重要内容。

知识产权不仅要由法律规定，而且要有相应的司法、执法机构来施行。这样，知识产权才能成为法律的重要环节。在目前情况下，法律和法治还是国度性的，有关知识产权的法律规定，是有国度差异的，因此就产生了协调差异的知识产权的国际组织，以及相应的公约等，这是各国相关法律的协调，是现代经济的特征之一，也是由国家所界定了的现代人经济关系中的重要因素。我们必须承认这一现实，在强化立法，促进本国知识产权发展的同时，主动地适应并协调国际间的知识产权所规定的经济关系。

三、知识产权是知识经济发展的保证机制

"知识产权"和"知识经济"，虽然作为概念都不很确切，但其内涵都有一个明显的共同点，即都针对经济中的智力创新活动。知识经济是智力创新及由此促成的经济发展的形态或阶段，而知识产权作为对智力创新所形成的无形财产或资产的法律规定，又是知识经济的保证机制。知识经济的提法虽然出现较晚，但知识经济的事实，即创新性知识在经济生活中的先进和主导作用，却是人类经济发展的一般趋势，这个趋势在农业经济阶段尚不明显，到工业经济阶段已突显出来，进入20世纪下半叶，特别是"冷战"结束以后，表现出相当强的势头。也正是在这种情况下人们才将这一趋势作为新的课题加以探讨，并由此提出"知识经济"这一术语。当我们冷静地对之进行思考，去掉所发议论中那些为某国或某集团利益而提出的各种夸张性言词，可以明确这样的事实：现代经济中的智力创新从速度、广度、深度综合而言，都正在向新阶段推进。至于这是否可以演化成一个取代工业经济的新经济形态，还很难作出结论，起码那些广告性的"信息经济"、"信息时代"、"信息社会"的宣传所推崇的"信息"或计算机网络，实际上仍是工业经济的辅助手段，而所谓"电子商务"，亦不过是促进商品销

售或提供服务的一种方式，信息传递得再快再广，也要服务于生产，人总不能靠信息来生活。工业经济作为人类经济发展的一个阶段，是会被否定的，但取代它的，仍应是一种新的生产方式。

"知识经济"作为现代工业经济中的高新层次和演进趋势，是有其特定的范围和内容的。知识产权正是针对这一层次和趋势而形成并作用的保证机制。其特点就在于保证先进者的权益，以促进智力创新的发展。当然，它是从属于资本主义私有制的，并由发达国家率先制定并实行，因此，对于发展中国家而言，又是发展中的一个重要制约因素。在现阶段，知识产权所保护的智力创新成果，仍然集中于发达国家。它一方面以其技术和管理的优势，向发展中国家销售产品，另一方面又要求发展中国家在引进这些创新成果时，必须付出昂贵的代价。世界知识产权组织和世界贸易组织都把发达国家的知识产权作为重要内容，要求发展中国家遵循其相关法规。

20世纪末，发达国家间在知识产权方面的差距正逐步缩小，正在形成普遍性的规定，从形式上看是"一视同仁"的，但由于发达国家，特别是美国，在"知识经济"的发展中处于领先地位，因此，知识产权在国际经济关系中，所保护的，主要是发达国家的企业和个人的利益。而且，随着经济的全球化，法律也在全球化，虽然没有一部世界的法律，但世界知识产权组织和世界贸易组织都强行要求加入该组织的发展中国家必须遵循共同的规则，而这些规则主要是以发达国家的法律为基础的。

对于发展中国家来说，必须承认这一现实，并遵循相应的知识产权的规则。虽然这样做在短期内要付出很大代价，但不这样做，就不可能引进先进的智力成果，就会使自己的社会经济更加落后。现代发达国家，特别是美国，就知识产权的立法已经相当广泛和丰富，世界知识产权组织和世界贸易组织等国际机构，又在协商的基础上，达成了许多相关的规定。对此，发展中国家必须认真加以研究和把握，采取鼓励创新的有效措施，包括引进创新人才，以适应这一机制、运用这一机制。在加入并促进世界性知识经济发展的同时，促进本国经济社会的进步。

四、完善知识产权体系，加速发展中国知识经济

在农业经济阶段领先于世界的中国，却较欧美落后二三个世纪才开始向工业经济转化。由于厚重的历史积淀，这种转化也遇到了重重障碍。因此，在20世纪末的中国人面对"知识经济"这一大趋势时，不能不从发展的角度来审视自己的经济、政治、文化。落后是明显的、不容否认的，而落后的标志就在于我们仍固守着相当多的陈旧观念，以保护与历史大趋势相违背的经济与社会关系。唯一的出路就是改革，以在观念上和社会关系上适应历史的大趋势。这一点表现在经济发展上，很重要的一个方面，就是必须充分重视"知识经济"这一现代经济大趋势，调动内在的积极因素，加速智力培养和创新。

然而，当中国的科技界就"知识经济"表示其担忧的时候，却往往忽略"知识产权"这个内在机制的作用。而这一点恰恰表现出中国知识界的重大缺陷：重视自然科学和技术科学，轻视人文社会科学。在一些人的观念中，似乎只要我们在技术上赶上发达国家，一切问题就都解决了。但是，我们更要反思一步：是什么原因造成具有高基本智力的中国人在技术上的落后？如果以技术落后来回答这一问题，那是同义反复。而问题在于社会关系的调整，消除掉那些阻碍人基本智力发展和发挥的因素，才是中国发展"知识

经济"的关键。

为此，作为"知识经济"落伍者，中国人首先应该做的，就是在全面了解国外知识产权状况的前提下，根据本国国情，建立和完善自己的知识产权体系。几千年的封建社会农业经济和集权官僚统治，使中国人的法制观念淡薄。农业经济是以体力劳动为主的，虽然在耕作技术上，中国农民积累了丰富的知识，但这种凭经验得来的知识，世代相传、邻里互授，很少有保护意识，虽然手工业者对其技术往往有保密观念，但从未想到技术也是财产，应当从法律上予以保护。那种"师徒、父子相传"的方式，又严重地束缚了先进技术的传播，而人治的官僚制度，又把官视为判断一切的标准，官僚们并不注重促进技术知识的发展，也就不会去保护智力创新形成的财产了。至于教育，主要目的是为官僚政治服务，传播官文化，培养官僚后备军，将主要的智力放在如何治人、愚民和拉帮结派上，从而造成虽有高基本智力，却不能形成创新技术的局面。也正因此，长期徘徊于农业经济，而不能转入工业经济。20世纪的农业经济向工业经济的转化，主要的障碍还在于重"人治"，轻"法治"。

为了发展中国的知识经济，必须确立知识产权的权威，在全面建立社会主义民主法制的过程中完善知识产权体系，以保证智力创新者的利益，并由此而促进知识经济的发展。

由于落后，我们所建立的知识产权体系，前期受益者可能更多的是发达国家的知识产权所有者。这是改革开放，加入经济全球化进程必走的一步。现代工业经济的几乎全部先进技术，都是发达国家创造并以知识产权保护的，为了发展经济，就要引进这些技术，就得承认人家的知识产权，并为此付出代价。那些假冒、盗版等行为，看起来似乎省了钱，但在加入世界贸易组织后，又必然受到严厉惩罚。更为严重的是，这些行为会进一步削弱法制观念，即使短期内会得手，也断不可为。

承认外国的知识产权，并不等于我们在引进外国先进技术时完全听任卖主的摆布。我们可以在全面了解其知识产权的法律以及各国差异的情况下，运用法律，来维护我们作为买主的利益，并有选择地引进。以尽可能少的投入，引进最先进的技术。并在消化、吸收外国先进技术的基础上进行创新，开发出自己的新产品、新技术。

中国经济落后，但并不等于处处落后。我们也有先进处，更有许多独特的技能是外国人所不具备的。比如，针对中国的人文社会科学的研究成果，只要我们真正做到思想解放，那么这方面的成果就会是世界领先的；再有艺术领域的创作，也有许多领先或独特处。此外，在一些生产性技术，以及发展较快的领域，如电子计算机等，也会出现一些先进技术。对此，我们都要通过完善本国的知识产权体系，予以保护。

国内各企业、行业内部的技术引进，是当前中国知识产权体系保护的重点。中国的现代工业经济，虽然在世界上仍然落后，但国内发展又是不平衡的。各地区、各企业间也有先进与落后之别，注重从法律上保护先进者的智力创新成果应得的利益，不仅是加强法律的重要内容，也是鼓励和促进大力创新的必要社会机制。目前假冒产品泛滥的状况，就是知识产权体系不健全的表现，它严重地侵害了智力创新者的利益，进而阻碍着中国知识经济的发展。

不论从国际经济交往，还是国内社会主义市场经济的建设，都应该重视"知识经济"这个大趋势，并以严肃负责的态度，建立一套与世界相适应的中国式的知识产权体系。只有这样，我们才能说中国已进入了"知识经济"发展的轨道。

知识产权是版权贸易的法权基础 *

    文学、艺术、科技作品等的广泛交流与传播是知识经济最基础性内容。近年来，版权贸易已成出版社追求的"经济亮点"。如何使两个市场、两种资源为我所用，成为出版社必须思考的问题。版权贸易可以合理组织、综合利用全球的版权资源，对于壮大出版社实力，发展我国出版产业，加快我国出版业现代化、国际化进程，具有重要意义。

    从1994年后，我国版权贸易增速很快，年最低增长率18%，最高增长率83%。但作为年出书十几万种的"出版大国"，我国版权贸易方面的问题还比较突出。例如贸易规模偏小，逆差偏大，市场秩序比较混乱等。这些问题的存在，有我国历史、经济、文化的原因，同时，知识产权保护水平已成为制约版权贸易发展的关键环节。

    这些年来，中国在知识产权的保护上取得了长足的进步。但在与外商的接触中，我们仍不时感觉到他们的疑虑。在版权贸易方面，主要有三个问题：一是对盗版问题；二是对印数问题；三是对版税能否及时或按实际印数支付的问题。现在外商收取的预付金

---

*   原载2003年9月17日《中国新闻出版报》。

成倍提高，前几年签约时，只需按国际通行做法预付版税的30%至50%，而现在越来越多的权利人要求签约时就要预付版税的100%。这是一些出版社不认真履行合同，导致中国出版业在与国外权利人交往中的信誉大打折扣的直接后果。近年来，版税额走势偏高，有的高得离谱，主要是有的出版社为取得某些畅销书版权，一哄而上，相互竞价，哄抬价格；一些出版社对市场行情不清，盲目抬价，外商也感到有机可乘，提出的条件越来越苛刻。这种状况破坏了版权市场正常运行的机制，使我国出版业蒙受了经济上、形象上的损失。

版权是知识产权的重要组成部分。知识产权是版权贸易的法权基础。知识产权，是20世纪后半叶以来在国际上广泛使用的一个法律概念，用以表达科学技术、文化艺术和产业领域中智力劳动成果权利。知识产权作为人类脑力劳动创造性成果的法权体现，是随工业化、市场化和资本关系的确立而形成的。商品经济的发展，不仅扩大了商品的交换，也使技术、文学艺术作品等得以独立出来作为商品出售，或作为资本投入生产经营，也就是说，创新技术及其他智力成果，都具有了价值，并可以计算为货币，以"无形财产"的形式出现于市场经济中。这样，也就逐渐有了以法律对其规范和保护的要求。

今天，知识产权具有与资本产权同样，甚至更大的谋取利益的权利。中国加入世界贸易组织时，与美国的长达十余年的艰难谈判，充分说明了知识产权的重要性，以及资本主义国家何等重视其知识产权的利益。在一定意义上说，美国今天对世界经济的主导与控制，是以知识产权为主体的，其知识产权的利益，远超过其资本产权的利益。

知识产权是版权贸易的基本规则。版权贸易（包括国际组稿）涉及著作者、使用者和传播者之间的经济等多种利益关系。版权工作者必须了解知识产权的实质，确立知识产权的权威，增强法律意识，形成自觉守法的良好风气。要熟悉我国著作权法、熟悉交易国家和地区的版权法和国际公约，遵循共同的规则，在法律的基础上互相尊重，维护双方权益。我社在版权贸易中的原则是，注重信誉，遵守合同。谈判、签约时慎重，而一旦达成协议后，则保证不打任何折扣地履行协议条文。如实申报印数，及时结算版税，按时出版发行。如果由于我方原因造成问题，包括经济损失，我们决不爽约。这使我社结识了越来越多的合作伙伴，版权贸易也愈做愈顺利。

版权保护[*]

——解决出版商的后顾之忧

版权是知识产权的重要组成部分。知识产权作为人类智力劳动成果的法权体现，是随工业化和资本关系的确立而形成的，之所以要由法律来规定并保护这种无形的财产，就在于资本关系及其要求的市场交换。商品经济的发展，不仅扩大了商品的交换，也使技术得以独立出来作为商品出售，或作为资本投入生产经营，也就是说，创新技术及其他智力成果，都具有了价值，并可以计算为货币，以无形财产的形式出现于市场经济中。这样，也就逐渐有了以法律对其规范和保护的要求。

作为智力资本优势产业，版权的运营状况，以及版权的法律保护水平，决定了出版产业的生存和发展；同时，作为加工、形成和传播知识的行业，出版业的发展状况制约着智力成果创造和应用水平。版权保护是繁荣出版的关键环节。

---

[*] 2004年4月内地、香港两地知识产权保护研讨会论文。

中国出版业发展呈现连续强劲增长势头

　　智力劳动成果的大量涌现、出版产业的快速发展,是知识经济时代的必然要求和显著特征。从1990年至2003年,中国出版物从品种到创效有了巨幅增长。在经济转型、高速发展的中国,人民群众日益增长的文化和知识需求,给中国出版带来了快速发展的新机遇。

　　1. 中国经济发展前景良好。从人类社会发展规律看,随着经济增长,恩格尔系数呈下降趋势,包括出版物消费在内的文化消费明显增长。据国家统计局统计数据显示:1996年中国城镇居民的文化娱乐性消费支出人均为464元,到2000年增至775元,增幅达60%,而同期我国城镇居民的食品消费支出增幅仅为2.7%。人均GDP (国内生产总值) 超过1000美元后,这一趋势将更明显。发达国家在进入富裕型小康社会之后,文化消费的迅速增长都曾成为令人瞩目的社会现象。1946年,日本的文化消费占个人消费支出的14.8%,1952年增至26.2%,相当于食品支出的一半;1979年,文化消费支出成为个人消费支出中最大的一项,占49.7%,远远高于27.9%的食品支出;到1999年,文化消费支出更占到整个消费支出的52.8%。这些规律性的事实说明,中国的快速发展必将给出版业带来发展的新机遇。

　　2. 从世界主要国家人均购书统计显示,中国人均购书册数最低,金额最少;但人均购书金额与GNP (国民生产总值) 比较,中国比率最高。虽然中国人均购书和发达国家比较尚处于较低水平,但中国人口多,总量大,且随着经济发展GNP增大,人均购买力加强,创造的需求空间难以估量。

3. 目前中国出版的增长方式基本上还是属于粗放型、外延型、数量型的，出版物的有效供给总量不足。这在各国出版物品种和销售额情况中有所体现。随着产业规模扩大、经营能力和市场经验的积累、出版物在国内文化消费结构中的比重提高，巨大的市场潜力和消费潜力将被开发出来。

从销售额看，根据欧洲 Euromonitor的报道，1997年全世界图书出版销售额约为800亿美元。其中，美国占1/3，其次是德国、日本、英国、法国等。

中国出书品种数量大，但营业额低，显示了出版业粗放型经营特征。

4. 版权贸易增长很快。中国改革开放后，尤其本世纪初加入WTO，加快了参与经济全球化的步伐。在国际经济中，知识经济是最活跃、最富有创造力、最广泛而持久的经济门类。文学、艺术和科学技术作品的广泛交流与传播是知识经济中最基础、最主要的内容。版权贸易已成为新的经济亮点。出版社面向更加广阔和开放的市场。充分利用国际国内两个市场，开发国际国内两种资源。版权贸易连年翻番，中国正在成为版权贸易大国。

欧盟信息监测局发布的数据表明，欧盟全球各种版权收入估计在1100亿美元左右，英国每年的版权总收入为180亿美元。在各类版权交易中，平装书版权、合作出版权和书中形象使用权是主要的创汇大户。根据国家版权局统计，从1995年后，中国版权贸易增速很快，年最低增长率18%，最高增长率83%。

外资进入中国出版市场状况

中国出版市场存在巨大的发展空间，给成长中的内地出版社带来了大好机遇，同时，对于海外出版商来说，由于当地图书市场相对饱和，或者出版资源相对稀缺，已经越来越多地将注意力转向中国内地。

自2001年中国加入WTO后，跨国资本正在以空前的速度大量进入中国，据国家统计局公布的数据看，2002年外商实际投资额已突破500亿美元，外资进入出版业也形成了强劲的势头。

一、外资介入图书经营情况。德国贝塔斯曼（Bertelsmann）出版集团是经我国上海地方政府批准的，较早进入我国出版物市场的外资企业。该"书友会"到2002年已经在国内各大城市发展会员200多万人，年营业收入约2亿元，获取了丰厚的利润。主要通过邮购和网络销售的方式在俱乐部会员中开展业务。贝塔斯曼也购买中国图书的版权，然后组织翻译出版，通过其覆盖20多个国家的营销网络销售。20世纪90年代，国外一些大型出版企业如英国的朗文（Longman）、培生（Pearson），美国的麦格劳·希尔（McGraw Hill）、约翰·威利（John Wiley & Sons），加拿大的汤姆森（The Thomson Corporation），德国的图书中心以及日本的白杨社等，纷纷在北京设立办事处，一方面积极开展版权贸易，另一方面也在探求介入中国出版业的其他方式。

在进军大陆的港台出版业者中，与大陆出版业者的合作分为两种类型：第一是把一些在港台不容易制作的大部头书交由大陆出版社来制作。第二是依赖大陆作家及翻译人员来完成翻译作品。在大陆人工、印制成本便宜的情况下（印制价格约低30%），港台不少出版社已将编辑、校对、排版都移往大陆。甚至也有不少是大陆印制后再回销港台。

二、外资介入期刊经营的情况较多。美国IDG集团是较早进入我国期刊市场的外国企业之一。20世纪90年代该集团就与中国信息产业部下属电子科技情报研究所合资成立中国计算机世界出版服务公司。人民邮电出版社与丹麦EGMONT集团合资组建童趣出版公司出版、发行美国迪斯尼的《米老鼠》、《小熊维尼》画刊和各种卡通读物250余种；法国著名的华谢·菲力柏契传媒公司（Hachette Filipacchi Media）已经与中国的时装、体育、汽车等类期刊开展合作。上海古纳亚尔管理咨询有限公司和中国轻工业出版社于2002年7月合作推出了《父母》和《车》两种杂志，由古纳亚尔提供内容，负责杂志的国际广告，并协助编辑的培训。2002年新闻出版总署还批准了时尚杂志社的《中国旅游》与美国国家地理协会的《旅行者》、中国纺织品进出口总公司的《中国时装》与美国赫斯特公司的《哈拨斯·芭莎》等期刊的版权合作。

港台传媒界也大举进入内地，如《明星时代》、《数字少年》、《职海》、《数字时代》等都有香港或台湾的资金注入。2002年9月《人民日报》社与香港泛华科技集团有限公司成立大华媒体服务有限责任公司，两家分别持有合资公司50%和49%的股权，该公司同时经营报纸、期刊以及图书的发行业务。香港上市公司TOM.COM则与三联书店组建了合资公司，其经营范围不但负责三联旗下4种期刊的广告和发行业务，而且包括图书连锁经营、国内外版权贸易和网格经营等方面。

港台传媒还以发行港台版出版物的方式进入内地，其中许多是国际知名期刊的中文版，如《凤凰周刊》、《东方视线》、《玛丽嘉儿》、《薇薇》、《侬侬》、《ELLE》、《GQ》、《Bazaar》等。

三、外资进入网络出版业和电子出版业的情况。网络出版业和电子出版业是高科技带动的新兴出版业。许多电子阅读和电子书在研发过程中都在不同程度上有外资介入。中国财政经济出版社与美国麦格劳·希尔集团合资成立的"北京财经易文电子科技有限公司"于2001年7月取得《中华人民共和国外资企业批准证书》和营业执照，正式投入运营。该公司利用麦格劳·希尔丰富的版权资源，依托中国财政经济出版社在国内的业务、发行网络优势开发财经类电子读物。2002年，中国教育电子公司和美国BTB Wireless公司联合开发移动学习浏览器，该游览器是目前PDA浏览器中功能最强大的，集电脑化、数字化和网络化为一体，主要推出移动学习、移动校园的应用内容，学生可以通过浏览器享受多种多样的电子服务。

网络出版在中国也有较大发展。有关专家估计，到2002年底，已有400多家出版社加入网络出版，已有7万种左右的网络版图书在网上销售。目前在网络经营方面比较成功的搜狐网站、新浪网站、"当当"网上书店、旌旗网上书店等，都有外资背景。搜狐和新浪还在国外上市，直接吸收国外资金。

版权保护是出版繁荣的关键环节

中国出版业在发展过程中，也遭遇到一些问题。如作为年出书十几万种的出版大国，我国版权贸易规模偏小，逆差偏大。这些问题的存在，有我国历史、经济、文化的原因，同时，版权保护水平也是制约版权贸易发展的关键环节。外商的疑虑主要有：一是对盗版问题；二是对印数问题；三是对版税能否及时或按实际印数支付。确实，也曾存在少数出版社不认真履行合同，导致在与境外权利人交往中的信誉大打折扣。

在出版业发展的同时，"盗版"等侵权现象一度严重困扰着行业的发展。据保守估计，著名品牌《现代汉语词典》、《新华字典》问世以来盗版和正版比例为1:1，即《现代汉语词典》盗版至少为4000万册，《新华字典》盗版为4亿册。著名品牌《中国大百科全书》为出版社和全国学界举15年之力，投资上亿元出版。出版社又投入数百万元，开发出电子光盘。光盘上市一周，市场上即出现了盗版盘。信息产业部电子知识产权咨询服务中心的调研报告显示，开发和经销企业普遍认为，在制约国内软件产业健康发展的主要问题中，"盗版"（26.0%）超过了"资金缺乏"（19.6%）、"法律和产业环境不完善"（15.2%），成为首要的问题。

盗版等侵权行为的成因非常复杂。决定性因素是经济利益驱动，知识产权蕴含巨大的商业价值；知识产权易受侵犯，还因为它本身具有无形、公开流通、易复制、取证困难的特点，使得侵权成本低廉、效益显著；同时，我国传统文化中重"人治"、轻"法治"的思想，以及我国知识产权保护体系和执法司法中存在的不足、地方保护主义等因素，使知识产权保护的执法增加了难度。

盗版是一个在许多国家和地区不同程度存在的问题。盗版等侵权行为已成为"公害"。它极大地损害了作者、制作者、出版者所拥有知识产权的合法权益；它扰乱了正常的经济秩序，越来越危及相关产业的生存和发展；它还影响了全民族文化的健康发展，以非法手段获利的行为本身，严重损害了青少年，乃至成年人的价值观和道德；它还使国家形象在国际社会受损，成为国际合作与交流的障碍。解决盗版问题，已经成为各国、各地区在新世纪面临的重要课题。

版权保护——解除出版人的后顾之忧

为了解除出版人的后顾之忧，为出版业发展提供良好的运行环境，中国在版权保护方面作了大量卓有成效的工作，有效地治理了市场环境。

一、从制度设计上，建构完善的知识产权保护体系。相对于传统的有形财产权，知识产权是一种新型的权利，具有无形性特点，因而对法律有着天然的依赖性。运用法律保护知识产权，是知识产权保护体系的核心。中国知识产权保护制度建设，其背景伴随着先是"复关"后是"入世"谈判，以及中美知识产权谈判，因此，知识产权立法速度快、起点高，为知识产权保护构建了较为完整的法律框架。在保护智力成果所有者权益、促进我国科技进步和社会经济发展、加强国际交流和合作方面，发挥了重要的作用。

1991年6月，中国正式颁布实施《中华人民共和国著作权法》，紧接着相继加入《保护文学艺术作品伯尔尼公约》和《世界版权公约》，国务院还颁发了《关于实施国际著作权公约的规定》。2002年是我国"入世"后的第一年，为了适应"入世"要求，履行承诺，新闻出版总署和国家版权局抓紧对部门规章和规范性文件的立、改、废工作。中国政府相继实施了一系列新的法律法规，逐步形成与"入世"规则相适应的法律法规体系。如《中华人民共和国著作权法》、《中华人民共和国著作权法实施条例》、《出版管理条例》、《印刷业管理条例》、《音像制品管理条例》、《计算机软件保护条例》这"一法五条例"修改后年内陆续颁布实施。此外，《计算机软件著作权登记办法》与《互联网出版管理暂行规定》也于2002年正式实施。这些法律法规形成了基本的出版业法律法规框架。

加入WTO后，要按照WTO保护知识产权的协议——《与贸易有关的知识产权协议》（TRIPS）的要求进行版权保护。其要求主要有两条：一是必须按《伯尔尼公约》的规定保护版权；二是要对能构成智力创作的资料库给予保护，对计算机程序进行版权保护，要承认电影、电视、录像制品、计算机程序的出租权，要对严重侵犯版权的行为采取更加严厉的制裁措施。这些要求促使中国建立了更为严格的版权保护制度，提高版权保护水平，同时也为出版业发展带来新的契机。

二、良好的立法是法治的基础，有效地执法是法治的生命。中国已经建立起知识产权行政管理体系，在不同层次、不同领域成立了知识产权行政管理机构，有力地保障了知识产权法的执行。行政权的重要特征是效率优先，行政管理具有经常性和主动进行的特点，行政执法的效率直接影响着知识产权保护水平。2003年9月1日，新修订的《著作权行政处罚实施办法》正式施行。新修订的《实施办法》适应我国著作权法律制度不断完善的新形势和版权行政执法工作的新情况、新问题的需要，从形式到内容对版权行政执法做了进一步完善，转变政府职能，加强监管，依法行政，强化行政执法手段，保障行政执法有效实施，进一步建立完善了综合执法、日常监管和长效管理工作机制。在集中行动与专项治理、经常性监管相结合的基础上，更加注重依法行政，加大执法力量，提高执法效率。1995年以来，罚没非法光盘生产线187条。2002年对非法出版物、走私盗版光盘、盗版教材教辅和内部资料性出版物组织开展了5次专项行动和专项整治，整顿了出版物市场秩序。从严从速查处了一批大案要案，全年共查处非法出版案件1.12万件，查获非法光盘生产线18条，收缴了一大批非法与盗版书刊。

三、提高版权保护水平，维权意识持续走强。国家加大了版权保护的实施力度，著作权保护在积极与国际接轨。国家版权局全面推动政府机关带头使用正版软件工作，国务院各部委和各直属机构计算机使用的通用办公软件全部实现正版化，同时积极推进各省政府办公软件的正版化工作。

北京率先对公共场所以赢利为目的的公开播放背景音乐实施收费制度。宾馆、饭店、咖啡厅、酒吧、商场、超市等都在收费范围内。收费标准虽然远低于国际标准，但却是"入世"后我国著作权保护与国际接轨非常重要的一步。

2002年，法院受理知识产权案件大幅度上升。来自最高人民法院统计数字显示，全国法院2002年上半年新收受各类知识产权案件2991件，比2001年同期上升25%，其中增幅最大的是著作权案件。显示出著作权人和出版业的维权意识不断增强。随着出版业国际化程度的加深，涉外版权诉讼也逐渐增加，这对出版人的版权意识也提出了更高的要求。

四、出版趋向活跃的同时，出版行为趋向规范化。首先，以法治为中心的市场伦理正在形成。由于几千年的封建社会农业经济、集权官僚统治，以及传统的文化的浸染，使得中国曾在相当长的时期中，知识产权意识的产生缺乏社会经济基础和文化背景。农业经济是以体力劳动为主的，虽然在耕作技术上，中国农民积累了丰富的知识，但这种凭经验得来的知识，世代相传、邻里互授，很少有保护意识，虽然手工业者对其技术往往有保密观念，但从未想到技术也是财产，应当从法律上予以保护。那种"师徒、父子相传"的方式，又严重地束缚了先进技术的传播。在中国的传统文化中，儒家"重义轻利"的义利观成为社会规范，长期而深刻地影响、塑造着人们的价值观和道德观。其导致的直接后果是知识产权权利人保护自身权益意识的缺失和不足，同时，侵权人亦对侵权行为心安理得，难以自省。在这样的市场伦理环境下法律法规很难发挥其应有的效能。

为了繁荣中国出版产业，为了发展中国的知识经济，必须确立知识产权的权威。知识产权作为市场经济的基本规则，要得到社会成员的承认，一方面依赖于知识产权法律的强制力，另一方面则有赖于市场经济伦理道德建设。中国在社会公众中宣传普及知识产权法律知识作了大量卓有成效的工作。第一，通过对话、举行研讨会等形式，通过电视、广播、报纸、网络等传播媒体的广泛宣传，逐步提高人民群众的知识产权意识。第二，在中小学教育中增加保护知识产权的内容，从孩子、青少年起就加强对知识产权的认识。第三，由于知识产权是专业性较强的领域，注意区分不同的群体，有针对性地采取不同的宣传方式。总之，在全社会树立起创新光荣、盗用可耻、遵守市场规则、维护市场竞争秩序的良好风气。

其次，出版人版权保护意识增强。版权保护是出版经营的基本规则。出版涉及著作者、使用者和传播者之间的经济等多种利益关系。改革开放以来，中国的出版业经历了从计划经济向市场经济的转轨。经过多年来的锻炼，大多数出版单位和出版人对市场经济的运营方式、基本规则有了了解和掌握。加入WTO后，中国全面履行国际经济规则。诚实、诚信，成为出版人从事出版经营，包括进行国际交流与合作的准则。操作更加规范化。出版人学习、了解版权的实质，确立知识产权的权威，增强法律意识，形成自觉守法的良好风气。熟悉著作权法、熟悉交易国家和地区的版权法和国际公约，在法律的基础上互相尊重，维护双方权益。注重在合同的框架内进行经营活动。出版社认真检查著作权人授权的真实性和合法性，使自己的权利免遭侵害，保障社会公众享有更真实的文化权利。合同中对授权许可使用作品的方式（作品载体）、权利种类、是否专有权、地域范围、期间、付酬标准和办法、违约责任、争议的解决办法、法律适用等条款协商一致。注重信誉，遵守合同。谈判、签约时慎重，而一旦达成协议后，则认真履行协议条文。如实申报印数，及时结算版税，按时出版发行。

当然，由于历史政治、经济、文化的各种原因，中国知识产权保护制度建设起步晚，知识产权法律保护体系、执法水平等还存在不足，有时一定程度上会影响到知识产权保护效力。但中国政府和法律界、学术界、出版界，以及社会各界一直在努力将中国的版权保护提高到新的水平。

香港出版业和内地出版业素有良好的合作关系。内地有雄厚的学术、研究力量，有世界最大的市场，香港有成熟的市场运作经验、先进的经营模式。发挥各自的优势，加强香港和内地出版业合作，共图发展大业，是内地和香港出版人共同的愿望。随着版权立法和执法环境的改善，公民版权保护意识逐渐增强、香港和内地的出版交流、合作会更加活跃，必将迎来更加美好的前程。

知识产权的理念深入及其保护对策 *

智力劳动成果的大量涌现、出版产业的快速发展，是知识经济时代的必然要求和显著特征。在经济转型、高速发展的中国，人民群众日益增长的文化和知识需求，给中国出版带来了快速发展的新机遇。知识产权是智力劳动成果的法权体现，是出版繁荣的法权保证，加大知识产权保护力度，清理盗版问题，是繁荣出版的关键环节。

盗版是出版繁荣的大害

在知识经济时代，人们对典型知识产品图书、音像制品、软件等的需求日益增长，软件产业等生产知识产品的产业迅速崛起，成为基础性、战略性产业，同时，也成为充满活力的新的增长点。这些产业的规模和水平已经成为衡量国家现代化程度和综合国力的

* 原载《出版发行研究》2004年第1期。

重要标志之一。

20世纪90年代以来，中国出版业、软件业等发展较快。但这些产业规模偏小，水平偏低。这种状况固然与这些行业起步较晚，以及体制和机制存在弊端有直接关系，但盗版亦严重困扰这些行业发展。

解决盗版问题，已经成为中国面临的重要课题。中国政府在这方面的工作卓有成效，举世公认，相继实施了一系列新的法律法规，政府管理部门通过转变职能，加强市场监管，进一步建立完善了综合执法、日常监管和长效管理工作，在集中行动与专项治理、经常性监管相结合的基础上，依法行政，加强执法，有效地治理了市场环境，遏制了盗版的发展势头。

然而，盗版我国仍相当活跃。盗版的成因非常复杂，决定性因素是经济利益驱动，知识产权蕴含巨大的商业价值；知识产权易受侵犯，还因为它本身具有无形、公开流通、易复制、取证困难的特点，使得侵权成本低廉、效益显著；同时，我国传统文化中重"人治"、轻"法治"造成的思想影响，以及我国知识产权保护体系和司法中存在的不足、地方保护主义等因素，使知识产权保护的执法困难重重。

知识产权是出版繁荣的法权保证

知识产权是20世纪后半叶以来在国际上广泛使用的一个法律概念，用以表达科学技术、文化艺术和产业领域中创新性智力劳动成果权利。对创新性知识的产权规定，无疑是财产权的转化形式，同时包括人身权的保护原则。知识产权作为人类脑力劳动创造性成果的法权体现，是随工业化和资本关系的确立而形成的，之所以要由法律来规定并保护这种无形的财产，就在于资本关系及其要求的市场交换。在工业化和资本关系确立以前，人类脑力劳动的创造性成果一是数量很少，二是并不具备其交换的市场，因此，并没有形成知识产权，也没有相关法律予以保护，而是由创造者本人以自我封闭和世代相传的办法保护其利益。商品经济的发展，不仅扩大了商品的交换，也使技术得以独立出来作为商品出售，或作为资本投入生产经营，也就是说，创新技术及其他智力成果都具有了价值，并可以计算为货币，以"无形财产"的形式出现于市场经济中。这样，也就逐渐有了以法律对其规范和保护的要求。

知识产权不仅可以出售，还可以出租，或以"无形资产"的名义投资、合资。知识产权具有与资本产权同样，甚至更大的谋取利益的权利。中国加入世界贸易组织时，与美国的长达十余年的艰难谈判，充分说明了知识产权的重要性，以及资本主义国家何等重视其知识产权的利益。在一定意义上说，美国今天对世界经济的主导与控制，是以知识产权为主体的，其知识产权的利益，远超过其资本产权的利益。

作为智力资本优势产业，知识产权的运营状况，以及知识产权的法律保护水平，决定出版产业的生存和发展；同样，作为加工、形成和传播知识的行业，出版业的发展状况制约着智力成果的创造和应用水平。

培育以法治为中心的市场伦理

几千年的封建社会农业经济、集权官僚统治，以及传统文化的浸染，使得中国在相当长的时期中，知识产权意识的产生缺乏社会经济基础和文化背景，也就不会去保护智力创新形成的财产了。在中国的传统文化中，儒家"重义轻利"的义利观成为社会规范，长期而深刻地影响、塑造着人们的价值观和道德观，其导致的直接后果是知识产权权利人保护自身权益意识的缺失和不足，同时，侵权人亦对侵权行为心安理得，难以自省。

目前，影响最大的盗版形式"最终用户盗版"，即单位未经许可复制使用软件的普遍存在，公众对盗版的普遍迎合，假冒商标、专利的地方保护主义盛行等，表明人们知识产权及其保护意识的缺位。在这样的市场伦理环境下法律法规很难发挥其应有的效能。

为了繁荣中国出版产业，为了发展中国的知识经济，必须确立知识产权的权威。知识产权作为市场经济的基本规则，要得到社会成员的承认一方面依赖于知识产权法律的强制力，另一方面依赖于市场经济伦理道德建设。在社会公众中宣传知识产权法律知识迫在眉睫。可以考虑从以下几个方面入手：第一，通过对话、举行研讨会等形式，经电视、广播、报纸、网络等媒体的传播，逐步提高人民群众的知识产权意识。第二，中小学教科书中增加保护知识产权的内容，从儿童、青少年起就加强对知识产权的认识。第三，由于知识产权是专业性较强的领域，应注意区别不同的群体，有针对性地采取不同的宣传方式。在全社会树立起创新光荣、盗用可耻、遵守规则、维护市场竞争秩序的良好风气，促进形成有利于知识产权法律保护的舆论环境。

完善知识产权保护体系

提高社会公众的法律意识，是抵制盗版的思想、舆论基础。同时，还必须从制度设计上建立完善的知识产权保护体系。相对于传统的有形财产权，知识产权是新型的权利，具有无形性特点，因而对法律有很强的依赖性。运用法律打击盗版、保护知识产权是知识产权保护体系的核心。中国知识产权保护建设，其背景伴随着先是"复关"后是"入关"谈判，以及中美知识产权谈判，因此，知识产权制度建设速度快、起点高，为知识产权保护构建了较完善的法律框架。在保护智力成果所有者权益、促进我国科技进步和社会经济发展、加强国际交流方面，发挥了重要的作用。但由于历史、政治、经济、文化的各种原因，中国知识产权保护制度起步晚，知识产权法律保护体系还存在不足，一定程度上影响了知识产权保护效力。

比如：在知识产权刑事法律保护体系方面，我国把侵犯知识产权犯罪归入破坏社会主义市场经济的刑法范畴，对构成侵犯著作权规定了"违法额较大"、"违法所得数额巨大"的定量要件。理论出发点是偏重保护社会公共利益。"所得"的定量规定不利于对盗版的有效打击。又如：软件产业等生产知识产品的产业迅速崛起，成为基础性、战略性产业，同时，也成为充满活力的新的经济增长点。这些产业的规模和水平已经成为衡量国家现代化程度和综合国力的重要标志之一。然而，这些行业的知识产权保护还比较薄弱，制度建设滞后，纠纷不断。

知识产权成为知识经济社会占主导的权利形态。知识产权蕴含着丰富的商业价值，正版盗版之间悬殊的价格落差，是盗版产生的基本动因。知识产品的经济价值来源于辛勤的智力劳动，以及巨大的开发投入，而盗版者的开发成本等于零，高新技术和发展及其普及，使盗版复制变得轻而易举。他们通过无偿使用他人的智力劳动成果牟取暴利。极低的生产成本使他们能以低廉的价格销售，排挤正版，占领市场。低价也是消费者迎合盗版、购买盗版产品的重要原因。

便宜的价格吸引了大量最终用户和消费者。正版价格过高的原因，除了智力劳动、巨额资金投入外，也有企业体制和机制的原因。我国出版企业是在长期计划经济体制下形成的，即使在目前社会主义市场经济条件下，由于其市场主体地位大都依然没有确立，以及垄断专营的性质，机制滞后，管理不善，成本偏高，效率低下，其结果在产品定价上必然偏高。

打击盗版，一方面要健全法律体系，完善法制环境，加强打击力度，增大盗版的风险成本；一方面还必须降低盗版的预期收益。出版社等知识产品生产、销售企业要面向市场，改变机制，加强管理，降低成本，提高效率，同时在销售上采取低价位薄利多销的策略。正版合理的较低价位，可以有力挤压盗版的利润，使盗版少利或无利可图而退出市场。

中国一些版权所有人已经开始使用价格武器向盗版宣战，如金山公司掀起的"红色正版风暴"有效带动了金山产品的销量和品牌。再如2003年7月初，马来西亚政府在继"雷霆扫荡"突击查缴盗版行动后，由国内贸易和消费事务部会同创作人协会、唱片业者协会等172个单位的代表举行对话和讨论，协商确定正版光碟的最高售价，通过降低正版光碟的价格来吸引群众，缩小盗版市场，巩固打击盗版活动的成果。这一举措得到了消费者的热烈欢迎，值得我们借鉴和思考。

网络出版物的版权保护 *

网络出版和网络出版物

网络出版 网络出版是指互联网信息提供者将自己创作或他人创作的作品经过选择、编辑和数字化制作，登载在互联网上或者通过互联网发送到用户端，供多人同时在线浏览阅读、使用或者下载的传播行为。

网络出版形态多样、传播途径广泛，是新兴的、具有网络特征的信息传播方式。网络出版离不开两个基本条件，就是著作权法意义"出版"的两个基本条件：第一必须是经作者同意，以制作复制品形式公开其作品；第二有关作品必须被复制一定数量，能"满足公众的合理需求"。

网络出版是数字时代信息技术不断发展，互联网应用不断普及的产物，是数字出版业中影响力最大的、成长最快的、应用水平最高的主流媒体。网络出版一般分为简单出版、多媒体出版和混合

---

* 2006年数字化环境下的版权保护研讨会论文。

出版三种形式。简单出版主要是指以文字、图片形式为主的出版形式，包括各类文章、文学作品、学术研究著作。这类出版形式易于检索，阅读浏览方便，传输占用带宽少，技术要求不高。多媒体出版主要是指采用多媒体技术进行网络出版，包括各种音像读物，动漫游戏作品，多媒体作品、广告、彩信等。混合出版是指将简单出版、多媒体出版和网络结合在一起，形成不可分割的网络出版形式。比如游戏社区服务、聊天记录、即时信息等。

网络出版物　网络出版物是指以数字化形式存储在光、磁等存储介质上，通过计算机网络传播，并通过计算机或类似设备阅读的出版物。网络出版物是电子出版物的一种类型，特征是创作、交稿、审稿、编辑、出版、发行等都通过计算机网络进行。

网络出版物主要分为九类：学术文献数据库、网络期刊、网络图书、网络游戏出版物、网络文学读物、网络教育读物、网络音乐、网络音像出版物、网络动漫。

网络出版物版权　网络数字技术使传统的出版发生了巨大的变化，但是网络没有改变传统传播方式下的作品实质。因此版权保护与利益平衡的原则也不会改变。经济和文化发展需要鼓励智力创作，版权法必须保证创作者因其作品的商业性使用而获得利益。数字技术的发展，并不能改变作者、出版（传播）者、社会公众之间的利益关系。版权法调整和规范的是新技术引发的各种利益关系，而非新技术本身。

由于网络传播的快捷性、广泛性、传播途径及传播者的灵活性等，传统出版下的版权制度已经不能完全适用于网络出版领域，一些网络出版的终端用户，缺乏良好的版权意识，并不完善的网络传播环境给了用户过多的免费空间，网络出版物的版权不能得到有效保护，著作权人以及传播者的利益无法得到妥善保障。

虽然目前中国网络出版物市场空间十分广阔，但网络出版物的消费仍不足以支撑网络出版产业的快速发展。其原因是多方面的：其一，网上支付的可行性与安全性制约了用户群的扩大；其二，数字作品格式标准不统一，用户需要下载多种阅读软件或购买不同的阅读器以满足阅读需要，降低了网络出版的便利优势，导致用户流失。但最大的问题还是版权问题。授权通道过窄，相关制度滞后，导致网络出版内容的缺失，从根本上遏制了网络出版产业的健康发展。完善版权制度，以及催生网络出版物著作权委托代理组织，成为目前最迫切需要解决的问题。

网络出版物传播 网络技术的发展极大地改变了传统媒体的传播方式，作品以数字化形式存储、传播和使用，使得作品的复制速度、复制难度、作品的修改、复制品的质量、处理能力、传播的速度等都发生了本质的变化。网络技术的发展使得作品的传播和复制变得非常容易，在网络环境中，如果允许个人不经许可无偿使用版权作品，将严重损害作者的收益权。就版权作品而言，任何网络终端用户都可以出于个人爱好或是商业动机将其输入自己的终端并上传入网，其他终端用户则可以不费分文地使用这些作品。

著作权的保护问题，其核心是对著作权的传播权的保护。网络对著作权的侵害，在传播的速度、广度和复杂性方面，传统的技术都无法与之相比。正因如此，越来越多的国家修改了著作权法，将网络信息传播权规定到著作权的保护范围，我国也于2001年10月27日进行了类似修改。

网络出版者 网络出版者数量众多，已形成一个庞大的群体，他们付出了自己的劳动，其合法的传播行为理当受到法律保护。网络出版者与书刊、广播、电影、电视从业者——传统的传播者在法律上具有同样的权利和地位。网络出版者往往同时兼有创作者的角色，创作出自己独立的数字化作品和数字化节目，并向公众传播、发行，对他们自己创作并传播、发行的作品和节目法律同样给予保护。

版权制度初始以保护出版者的利益为主，即使是将作者置于核心保护地位的今日之著作权法，其实际功能不仅仅是保护创作者的利益，同时也要保护出版传播者知识产权，以及获得投资回报的权益。在当下的网络环境和市场环境中，网络出版者与原创者之间、网络出版者之间、网络出版者和传统媒体之间还存在一些问题：

网络出版者与原创者。一些原创者在借助网络出版平台取得社会影响和经济收益后，不顾网络出版者的巨大付出，随意出走自立门户以图独享利益；而网络出版者尚未摸索到网络赢利模式前仍要作出极大努力以维持人气。出现了：对著作权人之作品抄袭、未经许可使用、拒付报酬；非法将受著作权法保护的作品进行数字化；非法将数字化后的作品或者本身就是以数字形式存在的作品上传到网络上；在网站的网页或广告中非法使用原创者的图像或音乐作为背景等。

网络出版者之间。一些网络出版者版权意识薄弱，恶性竞争，出现相互抄袭、未经许可使用、拒付报酬；图文框连接；FTP与BBS的非法复制行为；超链接；破解原创者利用有效技术手段防止侵权的保护方法等。

网络出版者与纸媒体。网络出版者与传统媒体之间相互抄袭、未经许可使用、拒付报酬等。

网络出版物版权保护

法律法规性版权保护　　信息网络传播权的概念源自两个WIPO公约。在《世界知识产权组织著作权条约》和《世界知识产权组织表演和录音制品条约》（统称"国际互联网条约"）中，除了对著作权技术保护措施和权利管理信息予以法律保护（反规避条款）外，增设了著作权人（和邻接权人）的信息网络传播权。随后，美国、英国、澳大利亚、我国香港等国家和地区相继在著作权法中增设了这一权利。我国在2001年修订《著作权法》时也引入了这一新权利（第10条第12项），基本与国际知识产权法的发展保持一致。我国《著作权法》界定：信息网络传播权是以有线或者无线方式向公众提供作品，使公众可以在其个人选定的时间和地点获得作品的权利。

实际上，WIPO公约中的信息网络传播权与我国法律中的信息网络传播权并不等同。前者所述的信息网络传播权是指以有线或无线方式对作品进行传播的权利。其中，"传播"既可以是网络传播，也可以是广播、电视等方式的传播。而我国《著作权法》的信息网络传播权仅指网络传播权。

WIPO公约对信息网络传播权的界定是有理由的，在以"三网合一"为标志的网络一体化背景下，互联网、广播电视网和电话网所提供的服务方式和服务内容日趋一致，区分愈来愈困难，并且变得意义不大。而将信息网络传播权仍限于互联网传播权，未能充分反映出网络技术和服务的发展趋势。

网络普及最快的美国非常重视网络出版物的版权保护，及时修订了有关法案，增添针对性的条文。规定不经授权复制或流通影视作品、音乐、计算机软件及相似内容，初犯最高可判5年监禁和25万美元罚款，再犯则最高判10年监禁；破坏版权保护系统，初犯最高可判决5年监禁和50万美元罚款，再犯可判10年监禁和100万美元罚款。目前，美有关政府部门正建议进一步修订有关法律，对网络盗版加重惩罚。

世界上第一部版权法的诞生地英国，在2000年3月生效的

《1998年数据保护法》中规定，储存在服务器中以及在网络上传播的具有版权的素材，将和其他媒体素材一样得到应有的保护。任何人上传具有版权的素材，转载或下载网络上别人上传的素材，除没有版权要求外都必须确保已获得版权所有者的允许。

法国议会于今年3月通过一项专门针对网络知识产权保护的法律草案，明确了对网络侵权的处罚规定。如对个人非法下载使用网络作品，将处以38欧元的罚款；对未经著作权人许可在网上登载其作品以供他人使用者处以150欧元的罚款；对盗用受到产权保护软件的行为处以3750欧元的罚款；对提供这种软件者处以3万欧元罚款及6个月的监禁；对非法复制者可处以30万欧元罚款及3年监禁。

我国在相应的法制建设方面作出了很大努力。今年（2006）7月1日起生效的《信息网络传播权保护条例》，对网络出版物版权保护有着非常重要而现实的意义。在对权利人保护方面规定：首先，保护信息网络传播权，除法律法规规定的以外，通过信息网络向公众提供权利人作品，应当取得权利人许可，并支付报酬；其次，保护为保护权利人信息网络传播权采取的技术措施；第三，保护用来说明作品权利归属或者使用条件的权利管理电子信息；第四，作为行政或司法程序解决处理侵权纠纷的重要补充，建立"通知与删除"简便程序。《条例》还对合理使用、法定许可等作出了规定，以调整、规范权利人、网络服务提供者（包括网络出版者）、作品使用者之间的利益平衡。当然，作为著作权法的新课题，网络出版物版权保护还有许多问题需要探讨和研究，有关的法律法规也需要在实践中逐步健全和完善。

"跨国作业"是网络侵权的一大特征，任何人可以在世界任何地方，以匿名方式自由上网，所以与传统的出版物保护相比，网络出版物的保护具有更大难度，不但需要各国法律进一步完善，更重要的是各项法律的有效执行还需依靠国际合作。

经济合同协议性版权保护 计算机技术、光电技术和数码技术的发展，既为作品的传播者带来了方便，也为作品的传播者带来了麻烦。与此同时，作品的版权所有者感到无法控制作品的使用。既要保证作者的合法权利受到尊重与有效保护，又要方便需要大量使用他人作品的网络出版者获得作者的授权，比较理想的办法是建立各类作品的版权集体管理机构，或者综合的版权集体管理机构，由该机构将其成员的作品编号归类，列出目录，提供给网络出版者，并与之签订一揽子的使用许可合同，集体授权，统一收费，然后再将使用费按一定的分配规则与标准分配给作品的版权所有者。

为使这种集体管理机构公正合理有效地运行，版权法律应确认其地位，政府应扶持和监督其业务活动。例如，法律可授权它管理非该机构成员但是本国作者的作品，规定它有权起诉侵犯它管理的作品的版权的人，它发放许可证的使用费标准以及使用费的分配规则应经国家主管部门批准。

技术性版权保护 网络出版表现了先进技术的优势，采用先进技术对网络出版版权进行保护也就有了可能性和必要性，于是出现了技术性版权保护的市场和供给。许多IT公司涉足数字版权管理（DRM）领域。

全新的DRM软件使企业可以保护从音乐文件到视频文件的一切信息，其中包括文本、图像和视频，以及Adobe PDF和Open-eBook等各种形式的文件，避免在网上非法交换。使用新软件一般有4个步骤：给文件添加数字保护功能；安全地实现主机托管文件；把文件传输到最终用户；使最终用户能够安全访问数据。

视频压缩技术提供商DivX Networks与Fraunhofer计算机图形研究所合作，共同开发保护数字视频和音频版权的系统。双方共同研制一种数字水印系统，可以把一段独特的代码植入视频或音频文件，使未经版权所有者许可的用户很难拷贝或播放文件。

网络编辑的版权意识和版权知识　中国作为《世界版权公约》成员国，坚决主张保护各种形式的知识产权。互联网的普及，使得电子文本能够以近乎零成本的代价复制和传播，并且经常披上"知识共享"的神圣光环，甚至带点"劫富济贫"的侠义色彩。在这样的技术环境下，通过网上各种免费下载中心，无论是软件产品还是音乐、影视产品，免费使用在技术上变得极为便利。在追查和诉讼代价可能高于被侵权造成的损失的情况下，版权拥有者遭遇侵权也很难主张权利。因此，网络时代的版权保护是一个真正的挑战，这不单纯涉及经济利益和知识产品再生产的能否延续，也不仅是技术上的"矛"锋利还是"盾"坚固的问题，从更深层的意义而言，这本质上将是一个伦理挑战。

当强制性的规范力量（如版权法）的有效性在网络时代受到挑战时，社会伦理对于维持社会经济正常运转会越来越重要。今后版权制度的重心，除了完善各种具体的防守性保护条例外，应更加强调教育国民树立版权意识。版权意识的培养，是任重道远的任务。对版权的尊重应该成为一个社会的集体良知。只有这样，秩序才有保障，文明的进程才不会因为混乱而出现停顿甚至倒退。

网络出版的特殊性，更需要网络出版编辑保持良好的版权意识，既不要陷入版权侵害的误区，有意或无意地侵害他人的著作权和传播权；也要防止他人侵害自身的正当权益。这里需要长期培养编辑对原创作品的尊重，对原创作者的尊重，对知识产权的敬畏。

另外，网络出版者还必须具备基本的版权知识，才能担当网络出版维权的工作，才能避免无意中侵害他人的版权。

新媒体节目策划与知识产权保护*

　　知识产权是关于智力成果的权力，是智力劳动者和智力成果所有人依法享有的权利。智力创造推动着人类社会的发展，智力成果是社会财富的源泉。在商品社会和市场经济条件下，建立知识产权制度，通过知识产权立法保护知识产权，保护智力劳动者的利益，是保证智力成果源源不断的需要，是科技进步、经济文化持续发展的必然要求。

　　新媒体节目是以新兴媒体为依托发布的具有文化内涵和审美功能的出版物，具有艺术作品和文化产品双重属性。倾注了创作者的智力劳动，是智力劳动者的创造性智力成果。它的策划、制作出版过程，既包含对已有智力成果的利用，也形成了新的智力成果。对这些智力成果进行有效保护和运用，是新媒体节目具备合法地位、获取市场回报的基础保证。知识产权保护是新媒体节目策划的必要组成部分。

　　新媒体节目的策划，必须建立在对知识产权保护对象、权利规范把握的基础上。知识产权保护的对象主要是智力成果和工商

＊　　中国人民大学新闻学院教材《新媒体节目策划论》第五章摘要，写于2005年。

业标记。知识产权的权利主要有：关于文学、艺术及科学作品的权利；关于表演艺术家的演出、录音和广播的权利；关于在一切领域中因人的努力而产生的发明；关于科学发现的权利；关于工业的式样的权利；关于商品商标、服务商标、厂商名称和标记的名称；关于制止不正当竞争的权利；在工业、科学及文学艺术领域的智力创作活动所产生的权利，等等。其实质是对智力创新所形成的无形资产的法律规定。

改革开放的中国，在融入经济全球化的大潮中，迅速形成了以知识产权保护为核心的知识产权制度体系。包括立法体系、行政保护体系、司法保护体系，以及纠纷仲裁、代理服务、集体管理体系。实现了与国际接轨的较为完备的中国知识产权制度，为新媒体节目策划中解决相关知识产权问题，提供了良好的环境和渠道。

新媒体节目的策划，必须对法律界定的作者、作品等有清晰了解。在科技高速发展、新媒介层出不穷的今天，作者的范围已经变得相当广泛，但著作权意义上认定的作者需要特定的条件满足，如创作能力、创作行为和创作作品等。在不同情境下创作完成的作品，如演绎作品、合作作品、汇编作品、视听作品、职务作品、委托作品、美术作品、作者身份不明作品等，其著作权归属也具有不同特点。在现实社会中，各种媒介上文学、艺术、科学领域的作品丰富多样，但著作权只保护具有相应特征的作品，即具有独创性、反映特定的思想感情、具有相应的表现形式等。

新媒体节目策划实务中，既要大力借用已有文学、艺术和科学成果，势必要求转移或获取原有版权。必须遵守和维护著作权法基本原则，维护作者权益。同时，在整合、利用原有成果的基础上，新媒体节目又倾注了策划、制作人智力劳动，形成了二次或多次开发过程，要科学认定二次开发或多次开发产品的版权归属，保护自己的正当权益。更重要的是，应在独创性上下功夫，大力策划拥有自主知识产权的作品。

新媒体节目的策划和制作，需要投入相应的智力、技术和资金，既包含对已有智力成果的利用，同时也产生了新的智力成果。对这些智力成果进行有效保护和运用，是新媒体节目策划的必要组成部分。

随着科学技术的进一步发展，传播媒介、传播途径、作品形态等都可能不断出现新的变化，同时可能出现新的著作权侵犯形式。在现实社会中，著作权侵犯是一种客观存在，有着深刻的社会、历史、经济原因。近年来，随着中国法制建设的完善和民众法制意识的加强，加强知识产权保护逐渐深入人心，侵权行为受到民众的谴责和法律的惩治。新媒体节目的策划，必须充分重视知识产权的保护，这是新媒体节目及其产业健康发展的必要前提。

版权保护与利用 *

　　《中华人民共和国著作权法》第六章附则第五十七条：本法所称的著作权即版权。

　　按照法律文本规范和社会通行习称，本文同时使用著作权和版权两个名称。

版权意识是编辑应具备的基本素养

　　1978年，中国开启改革开放、现代化建设的大幕，经济社会发展成为头等重要大事，国际交流与合作亦与日俱增。与此同时，知识产权问题也开始凸显。在中国"复关"（关贸总协定）、后来是加入WTO（世界贸易组织）的谈判压力下，以及中国自身发展的需要，1990年9月7日第七届全国人民代表大会常务委员会第十五次会议通过了《中华人民共和国著作权法》。但是侵权现实仍然触目

＊　2016 ～ 2019年编辑培训班讲稿摘要。

惊心。

记得1993年《中国大百科全书》第一版问世后，1995年百科社即开始开发《全书》图文数据光盘。项目第一步是要将《全书》全部转换成txt纯文本文件。《全书》74卷，从1982年首卷，到1993年8月最后一卷出版，前后用时10多年，这期间，经历了从铅与火到光与电的变革。《全书》前头出版的卷铅字印刷，后面的卷是激光照排。铅字照排的卷没有数据，得一字一字人工录入；激光照排的倒是有数据，但是，那时计算机行业还处在江湖混战时期，谁都想自己搞一套标准，潍坊系统、光华系统，排版公司交过来的几十张磁盘文件格式五花八门。在《全书》发排后期，百科社成立了激光照排车间，采用当时行业老大北大方正系统，但由于方正系统的竞争策略，其源代码不向外公开，想要滤掉它的排版符号，将数据转换成纯文本文件那真叫一个难，好不容易转出来，正确率却不到60%。还有5万多张图。图要清晰，得300点以上，那时的扫描仪要满足这个要求速度很慢。当时，项目组招募了百人以上录入员，昼夜赶工，那时还没有今天这么多方便实用的辅助软件，为保证准确率，校对都在十个校次以上。数据搞定后，接下来就是排版、各种标记、导航、热链、测试、一审二审三审……我在三审时又提出，将2万多名作者和60多个学科门类、8万多个词条、5万多幅图之间的关系标记出来，增加一个新的检索、阅读和研究角度。为此，项目组又忙乎了一些时日。1999年9月，《全书》图文数据光盘正式出版发行，1.0版定价2800元，海洋蓝纸盒，内装24张盘片，和一个镀金铜胎、饰有黑色牡丹、制作精良的书签。首印6000套，刚出来时很抢手。但不到一个月，中关村便出现了盗版盘，价格只有二三百元。有一天，中华书局的朋友来电话，告知有人去他们那卖《全书》光盘了，120元一套，问我是真的还是假的。她的语音未落，百科社的同事跑过来了，说卖盗版盘的到咱们社推销来啦。无奈，百科社在1.0版尚未售罄时，火速推出了1.1版。《全书》内容压缩于4张盘中，定价60元。一时引发热销。据统计，加上一些单位搞活动团购销售总计在百万套以上，而盗版也有愈演愈烈之势，仅一个中关村，发现的盗版盘版本便有20种以上，有的卖价直接到了10元左右。

2001年10月27日第九届全国人民代表大会常务委员会第二十四次会议通过对《著作权法》的第一次修正。然而，进入21世纪，国内侵权盗版问题仍相当突出，既有传统场景的侵权盗版，随着网络兴起，网络中的侵权盗版问题也更为严重。当时，国际商业软件联盟，美国电影协会，国际唱片业协会，日本、韩国等国著作权社团组织到中国的第一件事，就是到国家版权局投诉侵权盗版问题，美国电影协会主席D.里特曼一年好几次来中国，在首都机场下了飞机，先去收集购买侵权盗版的光盘影碟，然后直奔国家版权局。2005年国家版权局曾在首都体育馆举办"守望我们的精神家园——百名歌星大型演唱会"，以宣传和提升民众版权意识。

2010年2月26日第十一届全国人民代表大会常务委员会第十三次会议通过《著作权法》第二次修正。2012年3月31日，根据国务院立法工作计划，国家版权局草拟了《著作权法》（修改草案），公开征求社会各界意见，但是，第三次修订直到今天还没有结果。

而近年著作权案件呈现出新的特点：

首先，数量增长很快，总量居知识产权案件之首，近年已近八成。其次，著作权案例高发地区不再只是北上广等经济文化高度发达地区。再次，新类型、重大疑难案件日趋增多，审理难度不断加大。总体来说，传统出版领域和网络环境下著作权纠纷案件都有大幅增长，媒体与传播、娱乐行业知识产权（著作权）纠纷高发。

为了整顿市场环境，中国政府打击侵权的力度也在不断加大，近年来最为突出的是打击网络侵权盗版专项治理的剑网行动。

　　在受理知识产权案件大幅增加、新类型案件日趋增多、案件审理难度不断加大的情况下，法院在司法实践中大幅提高了知识产权侵权赔偿标准。通过司法审判的鲜活案例对扰乱市场环境、破坏创新创业的行为予以严惩，使侵权人付出难以承受的代价。2019年4月22日，最高人民法院知识产权审判庭庭长宋晓明在2019年知识产权司法保护宣传周活动启动发布会上说："人民法院坚持以市场价值为导向，加大对知识产权侵权行为的惩治力度，提升侵权人的违法成本，使赔偿数额与知识产权市场价值相适应，有效维护权利人的合法利益。"

　　侵权的赔偿额越来越高。2019年4月高法院发布的2018年中国十大知识产权案件中，有两例与著作权相关。一是快播公司著作权行政处罚案：腾讯公司从权利人处获得涉案24部作品信息网络传播权的独家许可之后，又将其中13部作品的信息网络传播权以直接分销或版权等值置换等方式非独家许可第三方使用。根据腾讯公司提交的合同显示，该13部作品的分销或者置换价格总计为人民币8671.6万元。后腾讯公司投诉称，快播公司侵害了其享有的涉案作品信息网络传播权，请求予以查处。市场监管局《行政处罚决定书》决定：责令立即停止侵权行为；处以非法经营额3倍的罚款26014.8万元人民币。广东省版权局《行政复议决定书》维持市场监管局的行政处罚决定。深圳中院驳回快播公司的诉讼请求，广东高院维持一审判决。另一个是《现代书报》诉今日头条获胜。2018年10月8日，江苏省高级人民法院做出终审判决，维持无锡中院一审判决：今日头条所属北京字节跳动科技有限公司因未经授权转载《现代快报》4篇稿件，被判赔偿经济损失10万元、合理费用1.01万元。这是目前网络非法转载传统媒体原创新闻稿件判赔金额最高的案例。

　　侵权行为屡禁不绝，是因为背后巨大的经济利益。而提升版权保护意识，严厉打击侵权行为，是知识经济时代，国家繁荣、社会发展、人民享有更丰富精神生活的迫切需要。

版权产业已经成为国家支柱性产业。根据联合国机构世界知识产权组织的定义，版权产业，是指生产经营具有版权属性的作品（产品），并依靠版权法和相关法律保护而生存发展的产业，涉及文学、艺术和科学作品的创作、复制、发行和传播，也涵盖采集、存储、提供信息的信息产业。分为四类："核心类版权产业"，基本特征是创造有版权的作品，研制、生产和传播享有版权的作品或受版权保护的产品。主要包括广播影视业、录音录像业、图书、报刊出版业、戏剧创作业、广告业、机软件和数据处理业等。"部分产权产业"，基本特征是产业内的部分物品享有版权保护。较典型的如纺织、玩具制造和建筑业等。"相互依存的（发行类）版权产业"，基本特征是以批发和零售方式向消费者传输和发行有版权的作品。如书店、音像制品连锁店、图书馆、电影院线和相关的运输服务业等。"版权关联产业"，基本特征是生产和发行的产品完全或主要与版权物品配合使用。如计算机、收音机、电视机、录像机、游戏机和音响设备等产业。

世界上有42个国家开展版权产业对国民经济贡献的统计。美国以GDP增量所反映的经济增长中，其核心版权产业和全部版权产业分别贡献了22.74%和43.05%。美国版权产业对外贸易额，已经超过食品、纺织、飞机、烟草、石油、煤炭等产业的总和。2016年我国经济下行压力较大，版权产业却逆势上涨，已占GDP的7.3%，这一数值已经与澳大利亚基本接近。

在我国版权保护生态环境不断改善的前提下，中国核心版权产业规模正在大幅增长，已经成为中国经济增长的新动能。2018年12月，中国新闻出版研究院发布的产业报告称，2017年我国版权产业增加值已突破6万亿元人民币，占全国GDP的7.35%。这一数值已经与澳大利亚基本接近。其中核心版权产业行业增加值为3.81万亿元人民币，占我国GDP的4.61%。截止2019年8月9日内地票房破400亿。流浪地球以46亿票房占据榜首。8月9日《哪吒之魔童降世》突破31亿元。10月10日三部国庆档主旋律电影票房破40亿，11月10日突破60亿。近年来我国版权产业呈持续增长态势，网络版权产业增长较快，版权产业对促进经济社会发展的重要作用日益凸显。

版权是企业发展的支点。DK、培生等国际出版公司其出版物利润构成中图书销售一般只占40～50%，各类版权授权所获收益占50～60%，甚至更多。中国大百科全书出版社在与英国DK公司的合作中，几年时间中向对方支付的版税即突破2000万人民币。盛大文学创造了"版权是源泉，播撒产业链"的商业模式。2014年，盛大文学的版权状况是：中国网络文学市场70%以上份额；积累超过760万部作品；吸引超过250万名作者；平均每天更新1亿字。变现模式从食物链最顶端起通吃：电子付费阅读；渠道内容输出；广告、游戏及影视版权的销售、衍生商品和线下出版等。8月拍出6部作品的手游改编版权，累计获利2800万，最高一部810万；9月影视版权销售收益1000万元；2015年1季度版权收入已达上年全年130%，衍生版权收入飞速增长。正是由于持有当时雄厚无俩的版权优势，2015年初盛大文学出让时，引起了激烈的竞价角逐，最终腾讯以50亿人民币竞购成功。

作者创作的动力，社会创新的动力。版权是私权。侵权是对他人权利的践踏、对他人财富的直接掠夺，是对社会创新、发展、文明进步的严重威胁。优秀作品屡遭剽窃，社会创新动力不足，创作者创作活动难以为继，集中在出版、影视艺术的表现是，原创乏力，剽窃、跟风、炒作，重复生产，规模膨大。2018年4月11日，第12届作家榜单发布。"网文双巨头"阅文和掌阅2017.3亿，成为平台中的最大赢家。网络写手唐家三少1.3亿元，居网络榜单之首；儿童文学作家杨红樱以4100万元居传统作家榜单第1名，诺贝尔文学奖得主莫言950万元居第14；音乐榜单马东、蔡康永4300万元居首。2019年4月19日第13届作家榜主榜单发布，刘慈欣科幻小说《三体》系列超过了余华、莫言等人的畅销代表作，以1800万元的版税居榜首。全新子榜单"童书作家榜"榜单中，杨红樱以5600万版税登上榜首。但是，他们仍然与网络作家榜单之首的唐家三少的差距很大。从数字可见，网络作家和传统作家收入差距很大，这是因为，除了网络点击率及流量远超传统图书阅读外，网络新媒体的运营方式，如前述盛大文学，是从版权源头到产业全链条通吃，而传统出版往往就是出完书就打住了。正是因为新媒体在版权运营方面的巨大优势、可观的经济回报，使它在短时间内吸引和聚集的作者、版权资源就远远超过了传统机构几十年、近百年的存量。

我国版权产业进入了快速发展时期。2016年我国版权正常交易已达160亿元。2018年，知识产权使用费进出口总额超过350亿美元。专利、商标质押融资总额达到1224亿元，同比增长12.3%[①]。版权进入价值链迅速拓展、产业快速发展新阶段。

综上所述，版权涉及国家、产业、国民多方利益诉求，包括版权在内的知识产权已经成为发展的命门。大数据时代，内容为王已转变为版权为王，创新才有未来，没有版权保护便没有创新。世界各国都将包括版权在内的知识产权保护及开发，视为极其重要的国策。2008年，中国就制订了《国家知识产权战略纲要》这一纲领性文件，运用知识产权制度促进经济社会全面发展，成为重要的国家战略。而出版，可谓版权产业的核心，编辑每日的工作少不了和

---

① 国家知识产权局.中国知识产权运营年度报告（2018）［M］.北京：知识产权出版社，2019.

著作、版权打交道，每天从编辑手中流转的每一页稿件、每一幅图片，都涉及版权，几乎可以说是版权的代名词。版权无小事。提高版权意识，掌握版权知识和相关技巧，维护应有权益，最大限度地降低侵权风险，是新时期从事编辑工作必需具备的基本要求和基本素养。

版权基本概念辨析

版权（著作权），作者或其他著作权人基于文学、艺术和科学领域内的作品依法享有的权利，以及传播者享有的邻接权利。

版权具有如下特点：法定性，即知识产品的法律化和权利化；"无手续原则"，作品一旦完成，权利已经产生，自动取得，自动保护，这一点和专利和商标需要申请、登记、公示等不同。当然，近年来也有大量著作权人通过注册登记取得权利，这可以使著作权保护更加明确。专有性，强调权利取得的唯一性；地域性，根据一国法律规定产生，也仅在一国境内得到保护，这一点突破了一般财产权保护的权利附着于财产的特性；时间性，权利人享有的专有权利有时间限制，只在法定时间内受法律保护。

版权具有如下属性：私权属性。与公权相对应，知识产权是私权，是民事权利的组成部分，强调权利人对自己享有权利的充分保护、运用和处置权，强调不应过分受到国家干预。但私权性受到一定限制，法定性不同于一般私权，权利的行使受到法律的限制和公共政策的限制和影响，如时间限制、基于公共利益使用的侵权免责等。这主要是源于版权所附着的智力成果的原材料本身的非私有性，它依赖的是人类文明代代积累、流传的公共知识。通过保护与限制，建立起一种利益平衡机制。财产权属性。版权的属性是知识财产权，是知识形态的无形财产权，基于这一特性，版权保护的核心是保护权利人对他人利用其成果的控制权。

著作权客体：作品。文学、艺术和科学领域内具有独创性并能以某种有形形式复制的智力成果。要素构件：文学、艺术和科学领域内智力创作成果；独创性；可表达性；可复制性；符合法律。

著作权主体：作者及其他依照本法享有著作权的公民、法人或其他组织。可以是创作作品的作者，也可是非作者的其他人。包括作者（大多数情况下）；单位（职务作品。利用单位条件创作，单位承担责任。作者有署名权）；合同约定权利属于他人的（例如委托创作合同、单位的劳动合同等）；作者去世后继承人成为著作权人。版权取得方式：原始取得、继受取得。作者、继承、转让、许可、国有。出版时应与著作权人达成协议。

著作权的具体权利有人身权利和财产权利。

人身权利又称精神权利，指作者对其作品所享有的以人身利益为内容而无直接财产内容的权利。与作者特定身份不可分离，通常不得转让、继承、放弃，也不可被剥夺与被强制宣布无效。包括4项：发表权，作者决定作品是否公之于众的权利；署名权，在作品上表明身份，署名权不能转让、继承；修改权，作者修改或者授权他人修改作品的权利；保护作品完整权，保护作品不受歪曲、篡改的权利。

财产权利指著作权人以各种方式使用作品并获报酬的权利。包括12项：复制权，著作权人通过一定方式使作品以某种物质形式再现出来的权利。复制，指以印刷、复印、临摹、拓印、录音、录像、翻录、翻拍等方式将作品制作一份或多份的行为。几乎涉及受著作权法保护的所有作品。是对作品最初始、最基本、最重要、最普遍的传播利用方式。复制权是著作财产权中最基本、具有首要地位的权利。发行权，以出售或赠予方式向公众提供作品的原件或复制件的权利，发行与出版有最密切的联系。出租权，著作权人许可他人临时性使用特定类型作品并获得报酬的权利。展览权，又称展出权、公开展示权，著作权人自己（或授权他人）将作品原件或复制件向公众展示的权利。表演权，又称公演权，著作权人自己（或授权他人）向不特定的多数人公开表演作品的权利和用各种手段公开播送作品的表演的权利。放映权，著作权人自己（或授权他人）通过放映机等技术设备公开再现美术、摄影、电影和以类似摄制电影的方法创作的作品的权利。广播权，又称播放权，著作权人自己（或授权他人）以广播方式公开传播作品的权利。信息网络传播权。著作权人自己（或授权他人）以有线或者无线方式向公众提供作品，使公众可以在其个人选定的时间和地点获得作品的权利。这一权利是在《著作权法》2001年修改时增加的，是在网络传播技术迅速发展的环境下，法律为调整著作权的相关利益而作出的调整。摄制权，又称制片权。著作权人自己（或授权他人）以摄制电影或类似方法将作品固定在载体上的权利。改编权，即改变原作品，创作出具有独创性的新作品的权利。以改编作品为蓝本进行再改编，要征得原改编人和原作者的双重同意。翻译权，即将作品从一种语言文字转换成另一种语言文字的权利。值得注意的是，中文译本的著作权归属由出版社与译者合同约定。如果是出版社出面洽谈版权引进合同，并支付版税的，出版社往往要求拥有对译本的著作权，译者是接受出版社的委托，进行翻译，或者一次性获得基本稿酬，或者领取版税，同时享有署名权等权利。如无合同约定，译本的著作权归译者所有。汇编权，将作品或者作品的片断通过选择或者编排，汇集成新作品的权利。汇编若干作品、作品的片段或者不构成作品的数据或者其他材料，对其内容的选择或者编排体现独创性的作品，为汇编作品，其著作权由汇编人享有但行使著作权时，不得侵犯原作品的著作权。古籍点校本也有著作权。尽管古籍已经进入公有领域，但是它的点校本如果具有独创性，应该受保护。以上改编权、翻译权、汇编权三项统称演绎权，即著作权人享有的以作品为蓝本进行再创作的权利，包括改编、翻译、注释、整理等形式。产生的作品统称演绎作品。演绎者因自己创造性劳动而对演绎作品享有著作权。对作品进行演绎应经过原作者同意并不得损害原作品著作权。《著作权法》中对财产权权利项的列举末尾还有一条：应当由著作权人享有的其他权利。这是为适应形势发展需要留下的一个接口。随着信息化、知识化的快速推进，新的版权保护形态、样式、途径会不断出现。

《著作权法》的制定基于四个基本原则，即维护作者权益为核心；协调著作权人、作品传播者及社会公众利益；有偿使用作品；符合著作权国际保护基本准则。而维护作者权益为核心，在著作权的人身权利和财产权利规定中得到充分体现。

邻接权，是著作权法的重要组成部分。指作品传播者在传播作品过程中付出的创造性劳动或投资而依法享有的、与著作权相类似的权利。具体有出版者对其出版的图书和报刊享有的权利，表演者对其表演所享有的权利，广播电台、电视台对其制作的广播电视节目享有的权利等。著作权、邻接权的联系与区别，在主客体及权利内容上。前者主体是作者，后者主体是传播者；前者客体是作品，后者客体是以原作为基础加工而成的作品。邻接权受著作权制约，以尊重著作权为前提。

在邻接权制度中加入对出版者权利的规定，赋予出版商对其出版的图书专有出版权，是我国《著作权法》的特点，是保护出版者的创造性劳动、维护正常的出版秩序的需要。具体包括版式设计的专有权；图书出版者的专有出版权（合约）；报刊社相关权利：禁止一稿多投；转载、摘编权；编辑角度的修改权。

这里需要特别指出的是，出版者权利不是虚的，它可以实实在在带来经济效益。曾经有一段时间，不列颠百科全书公司与日本的卡西欧电子公司联手，在卡西欧电子辞典内植入百科社出版的中文版不列颠百科，再销往中国。当时，卡片大小的卡西欧电子辞典在中国销量惊人，百科社仅版式一项得到的版税分成，数年间超过了百万。

关于出版者权利，还要注意一点：不能将出版权等同于版权。可谓一字之差，谬以千里。

著作财产权的利用。包括如下几项：使用权，著作权人自己以复制、发行、信息网络传播、翻译等方式使用其作品的权利，并因此而获得收益的权利，许可权，著作权人许可他人行使全部或部分权利并由此而获得收益的权利。分专有许可和非专有许可，需要签订许可使用合同，转让权，著作权人将著作财产权转让给他人并获取收益的权利，分全部转让或部分转让、期限转让和无期限转让、已有作品与未来作品转让，需要签订转让合同，其他利用，如信托、设立质权、作为强制执行对象、作为破产债务标的等。

著作权的限制。主要是对财产权的限制。包括合理使用、法定许可、强制许可，以及保护期等。合理使用，个人学习、研究、课堂教学、民文、盲文等；法定许可，教科书、报刊转载、制作录音制品、广播电台电视台播放录音制品等。与前者合理使用的区别是，后者法定许可因产品具有商业目的，所以著作权人有权获得报酬。其他限制，包括强制许可、权利穷竭、公共秩序保留。

著作权的保护期。人身权利和财产权利、个人和合作作品、法人或其他组织享有的职务作品、电影类摄影类作品保护期有所不同。各国也有不同。前不久，某出版社就吃了一个亏。几经周折签下海明威（1899～1961）作品版权，结果版权保护时间就过了，没有认真审查版权期，花大价钱拿到版权，还没上市就进入了公共领域。合作作品的著作权截止于最后死亡的作者死亡后第50年的12月31日。合作作品不可以分割使用的，其著作权由各合作作者共同享有。著作权人去世后，财产权由继承人行使，人身权由继承人维护。继承人包括配偶、子女、父母、兄弟姐妹、祖父母、外祖父母。如果无人继承又无人受遗赠，归国家所有；如果是集体所有制组织成员，归所在集体所有制组织所有。法人终止后，财产权由权利承受人行使，如果没有则归国家所有。关于海明威作品的版权问题，在美国，自然人作品保护期限为作者有生之年加去世后70年，但按中国《著作权法》，保护期限适用作者有生之年加去世后50年。根据《伯尔尼公约》第七条第八款的规定"在一切情况下，期限由向之提出保护要求的国家的法律加以规定"。

避免侵权风险从编辑出版各环节进行把握

常见的侵权类型：剽窃他人作品；歪曲、篡改他人作品；将合作创作的作品当作自己单独创作的作品发表；没有参加创作，在他人作品上署名；使用他人作品，应当支付报酬而未支付或未足额支付；侵犯他人信息网络传播权；出版他人享有专有出版权的图书；图片侵权；出版物的版式设计和装帧设计侵权；字体字库侵权；盗版图书。

常见的图片侵权类型：未经许可使用从网上下载；从未经授权的图片库或者图片光盘中下载；图片来自排版公司或者设计公司；从未得到授权的第三方处取得；超出授权范围使用，包括：载体，如纸质图书、电子出版物、音像制品、网络及数字化。方式，如一次性、多次。地域范围。重印与再版；超出授权期限使用；未支付或未足额支付图片使用费。

常见的网络侵权类型：侵犯软件著作权案；侵犯信息网络传播权案；作品元素侵犯著作权案；侵犯其他作品改编权案；企业间互诉侵犯著作权案。

每当发生版权纠纷，出版社和编辑们往往有一种挺冤的感觉，明明和作者签了合同，文责自负，版权问题由他们自己负责，发生纠纷拿他们是问，但实际上一旦告上法庭，却往往板子打在出版社身上，这是为何？

其实，这个好理解。先说实际的，发生了纠纷，涉及赔偿，侵权作者是个人，有什么事一跑了之，到时候去哪找他？而出版社是机构，还是公家的机构，跑得了和尚跑不了庙，一抓一个准，法院判令容易落实。再说理论上的，最高人民法院有关司法解释对出版者的举证责任及合理注意义务作了如下规定：（1）出版者、制作者应当对其出版、制作有合法授权承担举证责任，发行者、出租者应当对其发行或者出租的复制品有合法来源承担举证责任。举证不能的，依据著作权法的规定承担法律责任。（2）出版物侵犯他人著作权的，出版者应当根据其过错、侵权程度及损害后果等承担民事赔偿责任。（3）出版者对其出版行为的授权、稿件来源和署名、所编辑出版物的内容等未尽到合理注意义务的，依据著作权法的规定承担赔偿责任。（4）出版者尽了合理注意义务，著作权人也无证据证明出版者应当知道其出版涉及侵权的，出版者承担停止侵权、返还其侵权所得利润的民事责任。（5）出版者所尽合理注意义务情况，由出版者承担举证责任。

这里面有个核心问题，就是出版者的"合理注意义务"，即审查义务。

关于"联系作者声明"。出版社有时因为联系作者困难，便在出版物上附加一条"联系作者声明"，例如"部分图片在使用时无法与著作权人取得联系，希望著作权人见后与本社联系，本社将支付图片授权使用费"。这个声明，当发生纠纷时，法院并不采信。即出版社使用稿件、照片时应当取得著作权人授权并按约定使用，如未约定，发表"联系作者声明"不影响对著作权侵权的认定。只要未经著作权人许可而擅自使用其作品，就构成侵权。

所以，编辑工作中要真正防止侵权，不能有侥幸心理和推托行为。除了思想上高度重视，学习和掌握版权保护基本知识外，还要在实际工作中，在编辑出版的各环节中明察秋毫，把好版权关。

签订出版合同前应明确作者和稿件提供者身份。编辑要了解和考察作者，包括考查其专业、特长及研究方向是否与选题要求吻合，其写作能力、经历以及治学态度是否能保证稿件的质量等等。合作出版需要特别注意，往往存在侵权隐患。一定要审慎选择合作方，了解合作方的资质，核实稿件的来源，理清合作方和著作权人之间的关系，让合作方尽可能多的提供著作权证明文件及相关文件供出版社备案，如著作权登记证书、著作权授权合同、授权书、合作方的营业执照、身份证复印件等。

认真对待出版合同。出版合同是出版社获得图书专有出版权的法律依据，是防止发生侵权纠纷的关键环节。出版合同一旦签订，就具有法律效力，所以一定要认真对待。（1）须符合《著作权法》、《合同法》及《出版管理条例》等相关法律法规的规定，否则将导致合同无效。（2）审查合同签订者的身份，特别注意如下情况：合同签订者是作品创作者之一，即合作作品。签订者必须出具其他合作作者的书面授权供出版社备案，防止未经合作作者许可，将与他人合作创作的作品当作自己单独创作的作品发表的等侵权行为的发生；合同签订者通过继承、转让、委托创作等方式取得著作权的，需出具著作权登记证明、著作权转让合同、委托创作合同、授权书等证明文件供出版社备案；合同签订者为中介机构或中间人，要对作者情况及其提供的稿件来源情况进行核实；合同签订者是改编、汇编、翻译等演绎作品的著作权人，必须出具原作品著作权人的书面授权；由法人享有著作权的作品，要加盖公章，由法定代表人签字。（3）核实作品的署名。作品的署名是否正确，是防止发生侵权纠纷的一个重要环节。个人作品，尊重个人的署名方式；合作作品，防止署名的遗漏，更要防止没有参加创作，为谋取个人名利，在他人作品上署名的侵权行为；如果是改编、翻译、注释、整理等演绎类作品或者汇编作品，不但要为改编、翻译、注释、整理、汇编者署名，还要为原作品作者署名；如果是法人作品，则署法人和其他组织的名称；如果是法人和其他组织享有著作权的职务作品，按具体情况区别处理。

审稿过程中应注意的问题。签订出版合同后，进入到审稿阶段，在这个过程中要对稿件的著作权问题给予足够的重视。（1）防止稿件中文字出现抄袭、剽窃的现象（针对作者）。仔细审读稿件；对稿件中提到的作者参考过的作品，要做必要的查阅和浏览，防止其引用超过合理使用范围；通过查询重复率软件进行筛查，防止未经授权使用图片、字体、版式设计和装帧设计的情形（针对作者和编辑），防止加工整理侵权（针对编辑）。

使用图片、图案时要取得著作人授权并按约定使用。著作权人需明确提示图片的权属；著作权代理人根据著作权人的委托，代表著作权人许可他人使用相应作品，需出示图片著作权人委托其代理著作权事务的有效证明文件；签订书面授权协议，并写明授权使用的作品名称、授权使用范围、使用作品的载体、授权使用费、授予使用人的权利等条款。特别要注意的是，授权协议中必须包含"权利保证"和相应的"违约责任"条款。

图书出版后的注意事项。（1）严格按照出版合同的约定进行出版活动，例如出版合同中仅约定以图书的形式进行出版，若再出版电子、音像、数字化及网络出版物需要另外取得作者授权，在与作者签订合同时，尽可能多的争取权利，这样对出版社更为有利。（2）按照约定支付或者足额支付稿酬。（3）注意合同有效期，合同终止后应该尽快销售库存图书，未经授权不得进行重印、再版。

被侵权后及时合法维权。知识产权对于企业发展具有重要的价值。更多出版社主动策划、开发，拥有越来越多自主版权的内容。同时，邻接权也是出版社拥有的法定权利，这些都是出版社最重要最核心的资产，应该悉心呵护，被侵权时应尽快采取行动维权。

中国的版权保护实行法律保护和行政保护双轨并行，可以根据案件的不同情况选择保护途径。侵犯著作权可能涉及民事责任、行政责任、刑事责任，依照不同案情、性质、影响而定。出版社在维权时要熟悉各种程序，做好各种准备工作，如举证责任部分倒置规则、证据（发票、样本、截屏、比对、公证等）、诉前禁令、诉前财产保全、诉前证据保全等。

版权的开发利用

版权涉及保护和利用两个方面。版权保护是版权产业发展的基础和保障；版权利用则不断推动着版权产业的壮大和繁荣。

版权制度的核心和最终落脚点是版权的开发利用。法律赋予作品版权的目的是在鼓励创作的基础上，更能通过版权的转让、许可等商业活动获得经济收入，从而促进社会经济的繁荣和财富的增加。版权在知识经济时代已成为重要的生产要素资源和巨大财富来源，通过版权的交易活动使得以此为基础形成的版权产业迅速增长，成为驱动国家经济增长的新引擎。

传统的版权利用过于简单粗放，往往止步于其原始价值，很多作品创作完成后只经过了一次利用或单品种的开发，这与作品的创作成本相比较而言，无疑是巨大的浪费。其实，作品的价值不仅仅在于其原始价值，只有在原创作品的基础上进行后续的演绎、开发及相应的衍生产品的商业利用，才能最大的发挥作品的价值。

对于出版社来讲，当今最重要、最核心的资产之一是内容。资产的意思是指，由企业拥有，或者控制的，预期可以为企业带来经济利益的资源。这个拥有或者控制，其实讲的就是知识产权的归属。所以，出版企业最核心的资产是内容，而且是拥有自主知识产权的内容。

这些年，作者的权利意识日益崛起，与出版社官司不断，合作方索价导致出书成本节节攀升，出版社因缺失内容的数字版权而导致数字化网络化举步维艰，等等，看起来是知识产权，实质关联的都是经济利益。有人说，知识产权就是印钞机。巴菲特说知识产权就是特许经营权，构筑了竞争中难以逾越的门槛，且本小利大，资产成倍增长。他称自己最走眼的是当初没买微软。

百科社较早制定了工具书等重点出版工程的版权解决方案，那些由百科社策划、设计、投资、编辑出版的重点项目、工具书，以及其他种类，务必都要以委托撰稿合同等文件形式，将版权明文规定在百科名下。《中国大百科全书》第二版，以及其他百科全书、工具书，只要是百科社设计、规划、主体投资的，都照此办理，概莫能外。不是百科社投资的，也应尽可能以参与策划、组织、撰写等形式渗透，双方共同拥有版权。这样尽可能多地拥有、积累自主知识产权的优质资源。在重视开拓新资源的同时，如何盘活存量、精耕细作、明晰产权、数据化结构化等，亦是非常重要的方面。

　　无论是从理论层面还是从实践的经验看，版权的开发和运营要抓住两个关键层面：

　　首先是版权资源的积累和优化，这是版权开发、运营和企业发展的"根"。立足经营，即以经营内容IP、经营作者为核心，"引作者、拓源头"，集聚优秀作者版权资源，才能有全方位突破的基础。遵循"先授权，后使用"的基本原则，加强对内容创作者的权益保护，尽可能多获取版权权利种类、使用方式（传播载体和传播媒介），保证作者收益。与此同时，出版社要特别注意尽可能着力自己的版权积累，尤其是出版社自主策划、投资的项目，以及自己的优势领域，要想方设法抓住版权。版权资源的数字化、结构化亦为开发和运营提供了很大便利。

　　其次是商业模式创新，为版权利用的利益最大化提供新的可能性。版权利用的样式灵活多样，不管是哪种样式，本质在于通过精准营销，让作品在尽可能多的渠道授权许可，以及尽可能多形态作品的演绎权授权许可，实现对作品的多次呈现、多元利用和多次收益，以深度挖掘版权内涵，扩大版权的辐射面和影响力，实现版权价值的最大化。